COURS PUBLIÉS PAR L'INSTITUT SUPÉRIEUR DE PHILOSOPHIE

L. DE RAEYMAEKER / INTRODUCTION A LA PHILOSOPHIE

INSTITUT SUPÉRIEUR DE PHILOSOPHIE
À L'UNIVERSITÉ CATHOLIQUE DE LOUVAIN

COURS PUBLIÉS PAR L'INSTITUT SUPÉRIEUR DE PHILOSOPHIE

LOUIS DE RAEYMAEKER

PROFESSEUR À L'UNIVERSITÉ DE LOUVAIN

INTRODUCTION
A LA PHILOSOPHIE

CINQUIÈME ÉDITION REVUE ET CORRIGÉE

PUBLICATIONS
UNIVERSITAIRES DE LOUVAIN
2, PLACE CARDINAL MERCIER
LOUVAIN

ÉDITIONS
BÉATRICE-NAUWELAERTS
10, RUE DE L'ABBAYE
PARIS (VIᵉ)

1964

AVANT-PROPOS

Le but de cet ouvrage est d'introduire à la philosophie. A cet effet, l'auteur y présente la philosophie dans son ensemble et sous des dehors relativement simples. Elle est considérée successivement comme une *discipline scientifique,* dont on s'attache à définir le domaine et à reconnaître les différents secteurs, comme un *courant séculaire de pensée,* dont on parcourt rapidement l'histoire, enfin, comme une *œuvre collective,* dont on indique l'organisation actuelle.

Il s'agit d'une *initiation générale.* On s'arrête donc délibérément au seuil même de la philosophie. La tâche n'en devient pas plus aisée. Il est impossible, en effet, de ce point de vue, d'examiner à fond aucun problème, ni de résoudre pleinement aucune question. Il faut se contenter d'effleurer les matières traitées et de provoquer discrètement l'esprit à la recherche. Précisément, l'auteur espère susciter par là, chez le lecteur, le désir efficace d'une étude philosophique approfondie.

Le chapitre premier s'enquiert des limites et de la nature du domaine philosophique. Sans doute, c'est à la philosophie elle-même qu'incombe la tâche d'énoncer sa définition et de la justifier en toute rigueur, et ce travail, pour être mené à bon terme, suppose la solution de plusieurs questions difficiles et importantes. Cela n'interdit pas, cependant, d'indiquer au préalable, d'une façon vraie mais moins précise, ce qu'est la philosophie, comment elle se distingue de toute autre discipline humaine et quelles en sont les diverses branches.

L'auteur s'est efforcé, dans l'introduction à la problématique, de souligner la portée des problèmes, en les faisant surgir des choses et de la vie et en déroulant les questions au rythme de la réalité. Assurément, rien n'est plus difficile que de comprendre pleinement le sens des problèmes, et l'on ne peut espérer y réussir qu'après une longue pratique de la philosophie. Il n'est pas impossible pourtant, et il est indispensable, de prendre, pour commencer, une vue panoramique des problèmes, d'en remarquer la multitude et la diversité, d'en entrevoir, au moins, l'étendue, la profondeur, la capitale importance.

Le chapitre II jette un regard sur le passé de la philosophie. Il permet de se rendre compte du chemin parcouru. On n'ignore pas qu'il faut des années de travail pour acquérir une connaissance exacte et suffisamment complète de l'histoire de la philosophie. Cependant, il y a lieu d'en être instruit dès l'abord, puisqu'il est nécessaire, tout au long de l'étude, de tenir compte de l'évolution historique des idées. Il importe que le débutant puisse situer les principaux philosophes, se rendre compte, au moins d'une façon sommaire, de l'inspiration fondamentale des systèmes classiques, saisir l'orientation générale des courants qui se dessinent au cours de l'histoire. Les précisions et compléments viendront progressivement dans la suite.

Pour faciliter la tâche, l'aperçu historique a été renvoyé à ce chapitre II. Les explications fournies au chapitre précédent, sur la nature et la problématique de la philosophie, assurent un premier contact avec la matière et la terminologie philosophiques et donnent une première intelligence des problèmes. Le fil de l'évolution historique pourra ensuite se dérouler, sans qu'il faille définir les termes employés ou reprendre les explications les plus élémentaires.

Il est important de se pénétrer, dès le début, de ce fait que notre philosophie se rattache à un effort séculaire, dont le développement se poursuit sans discontinuer, et qu'il est de nos jours, plus que jamais, le produit de la collaboration effective d'un grand nombre de travailleurs. Il faut donc que le philosophe se mette et se tienne «au courant» du «mouvement» philosophique. Pour ce faire, il doit connaître l'organisation actuelle de la «vie» philosophique: elle évolue et elle est devenue fort compliquée; il faut se familiariser avec ses rouages essentiels.

En cette matière, il est utile d'avoir sous la main un certain nombre de renseignements pratiques. L'auteur a voulu, dans le chapitre III, en fournir l'essentiel. Le lecteur en comprendra mieux l'utilité à mesure qu'il avancera dans l'étude et il se donnera la peine de les tenir à jour et de les compléter.

Si cette *Introduction* pouvait éveiller le goût de la philosophie, provoquer le désir de la recherche personnelle et désintéressée, soutenir et diriger les premiers efforts de l'étude, elle aurait adéquatement répondu à notre dessein.

Louvain, le 17 août 1938.

AVANT-PROPOS DE LA TROISIÈME ÉDITION

Depuis la parution de la première édition française de cet ouvrage, la guerre est venue troubler le développement de la vie scientifique. Dès la fin des hostilités, des organisations philosophiques nouvelles, des collections, des revues, ont surgi de toutes parts. Cependant bon nombre de celles qui existaient antérieurement et qui durent cesser tout travail au cours du conflit, n'ont pas encore pu reprendre leur activité. Le pourront-elles à l'avenir ? En ce moment il n'y a guère moyen de le savoir, du moins pour la plupart d'entre elles. C'est pourquoi, tout en mettant à jour la documentation réunie dans la dernière partie de cet ouvrage, nous avons cru utile de ne rien retrancher des renseignements qui valaient avant la guerre. D'ailleurs, les dates indiquées permettent sans peine de faire le départ entre ce qui se rapporte à la période qui précède 1938 et ce qui est venu le remplacer ou s'y ajouter dans la suite.

Louvain, le 5 juin 1947.

AVANT-PROPOS DE LA QUATRIÈME ÉDITION

Le texte de cet ouvrage a été revu et corrigé. De nombreux chapitres ont été complétés et même profondément remaniés. La dernière partie, qui est consacrée à l'organisation de la recherche philosophique dans le monde, a fait l'objet d'un soin spécial et l'on s'est efforcé d'y tenir compte du développement considérable qu'a pris partout l'activité philosophique, depuis la fin de la deuxième guerre mondiale.

Louvain, le 15 août 1955.

AVANT-PROPOS DE LA CINQUIÈME ÉDITION

Dans tous les chapitres de l'ouvrage, de nombreuses corrections et modifications ont été apportées au texte. Par ailleurs, l'on s'est efforcé de mettre à jour les renseignements de tout genre que cette *Introduction à la Philosophie* fournit au lecteur.

Louvain, le 1ᵉʳ septembre 1963.

CHAPITRE PREMIER

COUP D'ŒIL SUR LE DOMAINE
DE LA PHILOSOPHIE

Il existe des facultés et des instituts de philosophie; chaque année, un nombre considérable d'ouvrages et de revues philosophiques, de toute langue, paraissent dans tous les pays civilisés; les congrès de philosophie s'organisent toujours plus nombreux. La philosophie n'est donc pas une fiction, elle appartient au domaine des réalités.

Elle n'est pas d'invention récente, mais constitue bien plutôt un fait historique déjà ancien. Les philosophes actuels ont conscience de continuer une œuvre entreprise longtemps avant eux. En fait, si l'on considère l'histoire de notre civilisation, on découvre une vie philosophique dont le cours se poursuit sans interruption depuis plus de vingt-cinq siècles.

Sans doute, cette vie philosophique ne s'est pas toujours développée avec la même intensité. Comme toute activité humaine, elle présente des hauts et des bas. Il est des siècles où elle se déploie largement; il en est d'autres où elle mène une existence pauvre et diminuée. Depuis le milieu du dix-neuvième siècle elle a acquis droit de cité dans tous les pays européens; elle s'est répandue en Amérique, en Extrême-Orient, dans tous les pays civilisés. Personne ne peut contester que la philosophie constitue un élément essentiel de la civilisation contemporaine.

Qu'est donc la philosophie ? En quoi consiste-t-elle et comment se distingue-t-elle de toute autre chose ? C'est la question à laquelle il nous faut essayer de répondre ([1]).

([1]) Les mots *philosophia, philosophos,* ne se rencontrent pas chez Homère (9ᵉ siècle avant J.-C.), ni chez Hésiode (né vers 700 avant J.-C.). Le terme *sophia,* chez ces auteurs, signifie indistinctement sagesse et habilité. Toutefois, dans chacun des cas, il s'agit d'un savoir qui dépasse le savoir ordinaire et les connaissances des phénomènes de chaque jour: un charpentier habile est un «sage»; un législateur, comme Solon, qui gouvernait bien la société, l'est également, au même titre que Thalès de Milet (vers 600 avant J.-C.), qui est un sage parce qu'il réussit à prédire une éclipse de soleil.

Hérodote (484 vers 425) emploie le verbe *philosophein* pour désigner la culture de l'esprit, le désir d'une culture générale intellectuelle sans le souci de gains matériels. C'est ainsi qu'il rapporte que Crésus dit à Solon (vers 593): «J'ai entendu que tu avais parcouru beaucoup de pays en philosophe (ὡς φιλοσοφέων), pour les observer (θεωρίης εἵνεκεν)». (*Hist.*, I, 30). Ce sens général du mot se retrouve chez d'autres auteurs. Cfr Thucydide, *Guerre du Péloponèse,* II, 40; Isocrate, *Panégyrique d'Athènes,* I.

D'après Cicéron (106-43), Pythagore (+ vers 500) aurait, le premier, donné un sens plus précis au mot philosophie: «Omnes qui in rerum contemplatione studia ponebant, sapientes, σόφοι, et habebantur et nominabantur; idque eorum nomen usque ad Pythagorae manavit aetatem, qui interrogatus a Leonte principe quocum docte copioseque disserueret, qua maxime arte confideret, respondit: artem quidem se scire nullam; sed esse φιλόσοφον, sive sapientiae amatorem aut studiosum». (*Tusculanae Disputationes,* l. V, c. 3). Diogène Laërce, (3ᵉ siècle) rapporte également que, selon Pythagore, la qualité de «sage» ne convient à aucun homme, mais à Dieu seul; l'homme doit se contenter «d'aimer et de poursuivre la sagesse». (*De vitis, dogmatibus et apophtegmatis eorum qui in philosophia claruerunt,* l. I, Procemium, sect. 8, 12). On ne peut guère se fier à cette tradition pythagoricienne. Elle remonte, semble-t-il, à un disciple de Platon, Héraclide du Pont.

Il paraît probable, au contraire, que Héraclite a parlé de φιλόσοφοι ἄνδρες (*Fragm. 35;* édit. H. Diels).

A l'époque des Sophistes et de Socrate, le vocable φιλοσοφία est employé pour désigner l'exercice systématique de toute connaissance théorique. A partir de là, le sens du mot a évolué et s'est précisé.

DÉLIMITATION DE L'OBJET PROPRE
DE LA PHILOSOPHIE

§ 1. LE SAVOIR ORDINAIRE ET LA CONNAISSANCE SCIENTIFIQUE

On admet communément que la philosophie est un savoir. Mais tout savoir n'est pas philosophique. Il faut donc procéder aux distinctions requises.

1. Prenons le cas de *l'homme ordinaire,* sans formation spéciale. Que sait-il ?

« ordinary man »

a) Il a connaissance d'un monde matériel extérieur, dans lequel il se trouve, et d'un certain nombre d'hommes, ses semblables, avec lesquels il vit en société. Il les voit au moment présent, il se les rappelle dans le passé, il prévoit ce qu'ils pourront être dans l'avenir. En même temps, il a conscience de soi-même, de ses idées, tendances et sentiments.

La nature change, aussi bien que l'homme. Mais ces transformations présentent une certaine régularité, ce qui permet de ne pas être pris au dépourvu par les événements. L'expérience apprend quel est le cours normal des choses. C'est grâce à cela, d'ailleurs, qu'on peut se maintenir en vie. Car la vie entraîne des soins incessants: il faut se protéger et refaire ses forces; il faut donc reconnaître les dangers et les besoins, et savoir quelles actions ils réclament. Une attention toujours plus appliquée enri-

chit l'expérience en notant dans le détail l'ordre qui préside à
l'évolution des phénomènes et des événements, ce qui permet
une intervention humaine mieux adaptée et plus féconde, —
voyez l'expérience et l'habilité du laboureur, du chasseur, etc.—
L'esprit d'observation est la condition première de l'activité de
l'*homo faber*.

Chacun profite de l'expérience d'autrui. Grâce au langage, les
connaissances acquises se transmettent d'une personne à l'autre,
d'une génération à la suivante. L'action individuelle serait inef-
ficace, si elle ne pouvait s'appuyer sur le capital collectif. Comment l'enfant se tirerait-il d'affaire tout seul ? Voilà pourquoi
chaque homme est nécessairement d'une époque, d'un milieu; il
en porte la marque indélébile. Il doit, pour commencer, se fier
aux autres, accepter le dépôt transmis par la tradition, avant de
pouvoir marcher par ses propres moyens. L'homme est un être
social et un être enseigné, c'est là une loi inéluctable de la vie
humaine entière.

b) De par sa nature, l'homme est curieux. Il éprouve le besoin
de savoir. Connaître, sans plus, lui procure une satisfaction, un
plaisir naturel. Il se promène, il voyage, pour voir; il observe, il
interroge, pour savoir; il se renseigne sur les hommes et sur les
choses, il entend volontiers narrer l'histoire et prête l'oreille à
des récits.

Mais il ne se contente pas de consigner les faits, il en demande l'explication. Il a le don de s'étonner devant l'imprévu et en
face de ce qui ne cadre pas avec ses conceptions. Aucun mot ne
lui est plus familier que le mot «pourquoi ?». Le moindre événement peut s'ériger en problème. Il doit exister, selon lui, une
raison pour tout, pour tout être, tout acte, toute situation, comme
aussi pour l'univers dans son ensemble.

L'homme a le souci de la vérité. Parfois il se trompe, «Errare
humanum est», il le sait. Mais il pense qu'il est souvent possible
d'échapper à l'erreur. Il importe de procéder avec prudence et
avec discrétion; il n'est pas raisonnable, par exemple d'affirmer témérairement; il ne faut pas être crédule, ni se fier aux

apparences; il faut se méfier de la première impression et éviter de se laisser aveugler par l'intérêt ou par la passion. Un examen consciencieux et un jugement impartial sont à notre portée. L'*homo sapiens* sait faire preuve d'esprit critique, là où les circonstances l'exigent.

L'univers est immense et il y a beaucoup de choses à expliquer, la vie par contre est brève et pleine de mystères. L'individu doit s'en remettre à la société pour la solution de la plupart des problèmes. Le bon sens dit qu'il est sage de consulter les traditions.

c) L'homme se sent un être libre. Il sait qu'il est responsable de ses actes raisonnés et que c'est à lui-même qu'il incombe de diriger et de valoriser sa vie. Dès lors qu'il en est convaincu, surgit devant lui le problème de sa destination finale: où faut-il qu'il aille ? Le but suprême de son existence, où se trouve-t-il ? Par quelles routes pourra-t-il l'atteindre ? Comment mener une vie exemplaire ? L'homme prend conscience du besoin impératif d'un savoir-vivre et d'une ligne de conduite.

En cette matière surtout l'individu reconnaît son impuissance. De bon gré, il s'adapte aux conventions et aux mœurs de son milieu social. Cependant, même la société ne semble pas être en état de donner une solution satisfaisante et définitive aux problèmes moraux et religieux. Une aide surnaturelle s'octroyant, la vérité se faisant jour sous une révélation divine, l'homme se sent porté à croire de pleine confiance en la parole de Dieu.

d) Que comporte donc le savoir de l'homme ? Des *faits* et leur ordre apparent, des *explications* concernant la raison d'être des choses et des hommes; tout cela atteint par l'expérience et les recherches personnelles faites au hasard des circonstances de la vie, ou bien emprunté au savoir des autres et aux traditions de la collectivité, ou bien encore, puisé à la doctrine d'une religion positive.

Ces différents éléments s'entremêlent et se fondent en un tout peu différencié, qui guide l'homme dans les besoins de sa vie

matérielle, dans sa tendance vers une vie intellectuelle désintéressée, dans sa marche consciente et responsable vers l'accom-
plissement de sa destinée.

Le savoir humain n'est donc pas chose simple. Pourquoi ne
pourrait-on essayer de l'analyser, d'en reconnaître de près les
éléments et de déterminer leurs propriétés ? Bien plus, il ne semble pas impossible de s'appliquer au développement de ces éléments, de les épurer, de les cultiver et de les porter à un plus
haut degré de perfection. La science et la philosophie répondent
précisément à ces tendances.

2. La civilisation tend à développer le savoir ordinaire en *connaissance scientifique*. Mais qu'entend-on par là ?

La science, d'une façon générale, est un ensemble de connaissances obtenues par des procédés méthodiques et constituées en
un système cohérent.

a) Il s'agit de *connaissances,* c'est-à-dire d'actes humains dont
la nature propre est d'avoir un contenu objectif. La connaissance, de soi, vise à être vraie. Connaître vraiment, c'est atteindre
consciemment, dans l'acte de connaître, l'objet tel qu'il est. La
science s'attache à développer la qualité du savoir humain, —
et non seulement son étendue, — car elle cherche à élever le
coefficient de vérité des connaissances en les fondant sur des
bases solides.

La science suppose le désintéressement. Les conséquences utiles et les applications pratiques des connaissances acquises n'entrent pas formellement en ligne de compte. Autant que possible,
on négligera de les considérer, pour ne troubler en rien le regard serein de la pure connaissance. La science est centrée sur le
vrai et non pas sur l'utile.

b) Les recherches scientifiques ne sont pas laissées au hasard
des circonstances de la vie: elles se font avec suite et selon un
plan. La science est le fruit d'une mûre réflexion; elle prend nettement conscience du but visé et procède avec *méthode* (du grec

meta, avec, et *odos,* voie), c'est-à-dire qu'elle suit une marche raisonnée pour atteindre sa fin.

Ce souci de méthode s'accompagne d'un esprit critique toujours en éveil. Il faut établir la valeur de la méthode et de ses principes; ne l'appliquer qu'à bon escient, vérifier étroitement et discuter les conclusions, et procéder aux corrections, s'il y a lieu.

c) Enfin, les résultats acquis doivent être confrontés et rattachés les uns aux autres. Toute connaissance fragmentaire est insuffisante. L'homme est travaillé d'un besoin d'unité. C'est pourquoi le travail scientifique ne s'achève que par la synthèse, qui ramène tout à un ordre, à un *système* cohérent.

Objectivité et désintéressement, esprit critique et souci de méthode, essai de systématisation, telles sont les propriétés essentielles de la science dans sa poursuite de la vérité et de la certitude.

3. Ces caractères de la science se trouvent déjà en germe dans le savoir ordinaire des hommes. Mais ils n'y sont pas suffisamment soustraits aux exigences de la vie pratique pour pouvoir se développer pleinement.

Dans le cours ordinaire de l'existence humaine, la connaissance est au service des buts utilitaires de la vie, «intelligentia, ancilla vitae»: elle est intimement soudée aux tendances et aux sentiments et constitue avec eux une étroite unité, tout orientée vers les circonstances perpétuellement variables de la vie, afin de s'y adapter. Voilà pourquoi les jugements ont si souvent un caractère subjectif et sont pour une large part inspirés par la vie affective, «unusquisque judicat prout est affectus». De plus, l'examen des faits est limité par les conditions concrètes et changeantes de l'existence et ne peut dès lors se prolonger outre mesure, ni s'étendre à une étude exhaustive des données.

Mais l'homme a le pouvoir de s'élever au-dessus des préoccupations pratiques la vie: tout en tenant compte des exigences inéluctables de l'existence, «primun vivere», l'esprit peut s'établir à un plan supérieur, fixer avec insistance l'attention sur l'un ou l'autre secteur de la réalité et en faire une étude méthodique et minutieuse, pour en acquérir une connaissance théorique, scientifiquement établie.

Cet effort, d'ailleurs, a des conséquences heureuses à tout point de vue. Il y a toujours avantage à s'établir dans la vérité, et en revenant au plan de l'utile on peut appliquer les vérités scientifiques aux problèmes de la vie pratique. L'expérience a suffisamment montré la fécondité de ce procédé.

Quand et comment s'est constituée la connaissance scientifique ? Quelles sections comporte-t-elle ? C'est ce qu'il nous faut rechercher.

§ 2. LES SCIENCES ET LA PHILOSOPHIE

On a dit, fort justement, que, dans l'antiquité, le peuple grec fut le peuple élu de la raison. Sans doute, l'humanité a atteint un niveau de civilisation relativement élevé à bien des endroits de l'univers: les Indes, la Chine, la Perse, l'Asie-Mineure, l'Égypte, ont connu des périodes brillantes où la richesse matérielle et la puissance favorisèrent l'établissement d'une organisation sociale et politique supérieure et l'éclosion d'une vie artistique et littéraire remarquable. Bien souvent, dans ces divers milieux, on tenta à maintes reprises de s'engager dans des voies scientifiques; mais ces efforts portèrent peu de fruits: ils demeuraient entravés par l'utilitarisme et l'empirisme du savoir ordinaire des hommes et ne parvenaient guère à se hausser au plan de la recherche désintéressée, rationnelle et méthodique. Qu'on songe, par exemple, aux procédés arithmétiques ingénieux des Égyptiens, inspirés en ordre principal par l'intérêt personnel de l'*homo faber*.

C'est dans le milieu grec que l'*esprit scientifique* réussit à se dégager et à se déployer librement. L'*homo sapiens* y découvrit la valeur souveraine de la raison. On apprécia la joie de connaître, d'expliquer, de comprendre; on entreprit l'étude de la technique formelle de la connaissance, par exemple de la logique du raisonnement; on distingua science et application pratique. Ce fut là une conquête définitive, dont l'humanité ne cesserait de jouir. Si le «miracle grec» est à l'origine de la civilisation mondiale, c'est qu'il a été l'affirmation éclatante de la supériorité absolue de l'esprit.

1. Pour les Grecs, la *science* est *l'explication raisonnée de toutes choses par leurs causes*. Le monde réel est un «cosmos», un tout ordonné; cet ordre est «rationnel» et peut être compris par l'intelligence humaine; c'est un «ordre de causalité», si bien que l'explication de tout événement se trouve dans ses propres causes. Ces trois principes régissent la science grecque. La recherche scientifique s'appuie sur les faits et s'attache à remonter jusqu'au sommet de l'échelle des causes.

Cette conception de la science fut nettement exposée par Aristote (385-322) et elle demeura en vigueur jusqu'à l'époque moderne.

D'après Aristote, la raison humaine découvre graduellement la réalité en passant successivement à des genres d'objets différents. Tout d'abord, l'univers matériel se montre à nous avec ses caractères sensibles, soumis au mouvement et au temps; il constitue, à ce point de vue, l'objet d'étude de la *Physique*. Si l'on fait «abstraction» du mouvement et du temps pour ne considérer dans les corps que leur aspect quantitatif, on obtient l'objet des *Mathématiques*. Il faut noter ensuite, en troisième lieu, que les choses matérielles envisagées dans leur réalité effective, sont des êtres, des substances: nous saisissons cet aspect par la raison, non point par les sens (ceux-ci n'atteignent que les qualités dans le temps et l'espace). Par cette considération de l'«être» en tant qu'être, nous nous dégageons de la «perceptibilité» en tant que telle, quoique la chose envisagée soit sensible. Ce point de vue permet d'atteindre et d'englober dans une même étude, outre le groupe des choses matérielles, un autre genre de réalités, le groupe des êtres non sensibles, positivement immatériels, qui comprend l'Être divin. La *Philosophie première* (appelée plus tard «métaphysique») en fait l'objet de ses recherches: elle étudie la réalité en prescindant de son caractère matériel ou immatériel; elle s'occupe donc des êtres perceptibles aux sens, en les envisageant comme êtres, — aspect purement intelligible, — et également des êtres immatériels que les sens ne peuvent en aucun cas percevoir et qui ne sont accessibles qu'à la raison. Cette philosophie première on l'appelle aussi «théologie», parce que Dieu en est l'objet principal.

Dans cette classification aristotélicienne, chaque science particulière doit trouver sa place, en tant qu'elle contribue à comprendre mieux l'univers. Elles constituent toutes ensemble le *corps des sciences* ou *philosophie,* dont la clef de voûte est la Métaphysique ou Philosophie première.

2. On remarque que les Mathématiques, eu égard à leur caractère purement formel et abstrait, occupent une place assez spéciale et que leurs connexions avec les autres sciences ne s'aperçoivent que malaisément. La Physique et la Métaphysique étudient, chacune à son point de vue, la réalité des choses. Les Mathématiques, au contraire, s'occupent formellement de la quantité après l'avoir abstraite de son sujet réel: ayant formé les notions mathématiques fondamentales, on les manie sans tenir compte dorénavant de leurs rapports avec la réalité. Les Mathématiques ne sont donc pas, de soi, tournées vers l'explication réelle des choses: elles s'accommodent du fictif comme du réel. Aussi bien, Aristote a-t-il élaboré un système de philosophie qui prétend être une explication intégrale du cosmos et où la part réservée aux mathématiques paraît être fort minime.

Les Mathématiques, repliées sur elle-mêmes, ont mené une existence indépendante et, dès l'antiquité, elle ont atteint un degré de perfection remarquable. Elles se signalent par leur caractère déductif: à partir de quelques principes (définitions et postulats), le raisonnement passe d'une combinaison à l'autre et déroule la série interminable des conséquences. Elles sont le type de la science purement intelligible, régie uniquement par l'inéluctable nécessité rationnelle, et affranchie, autant que faire se peut, des contingences de l'expérience.

Déjà dans l'antiquité, d'autres sciences (l'astronomie, la mécanique, les sciences naturelles) essayèrent à leur tour de se détacher de l'ensemble. Ce mouvement vers l'autonomie reprit à la fin du moyen âge et se poursuivit sans relâche jusqu'à nos jours: après l'astronomie, la mécanique et la physique, naissent la chimie, les sciences biologiques, la sociologie, la psychologie, etc. Ces sciences se mirent en quête de bases nouvelles, à savoir de bases empiriques, et se constituèrent de manière indépendante sans se soucier de l'ensemble des disciplines philosophiques. Leur succès démontra leur valeur, de sorte que bien des esprits se sentirent l'envie de les préférer à l'ancienne philosophie, qui marquait le pas.

Bien entendu, ce n'est pas dès le début qu'on jugea la situation de la sorte. Au contraire, il a fallu beaucoup de temps, des siècles, pour arriver à déceler le caractère propre de la science moderne. En règle générale, on peut affirmer que les fondateurs de celle-ci avaient des visées tout aussi universelles que les représentants de la philosophie traditionnelle, auxquels ils s'opposaient, (c'était, par exemple, le cas de Newton). Ils tendaient à remplacer la philosophie en cours, qui leur paraissait vieillie, par une autre mieux fondée sur les faits. Cependant, les méthodes empiriques préconisées par les hommes de science furent appliquées d'une façon toujours plus rigoureuse; les notions et les définitions mises en œuvre furent progressivement épurées, c'est-à-dire débarrassées de tout contenu non strictement empirique; et le grand essor scientifique qui en résulta permit, enfin, de mieux se rendre compte de la nature et des propriétés de la science moderne et, dès lors aussi, de mesurer plus exactement la distance qui séparait cette science de l'ancienne philosophie.

A certains moments, surtout à l'époque «scientiste» du siècle dernier, l'on a cru que les succès des sciences modernes sonnaient le glas de la philosophie, parce que ces sciences étaient appelées, pensait-on, à remplacer intégralement ce qu'on avait appelé philosophie jusqu'alors. En effet, comme la haute valeur des résultats scientifiques, dûment établis, était incontestable, on en concluait que les secteurs de la réalité étudiés par les sciences ne pouvaient plus relever de la philosophie; et comme le champ de la recherche scientifique ne cessait de s'étendre, on se disait que la philosophie ne tarderait pas à être éliminée de tous les secteurs de la réalité. Ne fallait-il pas en conclure que la philosophie ne représente qu'un stade de pensée inférieure et provisoire, appelée à céder la place à une explication vraiment scientifique ?

Cependant, pareille conclusion doit être tenue pour simpliste. Grâce au prodigieux essor scientifique du dernier demi-siècle, la «critique des sciences» a pu se développer amplement: elle a permis de caractériser exactement la nature propre des différentes sciences et, par là même, de se rendre mieux compte de leurs limites. A raison même des méthodes auxquelles elles doivent se tenir, par définition, ces sciences se trouvent incapables de fournir une explication intégrale de la réalité. Par conséquent, elles laissent la place ouverte à des recherches ultérieures et, éventuellement, à des explications qui se situeraient sur un autre plan. Il faut donc distinguer des types différents d'explication, qui sont tous également légitimes et nécessaires. Ainsi l'on peut aborder le type «scientifique» (qui présente d'ailleurs plusieurs formes, irréductibles les unes aux autres) et un autre type, qui s'en distingue et, pour autant, s'y oppose, mais sans en rien lui être hostile, à savoir le type «philosophique», au sens restreint du mot ([1]).

3. Comment alors concevoir les *sciences* au sens restreint du mot, c'est-à-dire en tant qu'elles se distinguent de la philosophie ?

a) Les *mathématiques* ont gardé leur caractère de sciences dé-

---

([1]) Le sens large du mot «philosophie» est celui qui a été indiqué plus haut, à savoir le sens en vigueur avant l'époque moderne: philosophie signifie alors, tout comme le mot «science» pris au sens large, toute connaissance méthodique et systématique visant à fournir une explication de la réalité.

ductives, s'appuyant au point de départ sur quelques principes qui ont trait à la quantité, et ne relevant, pour le reste, que des lois de la raison discursive.

b) Les *sciences expérimentales,* tout au contraire, mettent l'accent sur les données de l'expérience et prennent un caractère strictement empirique. Elles se cantonnent dans le champ des phénomènes et ne se hasardent nullement à s'engager au-delà.

Que cherchent-elles ? L'ordre stable de succession et de concomitance, que manifestent les phénomènes.

L'observation des faits décèle une certaine régularité; des faits semblables se présentent dans des conditions phénoménales semblables, c'est-à-dire qu'ils sont des moments d'un ordre d'antécédents et de conséquents, qui se présentent régulièrement de cette façon. Par exemple: je frotte une allumette contre une surface rugueuse, elle s'enflamme; une pomme se détache de l'arbre, elle tombe et la vitesse de la chute augmente jusqu'à ce que la pomme ait touché le sol; on rapproche du zinc de l'acide sulfurique, celui-ci se décompose; une barre de métal est soumise à la chaleur, elle s'allonge, etc.

L'antécédent peut s'appeler une cause, le conséquent en sera l'effet (le zinc, dira-t-on, cause la décomposition de l'acide sulfurique, la chaleur cause l'allongement de la barre de métal); cependant, le savant ne désigne par là aucun rapport de causalité «productive» (comme si la chaleur était une réalité ontologique, un être individuel, pouvant exercer une action sur une autre réalité, la barre de métal, pour en modifier les dimensions); il ne désigne qu'un «rapport fonctionnel», qui relie les termes: au lieu de causalité proprement dite il n'est question que de régularité phénoménale, de «légalité» (on déclare qu'à une variation de température d'une barre de métal «correspond» une variation déterminée de la longueur de la barre, et cette proposition n'exprime rien sur la nature ontologique de la chaleur, de la barre, ou de la causalité dans le monde matériel) ([1]).

([1]) Nous ne prétendons nullement qu'on ne puisse rien énoncer sur la nature

Les lois des sciences expérimentales énoncent donc un ordre constaté en fait. Que si l'homme de science conçoit des «théories explicatives», elles sont dans le prolongement des faits et tous les éléments en sont homogènes au donné de l'expérience, c'est-à-dire que l'homme de science, en construisant une théorie, se borne à concevoir des rapports fonctionnels plus généraux, d'où l'on pourrait «déduire» les différentes lois expérimentales, de manière à ramener la totalité des rapports fonctionnels constatés à l'unité d'un système logiquement cohérent.

Prenons un exemple: une pomme, une poire, des fruits, tombent des arbres, une pierre tombe, un homme fait une chute, des corps tombent par terre. L'on peut en dégager les lois qui régissent cette chute des corps, constater sous quelles conditions les faits se produisent et de quelle manière (vitesse, direction, etc.) ils se déroulent.

De la fumée, des gaz, montent dans l'air; on peut en déduire les lois établies par ces faits. On constate de même que plusieurs corps, en position de tomber, restent suspendus dans l'air pendant un certain laps de temps; des nuages, voire des planeurs, se déplacent dans les airs; les oiseaux volent, l'homme est arrivé à construire des avions. Le tout s'opère selon des lois définies.

La mer est en mouvement constant: le flux et le reflux des marées se succèdent de manière ininterrompue. L'homme enregistre consciencieusement le déroulement de ces phénomènes et en découvre les lois.

Les mouvements des innombrables corps célestes obéissent à

---

ontologique des choses et nous ne soutenons pas davantage que les lois expérimentales, établies par la science, seraient sans rapport avec cette nature. Nous nous bornons à dire que les sciences *empiriques* n'ont pas à considérer cet aspect des choses, parce que la méthode *purement empirique* ne peut mener qu'à la constatation de *faits* et de leur *régularité* de fait.

Dès qu'on y réfléchit pour en déterminer la *valeur d'être* et dès qu'on s'attache à formuler des problèmes *ontologiques,* on dépasse le domaine de la science «empirique» et l'on se trouve en «philosophie». C'est un réel progrès que, de nos jours, les sciences empiriques veuillent s'en tenir strictement à la méthode «positive»; c'est, en effet, l'unique moyen de s'acheminer vers une situation nette et d'éviter des confusions.

des lois d'une régularité parfaite et, dans ce domaine, l'homme
ne se lasse pas d'enrichir son savoir.

Cependant, l'homme de science s'attache à relier entre elles
toutes ces lois, (qui sont d'ordre empirique et n'expriment autre
chose que la cohésion régulière des phénomènes, telle qu'elle
a été constatée). A telle fin, il ramène tout à une question de
densité et de poids, donc de gravitation. Il se construit une
«théorie» en formulant la loi générale de la gravitation, selon
laquelle tous les corps matériels s'attirent les uns les autres.
De même que les autres lois de constatation, celle-ci énonce des
rapports purement fonctionnels: tel fait se produisant, tel autre
doit se produire. Cependant les lois mécaniques où se trouve
formulée de manière empirique la constance de toutes sortes
de mouvements, découlent *logiquement* du principe supposé de
gravitation ([1]). De cette manière tout est pour ainsi dire «expli-
qué», parce que nous avons entrevu la «corrélation logique» des
faits et que nous avons tout repris dans un système cohérent.

Il y a autant de sciences ou de groupes de sciences qu'il y a
de faits considérés comme irréductibles. On peut distinguer ainsi
des faits physiques, des faits biologiques, des faits psychologiques.

Les sciences *physiques,* s'occupant des phénomènes physiques,
ont pris un développement remarquable depuis qu'elles étudient
les données au point de vue de la «mesure». Elles ont renoncé,
dans l'ère moderne, à se fonder sur l'intellection des qualités
en elles-mêmes; elles n'entreprennent plus, comme jadis dans
l'Antiquité et le Moyen Age, de donner une définition, p. ex. de
l'«humide» et du «sec», pour en déduire des propriétés inhérentes aux corps et prétendre ainsi les expliquer. Elles se bornent à
considérer les données du simple point de vue quantitatif de la
mesure: elles mesurent le volume, la vitesse, la direction, la dis-

---

([1]) Admis le principe de gravitation, il s'en suit que dans telles circonstances
déterminées les corps *doivent* tomber sur le sol, dans d'autres cas *doivent*
planer dans les airs, que les marées *doivent* se produire, que les corps célestes
doivent être en mouvement, etc.

tance, etc., au moyen de divers instruments et en appliquant les techniques les plus diverses. Les données qualitatives elles-mêmes sont envisagées, elles aussi, de cette manière: les couleurs et les sons p. ex. se ramènent à des vibrations dont on calcule la fréquence et l'amplitude, cependant que la mesure s'exprime en chiffres et en nombres. En conséquence, le physicien réussit à grouper tous les phénomènes physiques sous un même angle et il s'approprie le langage et la logique des mathématiques, tant au point de vue de la recherche qu'à celui de l'explication des faits. Le succès de cette méthode en a justifié largement l'emploi.

Les sciences *biologiques* ont profité beaucoup des progrès de la physique, car leur objet, étant matériel, est essentiellement dépendant de l'ordre physique. Mais la vie ne dépasse-t-elle pas l'ordre minéral ? Elle continue de se montrer singulièrement rebelle à toute explication purement mécaniciste; elle semble, pour autant, échapper effectivement à la logique mathématique et manifester un ordre de rapports fonctionnels spécial.

Il en est de même du domaine *psychologique,* qui transcende l'ordre biologique, quoiqu'il s'y rattache étroitement. Les lois physiologiques n'expriment que bien défectueusement l'ordre des réactions qui constituent le comportement animal. Elles sont tout particulièrement incapables de rendre raison des attitudes personnelles de l'homme et du déploiement de l'activité humaine telle qu'elle se manifeste dans la vie sociale, juridique, morale et religieuse, scientifique, artistique, en un mot dans le développement de la culture et de la civilisation.

c) Les sciences expérimentales envisagées jusqu'ici ont comme objectif d'atteindre une loi universelle, qui exprime ce qu'il y a de commun à une série de faits semblables. D'autres sciences, également empiriques, cherchent à déterminer le fait dans sa particularité individuelle, sa «singularité»: c'est le cas des sciences *historiques*. Elles n'énoncent guère des rapports empiriques qui se retrouvent régulièrement à n'importe quel moment du temps; mais elles talonnent le cours irréversible du temps pour en fixer les événements contingents, pour en dépister les étapes concrètes et uniques. Il ne peut s'agir, évidemment, de reproduire dans le détail tous les faits du passé; nécessairement un choix s'impose (on y retrouve un lointain reflet de l'universel, qui est l'objet des autres sciences). Quels faits choisira-t-on de préférence à d'autres ? Il faut se rappeler que les actes et les états de la vie humaine ne sont jamais isolés, ni détachés les uns des autres, mais qu'ils sont inspirés et soutenus par la tendance de la nature et par la volonté personnelle, qui se manifestent dans l'ensemble du tempérament et du caractère et qu'ils exercent une influence durable sur le cours de la vie. On soulignera donc avant tout tels événements qui manifestent spécialement les motifs profonds de la vitalité naturelle et personnelle, et qui peuvent marquer les tournants et les caractéristiques du déploiement vital. S'appuyant sur une présentation et une description minutieuse d'un ensemble ordonné, l'historien trace un tableau relativement fidèle et intelligible de la réalité vivante.

Les sciences visent toutes à fournir une *explication,* mais elles ne le font pas toutes de la même manière. Les *mathématiques* développent un système déductif d'une logique rigoureuse. Les *sciences expérimentales* commencent par accumuler et classer, par voie inductive, les lois des phénomènes. Mais elles s'attachent sans cesse à constituer un système dans lequel ces lois manifestent des liens logiques en se fondant sur quelque théorie explicative. L'*histoire,* elle aussi, veut arriver à une intellection des événements: elle dispose ceux-ci dans un ensemble logiquement cohérent en les référant à des facteurs fondamentaux, notamment aux mobiles qui inspirent la conduite humaine et qui déterminent le cours de la vie.

4. a) Il apparaît toutefois que ces explications ne répondent pas à tous les problèmes. Dépassant ces branches scientifiques il y a encore un domaine intellectuel où des problèmes se posent, celui de la *philosophie.*

Tout d'abord, les sciences, — mathématiques et expérimentales, — partent invariablement de présupposés nécessaires, qu'elles ne peuvent justifier: ce sont notamment les «données», auxquelles s'appuie toute recherche scientifique; c'est, en particulier, nous-même, — il s'agit également d'une donnée, — avec les fonctions de connaître dont nous disposons pour développer la science. Or s'il est vrai que nous pouvons noter le déroulement des faits pour en induire les lois empiriques, il est tout aussi certain que nous sommes enclins à poser des questions qui portent plus loin, notamment la question suivante: la réalité des données se réduit-elle intégralement à l'ordre empirique ? Ne s'étend-elle pas au-delà et n'inclut-elle pas des fondements métempiriques ? La question concerne tout à la fois la structure interne des réalités, leur origine et leur destinée. C'est de préférence à propos de l'existence humaine que surgissent pareilles questions; cependant, elles concernent toute réalité donnée, quelle qu'elle soit. A cet égard tout se ressemble et tout se tient. Ce qui caractérise précisément ces problèmes, de quelque manière qu'on les formule, c'est qu'ils s'ouvrent sur un horizon immense qui embrasse toutes choses sans exception.

De toute évidence ce n'est pas au niveau des mathématiques que ces questions peuvent se traiter, puisque les mathématiques font abstraction du réel comme tel. Mais ce n'est pas davantage dans le cadre des sciences empiriques qu'elles peuvent trouver place, car jamais des procédés empiriques ne pourront suffire à résoudre, ni même à poser correctement, des problèmes concernant le métempirique. Par conséquent, il faut qu'il y ait un champ de recherche situé au-delà de celui des mathématiques et de celui des sciences empiriques, puisqu'il faut admettre un champ de recherche partout où se posent des problèmes.

Ainsi donc, le contenu de ce qu'on appelait jadis indifféremment «science» ou «philosophie» se trouve actuellement différencié et précisé. Car on est arrivé à constituer des disciplines de recherche qui sont irréductibles les unes aux autres puisqu'elles diffèrent foncièrement par leurs principes et leurs méthodes: autant dire que ces disciplines répondent à des types différents d'intelligibilité. C'est ainsi qu'on ne peut pas confon-

dre les mathématiques et les sciences empiriques avec un domaine qui se situe au-delà et que nous avons accoutumé d'appeler la philosophie. D'habitude l'on distingue nettement les
sciences physiques et la discipline philosophique correspondante, appelée cosmologie; on tend à distinguer tout autant les
sciences biologiques et la philosophie de la vie; on devra mettre
le même soin à reconnaître la frontière qui sépare la psychologie scientifique. de la psychologie philosophique.

En ces matières, qui touchent à la nature même des sciences
et à celle de la philosophie, la pensée contemporaine a réalisé
des progrès importants, dont il y a lieu de se féliciter. Désormais
l'on ne pourra plus s'adresser à la philosophie pour obtenir la
solution de problèmes qui relèvent des sciences proprement
dites; par ailleurs, l'homme de science évitera de s'aventurer
dans des domaines philosophiques, qui ne sont pas de son ressort, tout comme il s'abstiendra de révoquer en doute la nécessité et l'opportunité d'une philosophie formellement différente
des sciences.

b) Pour entreprendre sa tâche, la philosophie s'appuie sur des
données d'expérience. Elle se doit donc de garder le contact avec
les sciences et de tenir compte de leurs résultats.

Faut-il en conclure que la philosophie est entièrement à la
merci des sciences et qu'elle subira dans ses œuvres vives le
contrecoup de leurs variations et de leurs transformations ? La
réponse à ces questions suppose une étude approfondie des rapports qui existent entre la philosophie et les sciences. Pareil examen relève de la philosophie elle-même en ne pourrait pas être
mené à bonne fin dans les limites d'une «introduction». On ne
pourra donc trouver ici une réponse valable à la question. Cependant il faut affirmer dès maintenant qu'il serait inadmissible
de rejeter *a priori* toute indépendance de la philosophie vis-à-
vis des sciences. Il n'est pas exclu que le philosophe puisse découvrir un point de départ et un appui solide, fût-ce en marge
des résultats scientifiques. En effet certains faits d'expérience
commune se laissent établir pour un chacun, sans qu'il y ait

un besoin quelconque de faire appel à des procédés savants:
p.ex. le fait du mouvement dans le monde, l'existence de différents modes d'être, la conscience que l'homme a de son existence et de ses actions, et ainsi de suite. Pourquoi la philosophie
ne pourrait-elle pas s'efforcer de rattacher ses propres activités
à des réalités semblables ?

Il reste en tout cas que les découvertes scientifiques peuvent
donner lieu à des problèmes philosophiques nouveaux, à un
énoncé plus précis et plus correct de problèmes anciens. Elles
peuvent contribuer à trier les problèmes dans le domaine de la
philosophie: à éliminer quelques faux problèmes et à renvoyer d'autres questions, faussement considérées comme philosophiques, aux sciences.

c) Les sciences, à leur tour, tireront profit des progrès philosophiques. Quoi qu'il fasse, l'homme de science donne son adhésion à quelque système philosophique, plus ou moins explicité
ou impliqué dans des formules du sens commun. Il est souhaitable qu'il s'en rende compte et qu'il dissocie, dans ses conclusions, ce qui dérive de la technique et de la logique scientifiques
et ce qui pourrait revenir à une interprétation philosophique
plus ou moins inconsciente.

Ensuite, la critique des sciences, qui est d'ordre philosophique,
éclaire le travail scientifique en indiquant sa nature et ses limites, sa signification et ses possibilités.

Enfin, les résultats des diverses sciences doivent être rappro-
chés et unis en une synthèse. Ce ne peut être l'œuvre d'une
science particulière. La collaboration de toutes les sciences y
est requise. Il faut un esprit assez vaste pour embrasser les résultats atteints dans tous les domaines. Ici se pose la question de
savoir, si une synthèse d'ordre scientifique pourra jamais aboutir, sans être dirigée par des principes philosophiques. En tout
cas, elle fera surgir des problèmes philosophiques qu'il faudra
énoncer, voire résoudre, pour parvenir à saisir le sens plénier de
l'aspect scientifique de l'univers.

§ 3. LA PHILOSOPHIE ET LA THÉOLOGIE CHRÉTIENNE

1. Dès qu'on admet dans l'homme d'autres sources que les sources naturelles de connaître, surgit le problème des rapports qui existent entre les unes et les autres. Le chrétien prétend adhérer par un acte de foi surnaturelle à la révélation divine, faite par le Christ; pour autant il ne dispose pas seulement de ses facultés naturelles, mais également de principes de connaissances qui ressortissent à un ordre dépassant celui de la nature. C'est pourquoi, depuis des siècles, on a traité le problème des relations qui relient la foi et le savoir naturel ([1]). La théologie est la science de la foi chrétienne: les vérités divinement révélées, le contenu de la foi, constituent son point de départ et ses principes. Son but est d'élaborer par la raison discursive un ensemble méthodiquement cohérent du contenu de la foi afin d'aboutir à un système complet qui réponde aux exigences scientifiques. Des disciplines scientifiques telles que l'histoire et la philologie, de même que la philosophie, sont utilisées comme sciences auxiliaires pour élaborer un système théologique; on devra donc toujours les manier à la lumière de la foi et sans causer aucun préjudice au caractère surnaturel de la révélation.

Le dépôt de la révélation comporte des vérités qui dépassent les forces de la raison humaine (par exemple: les dogmes de la S. Trinité, de l'Incarnation, etc.) et qui demeureront toujours des «mystères», incompréhensibles à l'homme; mais il contient aussi des vérités dont notre intelligence peut, par ses seules forces, atteindre la valeur intrinsèque (par exemple: l'existence de Dieu, la survie de l'âme après la mort, etc.). Le domaine de la révélation surnaturelle et celui de la connaissance naturelle se recouvrent donc en partie.

2. Dès lors que la philosophie atteint certaines vérités dont

---

([1]) Cette question n'est qu'un aspect d'un problème plus large, envisageant les rapports entre le christianisme et la culture profane. Des questions semblables se posent au sujet de toute croyance religieuse, p. ex. du judaïsme, du mahométisme.

la théologie s'occupe également, et qu'en outre elle est au service de la théologie pour collaborer à l'étude scientifique de tout le dépôt révélé, surgit le problème des rapports à établir entre la philosophie et la théologie.

a) Dans la hiérarchie des disciplines humaines la théologie occupe un rang supérieur à celui de la philosophie, tant en vertu de l'objet de ses études, puisqu'il est surnaturel, que de la raison formelle qui en garantit la vérité, à savoir la parole infaillible de Dieu. Il en résulte que la philosophie ne pourrait, sans tomber dans l'erreur, se mettre en contradiction avec les vérités révélées ou avec les conclusions dûment établies en théologie, car la même chose ne peut être vraie et fausse en même temps, elle ne peut être admise en philosophie, si elle est une erreur en théologie. Celle-ci constitue donc une *norme négative* pour le philosophe, en ce sens qu'elle indique certaines thèses à rejeter, celles qui impliqueraient la négation de vérités suffisamment établies en théologie.

On peut donc avancer qu'un système philosophique, qui ne se prêterait en aucune manière au rôle d'instrument en théologie, ferait par là même la preuve qu'il n'est pas conforme à la vérité tout court.

b) Ne faut-il pas s'avancer davantage et dire que la foi a exercé une influence *positive* sur la philosophie ? Celle-ci n'en est-elle pas affectée jusqu'en sa nature, au point de devenir vraiment «chrétienne», — ce qui serait la négation de la philosophie proprement dite ?

Historiquement parlant, le christianisme, qui prêche une doctrine de vie, a exercé une profonde influence sur les idées, en tout prenier lieu sur celles des croyants. La philosophie en a subi le contrecoup. Certaines thèses, — par exemple sur la création, la providence, la personne, la relation, etc., — n'auraient pas reçu, en philosophie, les développements qui leur furent consacrés, si la foi et la théologie n'avaient, au préalable, imprimé aux recherches une direction déterminée.

Mais la question est de savoir comment définir la nature de cette influence. Elle n'est assurément pas semblable à celle qu'exerce un système philosophique sur un autre, car l'ensemble des vérités chrétiennes n'offre pas, comme tel, un caractère philosophique: loin de se justifier par des arguments uniquement rationnels, il se présente comme le contenu d'une révélation *surnaturelle*.

D'autre part, l'influence de la foi et de la théologie sur la philosophie n'en affecte pas la nature propre. Si importante que leur influence ait pu se faire sentir elle n'en reste, à ce point de vue, pas moins accidentelle.

On ne peut oublier que le philosophe ne peut s'enfermer dans une tour d'ivoire. Comme tout homme, il subit de nombreuses influences. La famille et le peuple qui l'a vu naître et grandir, l'enseignement qu'il a reçu, les lectures qu'il a faites en guise d'étude ou en passant, les tâches dont on l'a chargé, les succès et les revers, les événements d'ordre personnel, familial et social: tous ces facteurs agissent sur le choix des questions qu'il décide de traiter, la manière dont il en aborde l'examen, le temps qu'il consacre à cette étude, l'atmosphère dans laquelle se fait ce travail, la langue employée, etc. Nul ne peut se soustraire à l'influence de son milieu, chacun est tributaire de son époque. Ce n'est donc pas sans raison qu'on parle de la philosophie du dix-septième ou du dix-huitième siècle, de la philosophie française, anglaise, allemande, chinoise ou hindoue. Néanmoins, c'est vraiment de philosophie qu'il s'agit dans tous ces cas et le terme n'est nullement équivoque; car s'il est vrai que les circonstances exprimées par ces déterminatifs ont pu exercer une action irrésistible et profonde, il n'en demeure pas moins que l'essence spécifique de cette recherche philosophique ne s'en est pas trouvée altérée.

Il n'en va pas autrement de l'influence de la religion. Le croyant et le non croyant, pour mener leurs recherches philosophiques, peuvent employer tous deux les mêmes facultés, les mêmes moyens d'investigation, suivre les mêmes méthodes et viser les mêmes résultats. Certes, on ne peut soutenir qu'ils travaillent dans les mêmes conditions. Comme on l'a dit, ils ne se trouvent pas dans le même «état». Mais ces conditions de vie, tout en rendant la recherche plus aisée ou plus pénible, ne sont que des conditions d'exercice des facultés; elles n'altèrent pas la nature de l'activité philosophique et ne lui enlèvent en rien son caractère purement rationnel et humain.

En fait, la foi peut, de l'extérieur, *orienter* le travail philosophique en proposant un objet à atteindre, p. e. fournir les preuves de l'existence de Dieu, la recherche de la différence entre la nature et la personne. Qu'on remarque cependant qu'une vérité n'entre formellement dans le domaine de la philosophie que si l'on en voit l'évidence ou si on peut l'atteindre au terme d'une marche discursive dont aucun élément ne déborde l'ordre naturel; et dans ce dernier cas, le caractère philosophique de la conclusion est inséparable du lien qui la rattache à ses prémisses rationnelles. Si l'on assure, par exemple, que Dieu existe, cette proposition ne peut s'insérer en philosophie que dans la mesure où l'on se propose de l'établir par des moyens naturels. En tout autre cas sa certitude, aussi fondée soit-elle, n'est pas philosophique. Par conséquent, la direction positive que la foi peut imprimer à la philosophie, toute précieuse qu'elle puisse être, demeure une condition préphilosophique, habilitant le philosophe, mais extrinsèque à ce qui constitue l'activité proprement philosophique.

c) Essayons d'assigner en quelques mots leur place respective aux facteurs en discussion.

Il faut se garder de confondre la nature et la grâce: il existe entre elles une distinction radicale. Par conséquent, le domaine de l'activité naturelle de la raison et celui de la foi surnaturelle doivent être soigneusement distingués. On peut étudier les choses à la lumière purement naturelle de la raison, et c'est sur ce plan de travail que se développe la philosophie; on peut également poursuivre l'étude des choses en s'aidant des principes surnaturels que fournit la foi chrétienne, et on se meut alors sur un plan supérieur à celui de la pure raison. Si donc la théologie est, dans son essence, chrétienne, la philosophie, en elle-même, ne l'est point, mais demeure, par définition, simplement rationnelle, purement humaine.

La grâce ne détruit pas la nature, mais elle l'élève; elle se distingue de la nature et présuppose l'activité naturelle, qu'elle vient parfaire. Le développement du chrétien comporte donc la mise en œuvre de forces naturelles qui formellement et réellement se distinguent de celles qui relèvent de la grâce. Loin d'être l'ennemi de la nature, le chrétien veillera au développement normal et harmonieux de ses facultés naturelles, qui seront d'autant mieux adaptées à la vie de la grâce.

Il est *possible* de faire abstraction, par souci de méthode, des secours de la révélation et de la foi pour travailler à la construction d'un système purement philosophique. Il paraît même *souhaitable,* sinon indispensable, dans le régime chrétien, que d'aucuns s'attachent spécialement à ce travail. Et d'abord, certaines vérités, — concernant, par exemple, l'épistémologie et la critique des sciences, — ne sont accessibles que par les voies philosophiques, et toute vérité est précieuse. Ensuite, pour que la philosophie puisse être une discipline auxiliaire de la théologie chrétienne, il faut d'abord qu'elle existe et, par conséquent, qu'on l'ait édifiée sur des principes et d'après des méthodes qui lui sont propres. On pourrait ajouter, qu'il est très utile pour les chrétiens de pouvoir rencontrer les philosophes non croyants sur un terrain commun, celui de la raison, afin de faciliter et de favoriser par là même l'adhésion à la vérité révélée. Ils manqueraient donc à leur devoir s'ils négligeaient d'établir solidement et d'élaborer avec précision leur système philosophique.

d) Mais cependant, dans l'ordre réel qui régit l'homme, toute philosophie n'est-elle pas nécessairement tronquée ? La philosophie, par définition, est un système totalitaire: elle recherche les dernières raisons des choses. Mais comment le pourrait-elle, si l'homme, en réalité, est élevé à l'ordre de la grâce, qui dépasse la nature et la raison ?

La difficulté est spécieuse. Nous ne pouvons qu'indiquer sommairement quelques éléments de la solution. Un plus ample exposé exigerait l'examen approfondi du problème de la nature et de la grâce, ce qui ne pourrait se réaliser qu'à partir du point de vue théologique.

La philosophie est totalitaire, tout en restant dans l'ordre naturel. Elle englobe donc l'étude de la règle suprême de l'activité humaine naturelle. Les raisons qu'elle cherche sont, dans ce domaine, fondamentales. Les conclusions certaines de la philosophie gardent toute leur valeur même dans l'hypothèse de l'élévation de l'homme à la vie de la grâce, précisément parce que la grâce ne détruit pas la nature. Ces conclusions ne sont nullement provisoires: elles sont vraies et leur vérité est absolue.

Mais l'activité humaine a ses limites. La philosophie ne résout pas tous les problèmes, ni même ne parvient à les poser tous. Toutefois elle peut prendre conscience de ses limites: tout en atteignant en quelque manière les raisons suprêmes, elle peut chercher à délimiter les régions mystérieuses qui échappent à notre connaissance, bien plus qui doivent lui échapper parce que la nature est radicalement incapable d'y atteindre. La philosophie, discipline suprême dans l'ordre naturel, peut faire porter son examen critique sur ses propres principes, pour faire l'étude de son insuffisance relative: elle se rend compte de l'impossibilité pour un être fini de dépasser ses propres limites et par là même elle comprend que beaucoup lui échappe forcément. Par exemple, l'homme peut, au moyen des seules ressources de la raison, prouver que Dieu est la cause adéquate de tout être fini; par le fait même il est prouvé que ce Dieu doit être infini, qu'il dépasse infiniment la raison finie de l'homme: la nature divine, en elle-même, est nécessairement pour l'homme un mystère insondable. De même, il peut être prouvé que l'âme spirituelle survit à la mort de l'homme; mais la raison humaine, aussi longtemps qu'elle demeure liée à la connaissance sensible, doit s'avouer incapable d'avoir une connaissance propre et précise des conditions de vie de l'âme séparée.

La philosophie, en traçant ses propres limites, laisse la place ouverte à une révélation supérieure. Elle ne peut pourtant en concevoir par elle-même la possibilité positive, puisque le surnaturel, par définition, dépasse totalement la nature. La philosophie, tout en bouclant l'ordre naturel, peut être dite «ouverte», pourvu qu'on n'entende par là aucune exigence positive, qui ramènerait la grâce à un élément normal de l'ordre naturel.

Le caractère absolu et définitif du travail philosophique se manifeste nettement en ce fait que la philosophie est au service de la théologie, de sorte qu'elle peut appliquer légitimement ses conclusions aux vérités révélées, en vue d'énoncer celles-ci avec exactitude, d'en développer les conséquences, de les ramener à une synthèse cohérente.

Ainsi donc, philosophie et théologie se distinguent radicalement mais s'unissent harmonieusement dans un ordre hiérarchique, où la théologie a le pas sur la philosophie. L'insuffisance relative de la philosophie, eu égard à l'ordre de la grâce, ne change en rien son caractère absolu, c.-à-d. la valeur définitive des résultats qu'elle a pu fonder sur des preuves concluantes.

§ 4. Conclusion. La définition de la philosophie

Pour conclure les considérations des paragraphes précédents, il reste à proposer une *définition* de la philosophie. C'est d'une définition *proprement dite* qu'il s'agit, qui doit énoncer ce qui caractérise spécifiquement la philosophie et qui doit permettre, par là même, de la distinguer de toute autre discipline; bien entendu, il faut que cette définition soit à la portée de tout homme cultivé, puisqu'elle doit figurer dans une «introduction à la philosophie», où l'on n'est pas autorisé à supposer que le lecteur se trouve en possession d'une formation philosophique complète, ni même qu'il ait franchi le seuil de la philosophie. De plus, il s'agit d'une définition de la philosophie *en général,* applicable à l'œuvre de tous ceux, de tout pays et de toute époque, qu'on est convenu d'appeler des philosophes. Cette définition n'énonce donc pas le contenu de la *vérité* philosophique, mais elle se borne à indiquer quel est l'élément caractéristique et commun qui se retrouve toujours dans les travaux de ces nombreux penseurs, qu'on a coutume d'appeler, depuis longtemps, des «philosophes».

La philosophie est *l'ensemble de connaissances naturelles méthodiquement acquises et ordonnées, qui tend à fournir l'explication fondamentale de toutes choses.*

1. Elle procède avec *méthode* et ramène les résultats acquis à un *ordre systématique,* ce qui lui donne un caractère vraiment scientifique (au sens général du mot) (¹). En quoi elle diffère du savoir ordinaire, tout comme la théologie, les mathématiques et les sciences empiriques.

2. La philosophie se cantonne, par définition, dans l'ordre *naturel* et ne fait usage que des facultés naturelles de connaître. Elle se distingue donc de la théologie basée sur la révélation et la foi.

3. Son *objet matériel* (c'est-à-dire tout ce qui tombe sous sa juridiction), c'est *tout.* La synthèse qu'elle projette d'établir englobe toutes choses, sans exception. Par opposition aux sciences particulières, qui s'occupent chacune d'une classe déterminée d'objets à l'exclusion des autres, la philosophie est dite «universelle», parce qu'elle étudie l'universalité des êtres (²).

4. La philosophie, comme toute science, se définit d'une manière précise par son *objet formel,* c'est-à-dire par le point de vue sous lequel elle considère son objet matériel. Des sciences peuvent avoir le même objet matériel, c'est-à-dire étudier exactement les mêmes choses, et cependant être distinctes, si cha-

---

(¹) Il semble préférable de ne pas employer le mot «science» dans le corps de la définition, afin d'éviter tout malentendu, étant donné qu'actuellement «les sciences» sont considérées comme distinctes de la philosophie.

(²) L'objet matériel de chaque science particulière coïncide donc avec une partie de l'objet matériel de la philosophie.

cune s'occupe d'une formalité spéciale de ces choses, c'est-à-dire si elle les considère sous un angle qui lui est propre.

La philosophie se place au point de vue de l'*explication fondamentale* de toutes choses: c'est son objet formel.

a) On ne veut nullement prétendre par là, que tous les philosophes se trouvent en possession de cette explication fondamentale, ni même qu'il soit en leur pouvoir de la découvrir. L'examen de pareille question ressortit à la recherche philosophique elle-même; on ne peut légitimement préjuger de sa solution. Mais il est permis d'affirmer d'emblée, que l'on se meut sur le terrain de la philosophie dès qu'on soulève une question concernant l'«explication fondamentale» des choses et qu'on en amorce l'examen, dès qu'on s'attaque à la recherche de cette «explication fondamentale», quels que puissent être les résultats de cette étude. Au lieu donc de déclarer que la philosophie donne une explication approfondie de toutes les choses, nous dirons que le philosophe *tend* à fournir l'explication fondamentale des choses: son but est d'atteindre cette explication; en attendant de réaliser cette fin, il y tend, *il la poursuit*.

b) Le terme *explication* signifie tout ce qui satisfait l'esprit, en quête de lumière. Il n'est pas possible de déterminer *a priori* en quoi doit consister cette explication: cette étude, en effet, ressortit à la philosophie elle-même. C'est la raison pour laquelle, dans la définition de la philosophie donnée ci-dessus, nous avons préféré l'expression générale «explication» à toute autre, p.ex. «raison». En effet, on n'est pas en droit de décréter sans plus, à savoir sans justification aucune, que dans le domaine de la philosophie, toute explication doit comporter des «raisons», c.-à-d. qu'elle doit être de caractère rationnel, et donc que l'irrationalisme est non seulement une théorie fausse, mais même une conception non philosophique. Il est un fait que, parmi ceux que tout le monde s'accorde à appeler des «philosophes», on rencontre des «irrationalistes» (¹).

c) L'explication *fondamentale,* ou philosophique, est celle qui doit, tout d'abord, pouvoir «pleinement» se justifier. Il faut donc qu'elle se justifie «par elle-même» jusqu'en ses fondements. Elle ne repose sur aucun postulat, ni sur aucun principe qui, à son tour, demanderait d'être étayé par des preuves; elle tient tout entière par elle-même, en vertu de sa propre valeur.

Entendu de la sorte, l'objet formel de la philosophie manifeste son *indépendance* essentielle, son *autosuffisance.* Il appartient, dès lors à la philosophie, — et aucune autre discipline ne saurait l'y remplacer, — de faire intégralement l'étude critique de ses propres principes, de ses méthodes et de ses résultats.

d) La philosophie, en outre, doit chercher ses *explications* dans un domaine qui diffère formellement de celui des sciences, sous peine de ne point se distinguer de ces dernières. Les principes philosophiques ne sont donc pas expérimentaux, mais *métempiriques*. Ils ne se trouvent pas dans le prolongement univoque des théories élaborées par les sciences expérimentales et y demeurent foncièrement irréductibles: transcendants par rapport au domaine de l'expérimentable, ils ne comportent pas d'éléments qui soient homogènes aux données empiriques.

La philosophie se distingue également des *mathématiques*: celles-ci se bornent à considérer la quantité, se placent donc à ce point de vue abstrait. Les études mathématiques ne sauraient donc épuiser le donné, ni tenir compte de toutes ses conditions et fournir non plus l'*explication* fondamentale du réel.

(¹) Rappelons, une nouvelle fois, qu'il ne s'agit pas ici de donner une définition du système philosophique «vrai». Il s'agit de déceler l'élément formel qui permette de se rendre compte de l'acception univoque du mot *philosophie,* étant donné que ce mot s'emploie pour désigner *tous les penseurs* dont traite communément l'histoire de la philosophie et dont les opinions diffèrent foncièrement les unes des autres, en l'occurrence des rationalistes, irrationalistes, relativistes, sceptiques, agnostiques, subjectivistes, idéalistes, solipsistes, etc.

Puisqu'ils doivent être vraiment fondamentaux et se justifier par eux-mêmes, les principes philosophiques pourraient, le cas échéant, fournir une justification foncièrement suffisante des présupposés scientifiques. En ce sens la philosophie constituerait un «au-delà» de la pensée scientifique.

Quelle est, d'une façon précise ce domaine de l'explication philosophique ? Existe-t-il ? Y avons-nous accès et jusqu'à quel point ? Dans une introduction générale à la philosophie on ne pourrait répondre à ces questions que par des postulats, — ce qui ne serait guère philosophique, comme il vient d'être montré. — Ces réponses, en effet, ne peuvent être fermement établies qu'au terme d'un examen critique approfondi. C'est à la philosophie, et à elle seule, qu'il appartient de soulever et d'étudier ces problèmes.

On ne prétend donc pas, en ce moment, qu'il soit au pouvoir de l'homme de découvrir le principe fondamental d'aucune chose. Mais dès lors qu'il est tout à fait naturel de poser le problème, il faut qu'une discipline rationnelle l'examine méthodiquement et essaie de le résoudre. Que le résultat soit positif ou négatif, dans l'un et dans l'autre cas la philosophie demeure également nécessaire: ce serait déjà faire de la philosophie, que de vouloir montrer qu'elle est engagée dans une voie sans issue, c'est-à-dire que les problèmes soulevés par elle demeurent insolubles.

e) La philosophie, d'après une formule courante, a comme objet formel les *causes dernières,* tandis que le propre des sciences est de s'enquérir des *causes prochaines.*

Il est à remarquer que dans cette introduction générale, nous ne sommes nullement autorisés à poser en postulat qu'une explication philosophique ne se peut trouver que dans l'ordre de la «causalité», à moins qu'on appelle cause chaque élément réel explicatif.

De plus, il faut se garder de donner à la formule une interprétation manifestement inacceptable. Celui qui supposerait, par exemple, que causes prochaines et causes dernières sont des ter-

mes d'une même série homogène, serait fort tenté de conclure
que le développement progressif des sciences étend insensible-
ment le domaine des causes prochaines au détriment des causes
profondes, et que celles-ci pourraient finir par être éliminées.
En ce cas, la philosophie constituerait un stade provisoire de la
connaissance, qu'il faudrait tâcher de dépasser au plus tôt. Par
conséquent, quiconque veut attribuer à la philosophie une valeur
propre et définitive, doit déclarer que son objet est irrédcutible
à celui des sciences.

Étant admis qu'il existe une distinction entre l'objet formel
des sciences et celui de la philosophie, les qualificatifs «prochain» et «dernier» peuvent, sans doute, être appliqués respec-
tivement à l'ordre des raisons scientifiques et à celui des principes philosophiques, pourvu qu'on leur trouve un sens accep-
table, ce qui ne va pas sans présenter quelque difficulté.

On ne dira certes pas que les raisons scientifiques sont «prochaines», en ce sens qu'elles seraient plus *aisément* accessibles,
plus faciles à atteindre: l'édifice scientifique est-il, de soi, moins
difficile à élever que celui de la philosophie ?

L'opposition entre causes prochaines et causes dernières, si on
l'applique à la *réalité,* pourrait signifier que les causes prochaines sont «plus près» que les causes dernières de l'effet considéré. Il est cependant des philosophes qui admettent l'existence
d'un Dieu créateur, cause totale et donc «immédiate» de toutes
choses, et on ne leur reproche pas de l'appeler la raison «dernière» des créatures.

Appliquée à l'ordre de nos *connaissances,* la formule ne pourrait-elle exprimer que les raisons scientifiques sont appelées
«prochaines» parce que nous les atteignons en «premier» lieu,
et que par elles, «ensuite», nous remontons vers les principes
philosophiques ? Il faudrait cependant préciser.

Tout d'abord, il ne semble pas que tout le programme des
sciences doive être épuisé avant qu'on puisse s'occuper de philosophie, — sinon l'étude de la philosophie pourrait-elle jamais
commencer ? — Mais alors, dans la mesure où le travail philosophique efficace ne présuppose pas nécessairement les résultats

définitifs du travail des sciences et ne le remplace pas davantage, la philosophie ne constitue pas nécessairement le «dernier» terme du travail de l'esprit, puisqu'elle ne peut dispenser de poursuivre les recherches sur le terrain des sciences.

Veut-on dire que tout effort philosophique, pour être solide, doit s'appuyer sur des résultats acquis par voie scientifique, et que, dès lors, il est de soi «postérieur» à l'acquisition de ces résultats ? On ne peut l'affirmer a priori. C'est une question à étudier avec soin. Elle soulève le problème ardu des rapports entre la philosophie et les sciences, et, pour le résoudre, c'est au cœur même des recherches philosophiques qu'il faut se porter.

Au seuil de la philosophie, nous nous contentons de la définir comme la recherche des principes «fondamentaux» naturels, dans le sens indiqué plus haut. Et nous faisons remarquer que la réponse philosophique devant être, de soi, «pleinement démonstrative», «autosuffisante», elle pourrait, sans doute, constituer une explication «fondamentalement suffisante», et en ce sens «dernière», de tout ce que les sciences présupposent nécessairement et qui demeure rebelle aux méthodes qui leur sont propres.

INTRODUCTION A LA PROBLÉMATIQUE
DE LA PHILOSOPHIE

Les merveilles de la nature, les mystères de la vie et de la mort frappent l'homme d'admiration et de surprise. La philosophie n'a pas d'autre origine: elle est fille de l'étonnement. Son domaine a les dimensions de l'univers. Essayons de prendre une vue panoramique et de dresser sommairement la carte de ce domaine en notant les grands problèmes qui s'y posent et en indiquant les lignes principales que la recherche philosophique doit suivre. Ce n'est qu'un premier et rapide coup d'œil que nous allons pouvoir jeter sur les questions philosophiques. Le but est de faire remarquer que le philosophe se heurte inévitablement à des problèmes, dès lors qu'il réfléchit fût-ce aux données les plus banales, que ces problèmes sont d'importance vitale et qu'ils surgissent nombreux, de toute part, dans le monde soumis à la réflexion philosophique.

On ne prétend nullement que c'est dans l'ordre où ils se trouvent consignés dans ces pages qu'on doit les étudier en philosophie. Car l'ordre à suivre dans l'étude ne peut se fixer a priori, ni s'imposer par décret: il doit se justifier par des raisons proprement philosophiques, ce qu'on ne peut tenir pour accompli tant qu'on n'a pas franchi le seuil de la philosophie.

Au moment d'entreprendre le travail philosophique, l'esprit de l'homme n'est pas vierge; il fonctionne depuis des années et s'est assimilé le contenu de traditions familiales, sociales et religieuses, les matières d'un long enseignement, les résultats de l'expérience et de la réflexion personnelles: il est en possession d'un trésor de connaissances riche et varié. Mais voici qu'il entame une tâche nouvelle. Il va s'astreindre à un travail méthodique, pour chercher les principes suprêmes de tout ce que son regard peut embrasser. Attitude de sévère renoncement, dégagée de tout souci pragmatique et ne visant qu'à la seule connaissance, sans plus; attitude d'absolue sincérité, qui rejette tout préjugé, renonce à tout postulat; elle accepte loyalement les données, pour les soumettre, en toute indépendance, à l'examen philosophique.

§ 1. Le problème de la connaissance

Comment atteindre les faits ? En les connaissant. Comment poser et résoudre les problèmes ? Par l'exercice de la connaissance. Dès lors, il saute aux yeux qu'il est de la plus haute importance d'étudier la connaissance elle-même, pour en déterminer la valeur et la portée.

1. Un simple regard jeté sur le contenu de nos connaissances y fait découvrir des zones très différentes: on y distingue et on y oppose, notamment, les données de la conscience à l'état de veille et celles du rêve, les choses du monde extérieur et la conscience de notre propre vie, des faits d'observation et l'élaboration de raisonnements. Tout cela est objet de connaissance, sans toutefois être homogène et sans présenter la même valeur. Par conséquent la question se pose: qu'atteignons-nous au juste dans ces différents cas ?

Au premier abord, on serait tenté de trouver la réponse aisée. Que faut-il faire, sinon ouvrir les yeux et regarder, appliquer l'esprit et réfléchir ? On ne tarde pas, cependant, à rencontrer des difficultés. Tout d'abord, personne ne se croit à l'abri de l'illusion; et qui oserait prétendre qu'il suffit d'être de bonne foi pour ne point verser dans l'erreur ? Mais alors, comment échapper à ces dangers ? Pourrait-on solidement établir que nous ne sommes pas toujours victimes de l'illusion et de l'erreur ?

Est-il en notre pouvoir d'énoncer une proposition définitive, irré-formable et dont nous apercevions la valeur inconditionnelle ?

a) D'aucuns estiment que nos affirmations ne dépassent ja-mais une sérieuse probabilité. Sans doute, notre connaissance répond aux besoins de la vie, et généralement elle remplit son rôle biologique de manière satisfaisante; mais ne serait-il pas présomptueux d'accorder à la connaissance humaine la portée d'un savoir théorique, objectif, à bases solides ?

Ce scepticisme, poussé à l'extrême, est intenable et nous de-vons d'emblée l'écarter. En effet, le scepticisme implique que nous doutons, que nous posons des problèmes, que nous som-mes engagés dans un mouvement continu de recherche, et de cela nous sommes absolument certains, sans pouvoir en douter. Nous avons conscience de ce travail de recherche, nous pouvons y fixer l'attention et en faire l'objet de nos études. Dès lors, étant donné que le doute, la recherche, implique sa propre affirma-tion, — si je doute, j'affirme ce doute en toute certitude, — porter le doute à l'absolu est un non-sens qui se détruit lui-même. Le doute ne peut donc être total.

Par conséquent, une philosophie est possible. Elle peut, au moins, essayer de dégager le fondement de toute recherche in-tellectuelle, c.-à-d. l'affirmation qui permet d'attacher une si-gnification à toute question possible. A supposer qu'aucun autre problème ne pût recevoir de solution satisfaisante, la philosophie n'en subsisterait pas moins: elle se bornerait à dresser, sur la base de l'affirmation fondamentale, une liste ordonnée des ques-tions qui ont un sens: elle s'attacherait à construire une problé-matique de la philosophie.

Il s'agit donc de savoir ce qu'implique et sur quoi se fonde l'inéluctable affirmation et jusqu'où peut s'étendre le champ de nos certitudes légitimes.

b) Par un mouvement spontané de l'esprit, l'homme est *réa-liste*: il est convaincu de trouver, en soi-même et autour de soi, du réel, constitué d'une nature qui est indépendante de notre activité de connaître. En gros, cette attitude se résume en ces termes: le réel est en lui-même autre chose qu'un simple objet de la connaissance humaine, et si l'homme perd conscience, le monde n'en continue pas moins d'exister. D'autre part, chacun se sent peu enclin à prendre ses rêves pour la réalité. Au réveil le contenu du rêve est qualifié de construction subjective, dont toute la consistance repose sur l'activité de l'esprit: supprimez la conscience et le rêve s'évanouit. Pourrait-on justifier ces appréciations ?

La situation n'est pas aussi nette qu'il paraît au premier abord. A l'état de veille, la mémoire et l'imagination ne cessent un instant de travailler et le produit de leur activité est considéré, non point comme du donné qui existe en lui-même et dont on constate la réalité, mais comme une simple représentation, une image, modification interne de la conscience. Ainsi donc, il serait naïf de se livrer à un réalisme qui ne verrait dans la perception que du donné réel, car ce donné est tout imbibé d'éléments subjectifs. Un travail critique s'impose pour faire le départ entre le donné et le construit, entre le réel et la représentation.

A supposer qu'il y ait un donné réel, où et comment nous est-il rendu présent ? Soit le monde physique: entrons-nous en contact avec lui par «intuition», sans l'intervention d'une représentation jouant le rôle d'intermédiaire dont on aurait conscience ? En ce cas la réalité de ce monde est «directement» perçue, et elle est en elle-même telle que nous la percevons. On est tenté cependant de voir dans certaines qualités sensibles, — telles que les couleurs, les sons, les sensations de température, — des réactions subjectives plutôt que des propriétés physiques de la réalité extérieure. Mais si l'on s'engage dans cette voie, ne faut-il pas poursuivre et en dire autant de toutes les autres données sensibles, telles que la forme et les dimensions des objets, la localisation dans l'espace, etc. ? Il y aurait alors, d'une part le monde extérieur, qui n'est pas directement perçu, et d'autre part la représentation que nous nous en faisons et qui est une création de notre activité psychique. Comment savoir s'ils correspondent l'un à l'autre ? Bien plus, comment établir qu'il y a une réalité extérieure ? Pourquoi ne pas supposer que seul existe le cours des actes conscients, puisque seul il nous est présent ? Si l'on passe à la réalité que nous sommes, les mêmes questions se posent: comment le sujet se connaît-il ? Est-il autre chose que l'acte ou la suite des actes conscients ? Nous voici en présence de l'idéalisme dans sa forme extrême, le solipsisme: enfermé dans ma conscience individuelle, il m'est impossible de la dépasser dans n'importe quel sens.

Aucun homme pourtant n'osera prétendre, en fait, qu'il n'existe pas d'autres hommes que lui, et chacun est convaincu d'atteindre, par la connaissance, autre chose que des productions de sa fonction de connaître. Mais il s'agit de justifier critiquement ces convictions.

c) Le problème de la connaissance présente des aspects multiples. Il faut envisager, notamment, la distinction entre l'*individuel* et l'*universel*. Dans le contenu de nos connaissances certains objets se manifestent comme individuels, possédant en propre et de manière incommunicable ce qui les constitue: ceci, cela. Il y a, en outre, des notions universelles, dont le contenu est applicable à plus d'un sujet; je puis dire, par exemple: voici un homme, en voilà un autre; je rapporte le même attribut, «homme», à plusieurs individus.

Faut-il donc admettre que la connaissance humaine s'ouvre sur deux mondes, dont l'un serait composé de réalités individuelles, — ceci, cela, celui-ci, celui-là, — tandis que l'autre comprendrait les réalités universelles ? Tous deux sont-ils également réels ? Dans la négative, lequel des deux a la priorité ? Si seul l'universel est vraiment réel, quel sens faut-il attribuer à l'individuel ? Si l'on prétend que seul l'individuel existe, l'universel est-il une abstraction, un symbole, une fiction, ou un mot vide de sens ? S'il est une abstraction, comment et dans quelle mesure se réfère-t-il à la réalité ? Il faudrait aussi s'enquérir de son origine: l'universel est-il le fruit d'une activité humaine ? N'est-il pas plutôt une notion innée ? D'ailleurs, il n'est pas certain *a priori* que les notions universelles *soient* toutes du même type et qu'il n'y ait pas des genres d'abstraction foncièrement différents. Comment pourrait-on, finalement, définir les rapports existant entre la saisie de l'individuel et la fonction d'abstraire ? Faut-il parler d'aspects complémentaires d'une même activité, ou bien d'opérations radicalement distinctes et même séparables ?

d) La connaissance humaine ne consiste pas uniquement en une présence de l'objet dans le champ de la conscience, elle est aussi et essentiellement *l'affirmation* de cette présence de par le sujet: celui-ci aperçoit l'objet; il s'y oppose et affirme qu'il est là. Le sujet prend donc une attitude: il s'affirme en s'opposant à l'objet.

Pareille attitude suppose une base ferme. De fait, la connaissance humaine comprend toujours, — de façon implicite ou explicite, — l'affirmation d'une *nécessité*: si je dis que je vois telle chose, j'affirme que je la vois, qu'il en est vraiment ainsi, que la voyant je ne puis pas ne pas la voir, que cela est indubitablement certain. Il nous arrive aussi d'énoncer explicitement la nécessité sous forme de principe: deux et deux font (nécessairement) quatre, le tout est (nécessairement) plus grand que la partie, il est (forcément) impossible d'être à la fois assis et debout, etc.

Le problème se pose: d'où viennent ces principes ? Que valent-ils ? Énoncés sous une forme générale, ils prétendent être des lois, qui s'appliquent inévitablement aux cas particuliers. Ils sont donc universels. On se demande, si leur origine et leur valeur se rattachent à celles des notions universelles. Ces lois régissent-elles l'activité de notre esprit personnel, celle de tout esprit humain, ou même de tout esprit quel qu'il soit ? Ont-elles, — du moins certaines d'entre elles, —une portée absolument universelle, tant dans le domaine du réel que dans celui de la connaissance ?

e) Dans ce dernier cas, il faudrait les formuler au moyen de notions dont l'extension est absolument universelle, *«trans-*

cendantales», c'est-à-dire s'appliquant à tout sans exception. Pareille notion est, par exemple, celle d'*être*: à tout point de vue tout est de l'être. On se heurte ici à de nouvelles difficultés: où puisons-nous ces notions ? Données d'expérience ? Mais notre expérience est extrêmement limitée. Formes innées de l'esprit ? On se demande comment on peut en garantir la valeur. Abstraction ? Comment se fait-il qu'on puisse les appliquer à toutes choses, y compris celles qui ne pourraient être des données d'expérience ? Ensuite, peut-on appeler abstraite la notion qui n'abstrait de rien puisqu'elle s'applique à tout ? Comment une connaissance transcendantale, qui embrasse toutes choses peut-elle être imparfaite ? Personne, pourtant, ne songe à nier que notre science soit perfectible.

f) Il est possible que dans l'étude du problème de la connaissance il faille encore tenir compte d'un autre élément, la vie des *sentiments* et des *tendances*. Celle-ci ne peut s'isoler de l'opération des sens et de celle de l'esprit, et la question se pose de savoir si elle n'intervient pas dans l'élaboration de la connaissance elle-même. D'aucuns le prétendent. Ils estiment qu'aucun objet n'est reconnu présent s'il n'intéresse en certaine façon la vie appétitive et sentimentale du sujet, c'est-à-dire l'activité la plus personnelle et la plus fondamentale qui soit en lui. L'émotion provoquée au contact de la «valeur» de l'objet, serait le noyau autour duquel viennent se cristalliser les éléments proprement figuratifs et formels qui constituent la structure de la représentation et du concept. La saisie de la valeur, dans l'ébranlement émotif de la personne, serait la condition indispensable de toute connaissance de la réalité.

Il est indéniable que l'activité humaine n'est pas cloisonnée: la vie sentimentale ne se développe pas en marge de la vie sensorielle et intellectuelle et celle-ci n'est pas étrangère à la première. Mais il faudrait examiner de près quelle est la fonction de l'une et de l'autre, afin de savoir si l'émotion précède ou suit la représentation de l'objet et si elle a quelque rôle essentiel à jouer dans la constitution de la connaissance proprement dite.

g) Ainsi donc, notre activité de connaître présente un contenu qui est à la fois individuel et universel; elle est une constatation empirique en même temps qu'une affirmation catégorique; elle est toujours perfectible, tout en se développant d'emblée sur le plan du transcendantal; elle comporte une représentation figurative et une structure formelle, qui sont associées à un mouvement de l'émotion au contact de la valeur. Ces oppositions sont-elles parallèles et peuvent-elles se ramener à une opposition fondamentale unique ? Les termes opposés sont-ils irréductibles ? Sont-ils complémentaires ? Quels en sont exactement le rôle et l'importance ? On le voit, le problème de la connaissance n'est pas simple. On comprend que les philosophes aient proposé des solutions fort divergentes et qu'il leur soit malaisé de se mettre d'accord, même sur les points les plus fondamentaux.

2. L'organisation formelle de l'activité discursive.

Considéré sous l'un de ses aspects les plus caractéristiques, notre pouvoir de connaître est une faculté discursive, qui progresse par voie de jugements et de raisonnements. Nous jugeons, par exemple, qu'un rapport déterminé doit être reconnu entre le concept homme et le concept raisonnable. S'il est établi qu'un individu donné est un homme, nous en concluons logiquement, en vertu des lois qui régissent le travail de l'esprit, que le prédicat raisonnable lui convient. L'homme est raisonnable, *«or»* Socrate est homme, *«donc»* Socrate est raisonnable.

Il est important de considérer la nature de cette activité discursive, de démonter son mécanisme et d'en étudier la structure et le fonctionnement.

a) Aristote, le premier, y a consacré un corps de traités, l'«Organon», qui est demeuré classique. Il y étudie les termes du jugement, classe les jugements, examine le raisonnement, spécialement le syllogisme, pour en chercher les lois, les figures, les formes correctes ou défectueuses.

Cette *logique classique* étudie, principalement, le pouvoir qu'a notre intelligence de percevoir des relations d'attribution, c'est-à-dire de comprendre qu'un concept (l'attribut «raisonnable») revient au contenu d'un autre concept (le sujet «l'homme»). Lorsque cette intellection a lieu, l'esprit y trouve un caractère de nécessité (il est nécessaire que l'homme soit raisonnable).

b) Il se fait que dans le plus grand nombre de nos constatations, l'intelligence ne perçoit pas la nécessité de cette attribution (exemple: «Socrate se trouve assis»). Dans ce cas, la logique classique, basée sur l'intellection des essences, est peu fructueuse. Cependant n'est-il pas possible de féconder de pareils jugements? Il y aurait lieu, pour y réussir, d'élaborer une logique qui ne présuppose pas l'intellection mais seulement la constatation, c'est-à-dire la simple présence dans l'esprit d'une connaissance, sans qu'il soit préjugé de son degré d'intelligibilité. Cette logique étudierait les conséquences qui résultent, pour l'esprit, du seul fait qu'il a eu telle et telle connaissance. C'est dans ce sens que les efforts de la *logistique* ([1]) ont été orientés depuis un demi-siècle.

Il y a lieu de se demander si la logistique n'est qu'une spécialisation de la logique classique, ou si, au contraire, la logistique est la seule logique scientifiquement valable.

3. *Critique et méthodologie des sciences.*

Une fois établis les principes et lois générales qui régissent l'activité de la connaissance, on est à même de formuler les règles de leur application aux différents domaines du savoir.

Chaque science poursuit l'étude d'un objet qui lui est propre et dont elle dépend, tant dans sa nature que dans ses méthodes.

([1]) Au Congrès international de Philosophie tenu à Genève, en sept. 1904, Itelson, Lalande et Couturat, sans entente ni communication préalable, se sont rencontrés pour donner à la logique nouvelle le nom de *logistique*. Le sens est nouveau, mais le mot lui-même est ancien: il désignait dans l'antiquité le *calcul pratique* en tant qu'opposé à l'arithmétique. La logique nouvelle a été appelée également *logique symbolique, logique mathématique, algorithmique, algèbre de la logique.*

Il faudra donc s'attacher à la *critique* et à la *méthodologie* des sciences; on s'efforcera de déterminer la valeur et la portée des principes et des procédés d'investigation et de systématisation mis en œuvre par les diverses sciences, tant de raisonnement que d'observation: sciences mathématiques, physiques, biologiques, psychologiques, historiques. Alors seulement on sera en mesure de définir le sens précis des résultats qu'elles peuvent atteindre.

§ 2. LE PROBLÈME DU TOUT

La philosophie étudie toutes choses pour en trouver les principes fondamentaux. «Étudier toutes choses»: en quel sens emploie-t-on le mot «tout» ? Pas n'est besoin d'un gros effort pour découvrir, sur ce point, des problèmes importants.

1. Il n'y guère de difficulté à comprendre les expressions suivantes: «tous les hommes», «tous les vivants», «tous les corps». Mais, lorsqu'on parle de «toutes choses», on envisage une synthèse immense: elle ne laisse échapper la moindre chose, à aucun titre; elle est «absolument» complète, car impliquant tout, elle ne peut plus se référer à rien d'autre; elle s'étend au-delà de toute catégorie particulière et, en ce sens, elle dépasse, «transcende», toute limite. Mais que faut-il penser de ce tout «absolu», de cette synthèse «transcendantale» ?

a) On se heurte, d'abord, à un problème d'ordre épistémologique, qui a été indiqué plus haut: cette prétention d'atteindre, par la connaissance, toutes choses, est-elle justifiée ? Il est bien vrai que l'esprit humain, travaillé du désir d'unifier, se porte volontiers jusqu'aux extrêmes limites de la réalité et qu'il ne peut s'empêcher de poser des problèmes au sujet de l'ensemble des êtres: il en cherche, notamment, l'origine première, la destinée finale, le sens profond. Mais pourtant nul ne songe à nier l'imperfection foncière de la connaissance humaine. Comment, alors, prétendre qu'elle atteint le tout ? La synthèse transcendantale ne serait-elle pas une pure fiction de l'esprit ?

D'autre part, si l'on s'enferme dans l'agnosticisme, en concédant que, peut-être, plusieurs secteurs de la réalité nous sont entièrement inaccessibles, il semble bien difficile de ne pas glisser dans le scepticisme radical: une fois admis que nous ne pouvons, en aucune manière, nous placer au point de vue du tout, comment pourrions-nous résoudre «définitivement» aucun problème ? Si nous sommes dans l'ignorance *totale* de ce qui nous dépasse, il n'y a *aucune* raison de ne pas admettre que les données de nos problèmes, considérés d'un point de vue supérieur, pourraient se présenter *tout autrement,* et que nos conclusions actuelles devraient être *entièrement* revisées. Or la vérité ne nous échappe-t-elle pas en *tout* point, si *toute* affirmation est hypothétique ?

b) En quel sens pousser les recherches, pour résoudre ce problème capital ? Nous ramenons différents objets à un seul tout, lorsque nous leur découvrons un aspect commun. L'homme, par exemple, se définit un animal raisonnable; sur ce point tous les hommes se ressemblent; c'est pourquoi nous les considérons comme constituant un tout, l'espèce humaine. Sur quelle base pourrait-on admettre un tout transcendantal ? Qu'y a-t-il de commun à toutes choses ?

Nous remplaçons souvent spontanément le mot «chose» par le mot «être». En parlant de «toutes choses», nous disons volontiers «tous les êtres». L'aspect commun à toutes choses est l'aspect «être»: chaque chose «est», chacune est «de l'être»; la synthèse transcendantale serait comprise dans l'idée universelle d'être.

Il faudrait essayer de préciser le sens de cette idée, l'étudier sous tous ses aspects, — dans son origine, sa structure, sa fonction logique, — pour arriver à en établir exactement la valeur, afin de savoir si, en rigueur de termes, elle est «transcendantale».

2. C'est un fait, que peu de philosophes se sont résignés à ne poser d'aucune manière le problème du «tout».

Ils le ramènent essentiellement à la question suivante: on constate manifestement des données diverses, (il y a des minéraux, des vivants, des hommes, etc.), qui peuvent, d'une certaine façon, être unifiées, (nous parlons du «tout», de l'ensemble qu'elles constituent); qu'est-il requis, nécessairement, pour que cette diversité se maintienne dans l'unité et l'unité dans la diversité ? *Comment concilier l'un et le multiple ?*

Si on traduit le problème en termes d'être: que faut-il pour que ce qui est, puisse être, c'est-à-dire pour que chaque chose qui est, puisse appartenir au tout de l'être ? Quel est le principe fondamental et quelle est la structure essentielle de la synthèse de l'être ? En d'autres termes, quelle est la construction de la réalité qui permet aux divers êtres de se rencontrer dans un même ordre réel ?

Beaucoup de solutions peuvent être envisagées. Signalons-en quelques-unes qui sont typiques.

a) On pourrait proposer un *«pluralisme»* assez simpliste, qui se contenterait d'affirmer la coexistence de divers êtres finis dans un même ordre. Encore faudrait-il tâcher de définir cet ordre, en découvrant le principe réel qui le régit et qui règle les rapports entre ses éléments.

b) Pourquoi n'admettrait-on pas que les éléments divers se fusionnent, au fond, dans une substance unique ? Ce serait le *«monisme de l'être»*.

La grande difficulté, lorsqu'on suppose que l'être, dans sa substance, est unique, est d'expliquer la réalité des données multiples, qui se manifestent dans notre propre vie et dans la nature. Il faudrait admettre une certaine structure interne, affectant la substance fondamentale sans nuire à son identité. Les diverses données seraient des aspects, des propriétés ou des modes d'être de la réalité fondamentale unique.

c) Par ailleurs on ne peut perdre de vue l'aspect dynamique de l'être, car il est essentiel pour l'explication de la multiplicité. La réalité est active; elle produit des modes nouveaux. Supposons que le jaillissement de cette activité modifie la source fondamentale en elle-même; celle-ci subit donc des changements; elle est en devenir, elle évolue, elle progresse: *«monisme évolutif»*. Cela revient à dire qu'elle est finie, mais capable de développer, — peut-être indéfiniment, — la perfection qui la constitue. Ce progrès est-il d'ordre spirituel et libre, ou bien est-il matériel et soumis au déterminisme ? N'est-il pas à la fois l'un et l'autre ? En ce cas on pourrait concevoir l'évolution de l'être comme une lutte constante pour se conquérir et se dominer dans une activité de plus en plus consciente et libre.

On ne peut se défendre d'éprouver ici des difficultés: comment la réalité fondamentale pourrait-elle se hausser au-dessus d'elle-même ? Si elle est l'unique réalité, où découvrirait-elle l'appui indispensable pour monter ? Peut-on admettre que le *plus* sort du *moins* ? Ne faut-il pas plutôt supposer qu'il existe, à la base de tout, une réalité d'une perfection «infinie», en ce sens qu'elle implique par nature le summum de toute perfection possible ? Son activité produirait des modes d'être nouveaux, mais moins parfaits et donc finis, qui lui seraient redevables de leur degré de perfection: pourquoi, en effet, le *plus* ne pourrait-il produire le *moins* ?

d) A partir de là deux hypothèses se présentent. La première: l'être infini n'est pas libre dans ses actions et ses effets émanent de sa substance selon une loi inéluctable de sa nature.

Un lien d'absolue nécessité relie donc à leur source toute la gamme des degrés finis; cette source est affectée en elle-même par ces effets, puisqu'elle s'y trouve reliée par un lien de nécessité naturelle et en est donc définie intrinsèquement. Au fond, c'est ce lien qui constitue la réalité essentielle et unique: il s'agit donc d'un *«monisme émanatiste»*.

Mais on se heurte à une difficulté: le fini peut-il s'ajouter à l'infini dans un même être ?

e) Autre système: l'être infini produit «librement» les êtres finis, c'est-à-dire qu'il les «crée». Du coup, on dépasse le monisme, pour affirmer le *«dualisme» de l'infini et du fini.*

La source créatrice, puisqu'elle agit librement, est radicalement indépendante de ses créatures; elle n'est jamais affectée en elle-même par les modes finis qu'elle produit, et elle demeure donc toujours également infinie en perfection. Les réalités finies ne se confondant en rien avec l'Être créateur, sont, dans leur être, substantiellement distinctes de Lui. L'unité de la synthèse transcendantale est pourtant maintenue intégralement, parce que tout être fini, en tant qu'il est une créature, n'existe qu'en dépendance totale de l'infini Créateur. L'infini, Dieu, est à la fois «transcendant», — puisqu'il dépasse tout le reste infiniment, — et, en un certain sens, « immanent», — puisque sa puissance créatrice atteint jusqu'au fond la réalité de l'être fini.

Cette réalité finie, qui se distingue de l'Infini, en quoi consiste-t-elle ? Est-elle simple ou composée ? Comment pourrait-on en prouver la composition et comment doit-on la concevoir ? Le fini étant multiple, quel est l'ordre fondamentalement requis pour en régir les rapports ? Le fini étant actif, quelles sont les conditions requises pour qu'il puisse agir ? Dieu, son Créateur, est-il aussi sa fin, et en quel sens ?

3. En présence de tous ces systèmes irréductibles, il faut choisir. Comment apprécier leur valeur de vérité ? Quelle méthode suivre ?

D'aucuns prétendent s'appuyer sur une intuition obscure, dans laquelle l'homme serait à même de découvrir le fond de son être personnel jusqu'à la source originelle de toute activité.

D'autres s'attachent de préférence à l'analyse de notre activité pour en marquer l'orientation fondamentale et y découvrir comme la préfiguration de la réalité infinie, terme de nos aspirations naturelles.

Il en est qui se tournent vers l'être fini, tel qu'il se manifeste en nous-même et autour de nous, pour noter ce qui le caractérise et y reconnaître les signes d'une contingence radicale, qui nous ouvrirait la voie vers la connaissance de l'infini.

A partir de principes divergents, se développent des méthodes diverses; il est indispensable de les soumettre à un examen critique intégral, afin de trouver une base indiscutable et une route sûre. Le problème de l'être, problème aux conséquences innombrables et qui s'étendent à tous les domaines, exige, plus que tout autre, le maximum de sincérité et de prudence.

§ 3. LE PROBLÈME DE LA NATURE ET DE LA VIE

La nature est l'ensemble des choses qui entourent l'homme. Les sciences expérimentales, prolongeant l'effort de l'observation ordinaire, se sont attachées à en pénétrer les secrets.

Les hommes y voient communément un ensemble d'êtres distincts, qu'on peut classer en se basant sur les propriétés qu'ils manifestent. De tout temps on a distingué les trois règnes, — minéral, végétal et animal, — et dans chacun d'eux on a établi des distinctions ultérieures de plus en plus nombreuses, en ordres, genres, familles, classes, etc. Parmi les animaux, l'homme, «le roi de la création», occupe une place à part, puisqu'il **domine** la nature tout entière et peut l'aborder pour en faire un objet d'étude.

Une opposition profonde existe, de toute évidence, entre la nature purement minérale et la nature vivante. Tout essai de ramener la seconde à la première semble voué à un échec. Mais comment définir le monde minéral et la vie ?

1. a) Il y a une notable différence entre le *monde physique* tel que le décrivent les sciences, et celui que se construit l'homme ordinaire au cours de la vie. Il s'agit d'examiner si le point de vue nettement déterminé, auquel se placent les sciences physiques et que par un louable souci de méthode elles ne veulent point quitter, ne peut et ne doit pas être élargi par un appel à l'expérience quotidienne. Que faut-il penser, en particulier, des

qualités de l'objet, — la couleur, le son, etc.,— qui se manifestent à la connaissance sensible ? Sont-elles purement subjectives et n'y correspond-il, dans la réalité, que des données quantitatives mesurables ?

b) La matière est douée d'activité «transitive»: un objet matériel exerce une action sur un autre; ce dernier subit cette action et peut alors, à son tour, réagir. Le monde matériel présente donc un double aspect, *actif* et *passif*. Que doit-on entendre par là ?

A première vue, la passivité semble impliquer une distinction entre des individus qui agissent et réagissent les uns sur les autres. Peut-on cependant, dans ce domaine, parler d'individus distincts, et quelle serait leur unité individuelle ? Ne faudrait-il pas, plutôt, considérer l'univers matériel comme un tout indivis ? Il resterait à déterminer, en ce cas, à quoi se ramène l'opposition activité-passivité.

c) Considérons l'univers sous un autre angle: il constitue un tout spatio-temporel. L'*espace* est-il la condition, peut-être essentielle, de la passivité de la matière ? L'extension spatiale est-elle la raison de l'inertie ? Ou bien l'inertie, l'extension spatiale et la passivité ne seraient-elles que des manifestations de quelque propriété plus fondamentale, à chercher dans la ligne de la quantité ?

Mais il faudrait s'entendre d'abord sur la nature de l'espace: est-ce une réalité, continue, à trois dimensions ? Ou bien, l'espace du sens commun dérive-t-il de l'activité de la conscience ? S'il y correspond une réalité, comment faut-il la définir en elle-même ? Le succès des mathématiques non-euclidiennes fait poser le problème dans toute son acuité.

d) L'aspect *temporel* de la matière donne lieu à des difficultés non moins sérieuses. Le temps mesure une durée. La durée tient-elle essentiellement au changement ? L'évolution de l'univers étant considérée comme une manifestation de son activité, sa durée devrait, sans doute, être appelée une propriété, peut-être essentielle, de cette activité.

Ne doit-on pas se garder, pourtant, de l'anthropomorphisme ? Notre vie psychique s'écoule en une durée non interrompue. Peut-on admettre sans plus que la durée matérielle des choses est du même ordre ? Le temps physique ne se distingue-t-il pas de la durée vécue consciemment, comme le monde physique doit être différencié de la vie psychique ? Si l'on élimine de la durée tout élément proprement psychique, que reste-t-il ? Que peut être une durée purement physique ? Est-elle concevable sans qu'on admette un aspect qualitatif de la matière, qui aurait quelque lointaine analogie avec la durée consciente ?

e) Quoi qu'il en soit, la matière apparaît comme un tout complexe et qui présente des propriétés opposées. A la lumière des principes qui règlent la composition de l'être en général, on doit essayer de découvrir la structure qui est à la base des différents aspects du monde corporel, et qui constitue la réalité fondamentale de la matière.

2. A la surface du globe se manifeste une activité particulièrement féconde, qui organise la matière de mille manières. Elle nous fait poser le problème de la *vie*.

a) Nous distinguons ce qui vit et ce qui ne vit pas. A quel titre ?

Le vivant est un organisme, une quantité de matière différenciée qui réagit comme un tout. Il est indispensable de déterminer en quoi consiste le «tout» organisé, l'individu vivant, car on rencontre aussi en dehors de la vie, des systèmes matériels agissant comme une unité. L'être vivant est une unité plus profonde: il «se» maintient, «se» développe, «se» défend: il est caractérisé par *l'activité «immanente»*. En quoi, précisément, cette activité se distingue-t-elle de l'activité «transitive» du non-vivant ? Pourquoi ne pourrait-on pas appeler l'organisme vivant une machine, un mécanisme ? Admettons qu'on puisse prouver l'irréductibilité de la vie et du monde minéral; alors l'activité vivante sera une donnée première, qu'il s'agit de décrire avec soin pour en chercher les lois et les raisons.

Que devient l'opposition *activité-passivité* dans l'activité immanente du vivant ? La vie ne plane pas au-dessus de la matière, l'activité immanente ne s'ajoute pas simplement à l'activité transitive. Au contraire, c'est la matière elle-même qui est vivante, et la vie est l'organisation de la matière. Mais comment entendre cela ? Comment comprendre cette transformation, qui élève la matière au plan de l'immanence ?

L'organisme vivant est un tout *spatio-temporel*. Ses dimensions spatiales sont nettement déterminées, la disposition de ses parties n'est pas quelconque, la figure de l'ensemble est typique; sous le rapport temporel, sa durée est une évolution progressive, qui a une origine définie, un terme final et qui traverse des phases caractéristiques. De même, donc, qu'il a une forme individuelle, le vivant a une histoire, une durée irréversible, qui lui sont propres.

Il y a une *multitude* innombrable d'organismes: certains ont des dimensions microscopiques; d'autres occupent une place relativement considérable dans l'espace; il en est qui ne se maintiennent que fort peu de temps, d'autres sont plus durables. Tous se ressemblent en ce qu'ils proviennent d'autres vivants, dont ils se détachent pour mener une vie propre. Victoire incessante de la vie sur la mort: les organismes s'usent et se dissolvent, mais ils ont le pouvoir de communiquer la vie à des organismes nouveaux, et par ce moyen ils perpétuent la vie en ce monde.

b) L'expérience nous apprend à distinguer les *plantes* et les *animaux*. Nous sommes enclins à attribuer à ces derniers une vie psychique qui ressemblerait à la nôtre et à dénier toute activité consciente aux premières.

Cette opinion est-elle justifiée ? L'étude de ces êtres ne peut se fonder que sur des données qui nous sont extérieures. Il faut, dès lors, observer et étudier leur comportement, la manière dont ils réagissent comme des touts vivants. Quel est donc dans le comportement animal, l'élément caractéristique qui nous permette de le considérer comme radicalement supérieur à la vie végétative ? Y a-t-il des propriétés qui caractérisent l'activité et la durée de la vie animale ? Par exemple, une forme de mémoire spéciale, ou la faculté de se mouvoir dans l'espace ? L'unité de l'animal est-elle d'un autre ordre que celle du végétal ?

c) L'étude de la vie ne peut s'arrêter définitivement à celle du seul individu. Tout animal, comme tout végétal, est un moment de l'évolution de l'*espèce*; il est un terme d'une série d'individus semblables, qui se succèdent et, par voie de génération, se communiquent la vie les uns aux autres.

Chaque individu semble dominé par une loi naturelle, qui enferme son activité en des limites infranchissables et lui imprime une forme et une direction déterminées; en vertu de cette loi il vise instinctivement à atteindre, au-delà du bien individuel, le bien de l'espèce.

Peut-on considérer l'espèce comme un tout vivant, supérieur à l'individu ? En tout cas c'est dans les individus qu'elle résiderait; elle n'a point de réalité en dehors d'eux. L'espèce n'est-elle que la série totale des individus qu'elle contient ? Il faudra admettre, en ce cas, qu'elle n'est point encore réelle, dans la mesure où la série est encore inachevée. Peut-on parler d'une volonté fondamentale de l'espèce ? Elle serait donc fractionnée et multiple, répartie sur l'ensemble des individus. Comment expliquer la convergence des poussées instinctives individuelles ? Quelle est la raison réelle de leur finalité ?

Si l'on passe à la comparaison des espèces différentes, on peut les disposer par groupes, par ensembles de plus en plus larges, qui font songer, finalement, à une source originelle de toute vie en ce monde. Quelle est cette source ? Le courant, qui en dérive, se transforme-t-il en se divisant ? Comment se peut-il que l'individu puisse infuser à un organisme nouveau une vie jeune et conquérante, alors que lui-même est incapable d'empêcher sa propre déchéance et sa mort ? Qu'est donc cette vie, qui sous des formes si nombreuses et variées se conserve et évolue indéfiniment, tout en n'ayant d'autre siège que des organismes transitoires et mortels? Quelle est l'orientation de cette vie? D'où vient-elle ? Où va-t-elle ?

d) Dans l'examen de ces questions il faut envisager *les rapports de la vie et de l'univers minéral,* puisque cette vie est une organisation de la matière.

Se trouve-t-elle emprisonnée dans cette matière et tout son effort tendrait-il à une libération finale ? On pourrait supposer que la matière soit comme un sédiment de la vie, une vie déchue et éteinte, qui alourdisse la marche de l'élan vital. Ne faut-il pas dire, au contraire, que le monde physique est un réservoir d'énergie, qui sans cesse alimente les forces biologiques ?

Il faut choisir: l'union de la matière et de la vie est imposée par violence, ou bien elle est naturelle et harmonieuse. Comment résoudre ces énigmes ?

3. Nous avons *conscience* de notre activité. Le fait est à souligner car il invite à orienter les recherches philosophiques dans une direction nouvelle.

a) Je me sens vivre. Mon être m'est présent, grâce à la transparence de la vie psychique. Comment m'apparaît-il ? Comme «mon» être, comme un «*moi*»: tout ce qu'il comporte, — pensées, souvenirs, perceptions, états d'âme, etc., — est intégralement «mien». Cet être est soumis à un devenir incessant; il développe constamment des pensées nouvelles, des sentiments, des désirs nouveaux. Or, ce devenir ne se situe nullement en dehors du moi: c'est bien moi, — et non point un autre, — qui pense, perçois, aime, désire, etc. Ainsi donc, le moi s'étend en *durée*; il demeure le même, tout en se transformant; il devient «autre», sans devenir «un autre».

Sur ce point on se heurte à un problème: comment concilier ces deux aspects de la même réalité, la *permanence* et le *devenir* ? Sont-ils également essentiels ? Faut-il les distinguer en

les déclarant indissolublement unis ? Faut-il les identifier ?
Pourrait-on ramener l'un à l'autre ?

b) L'homme ne vit pas replié sur soi-même. En percevant le
poids du corps à travers l'énergie vitale qui l'anime, il se sent
une réalité matérielle, élément intégrant de l'univers. Il a conscience d'*exister-dans-le-monde* et son attention se porte sur les
choses qui continûment l'environnent.

A partir de certaines limites, — celles de son propre corps, —
il n'a plus conscience de s'identifier avec les choses sensibles
qui lui apparaissent: il ne les saisit pas de l'intérieur; elles ne
sont point «siennes», comme son corps est le sien. Il se distingue
d'elles et s'y oppose comme un *moi* à un *non-moi*. Quel est le
sens de cette opposition ? Est-elle superficielle ou atteint-elle
le fond de la réalité ?

c) Chacun de nous a la conviction d'être, dans ce monde, un
centre autonome. En effet, personne ne se considère comme une
«chose», pleinement dominée par l'ordre physique et qui n'aurait de consistance et de sens que dans la mesure exacte où elle
est une partie de cet ordre universel.

Une chose dont l'entière réalité est relative au monde matériel subit totalement la loi de l'univers. L'homme, précisément
prétend être une «*personne*», c'est-à-dire une réalité qui constitue en elle-même un tout, un être complet, puisant dans sa
propre nature le principe de son activité et de sa valeur.

d) Aussi bien, l'homme se pose en face de la nature entière
pour la *considérer* en toute indépendance. Loin de se borner à
subir le flux des impressions sensibles, il se demande ce que
sont les choses en elles-mêmes et quel ordre régit les phénomènes. Le pourrait-il si toute son activité était entraînée dans
l'évolution matérielle de l'univers ?

Remarquons que chacun a la conviction d'atteindre, par des
actes de connaissance qui se succèdent dans le temps, un contenu de connaissance stable, ayant valeur de vérité pure et définitive, énoncée sous cette forme catégorique: cela est ainsi.

D'ailleurs, n'échappe-t-il pas déjà en quelque sorte au flux

temporel, celui qui pose la question: quand tel fait ou tel autre
s'est-il présenté ? Dans ce cas, en effet, on cherche à localiser
ce fait dans la durée continue, à établir ses rapports temporels
avec d'autres faits; on les considère donc de plus haut, c'est-à-
dire qu'on échappe à leur relativité en les saisissant tous à la
fois dans une synthèse. Mais en passant à des synthèses toujours
plus larges, ne pourrait-on finalement atteindre un point de vue
qui serait soustrait à toute relativité et à tout devenir ? Point
de vue de l'absolu, d'où l'on pourrait découvrir ce qui est vrai
non seulement à ce moment, à cet endroit, en ces circonstances,
mais définitivement, «absolument» vrai, valant pour tout et
pour tous ? Il semble bien qu'il en soit ainsi. Le seul fait de poser
la question n'implique-t-il pas que l'on s'est placé à ce point
de vue absolu ? Ainsi qu'il a été dit plus haut, le scepticisme
radical est un non-sens et, par conséquent, toute notre vie intellectuelle doit se baser sur une affirmation inéluctable et absolue.

Que faut-il donc penser de la connaissance humaine ? C'est
une activité qui s'écoule dans la durée et dont pourtant, sous
un aspect, le contenu est soustrait au changement et ne vieillit
pas; activité qui subit l'action du monde sensible et qui cherche, par ailleurs, la loi de cette action; activité organique, dès
lors partie intégrante de l'univers matériel, et qui, cependant,
domine l'univers et le juge. Ces propriétés ne sont-elles pas con-
tradictoires ? Peuvent-elles affecter une même réalité ?

On peut supposer dans l'homme une double activité de connaître. En quel sens serait-elle double ? Une activité composée
ou plutôt deux activités indépendantes ? Quel serait le rapport
de l'une à l'autre ?

Où donc et comment l'homme découvre-t-il la vérité ? Peut-
on la considérer comme une conquête de l'esprit, alors qu'elle
est imprégnée de données contingentes de l'expérience sensible ?
Raison et sensibilité, comment s'unifient-elles dans l'activité humaine ?

e) L'homme prétend se considérer objectivement, tout comme il observe le monde, et se juger en toute indépendance, tel qu'il est. Autant dire qu'il se sent en état d'ordonner sa conduite en connaissance de cause. Ses *décisions délibérées* ne lui paraissent pas être l'effet d'une coaction, d'une impression transitoire ou de quelque instinct aveugle et irrésistible; il prétend les prendre librement et en être le maître, l'auteur responsable.

Mais en est-il bien ainsi ? Comment faut-il entendre ce libre arbitre ? En tout cas, il a des limites, car on ne peut négliger l'influence des instincts, du tempérament, des maladies, du milieu social, etc. Le déterminisme et la liberté peuvent-ils se rencontrer dans la même activité humaine ? Encore une fois, faudrait-il distinguer deux activités, alors qu'il s'agit d'un même «moi» actif ? On pourrait admettre une activité composée. Mais comment concevoir l'union intime d'un principe de déterminisme et d'un principe de liberté ? Comment comprendre que le même «moi» puisse, tout à la fois, être libre et ne pas l'être ?

f) Il faut, de plus, considérer l'*humanité* dans son ensemble. Chaque homme se reconnaît semblable en nature à un grand nombre d'autres. Il vit en «société» avec eux; il leur parle et ils lui répondent; il se sent attaché à eux de mille manières. Toute son activité est imprégnée de ce caractère social.

Et sans doute, la société est une nécessité inéluctable: l'individu y tient par son origine, son éducation, par toute l'organisation de sa vie corporelle, intellectuelle, sentimentale. Par ailleurs, chacun tient à affirmer son indépendance, sa liberté, sa personnalité. De là des conflits.

L'individu rentre-t-il tout entier sous la loi de l'espèce, ou bien est-il une personne qui, en dernière analyse, se suffit ? La société domine-t-elle l'homme en toutes choses, ou bien faut-il admettre que la personne jouit de droits sacrés et imprescriptibles ?

Toujours la même opposition: permanence, intellection du vrai, autonomie, indépendance d'une part, et, de l'autre, le devenir, le flux des impressions, la poussée incessante des instincts, la subordination à la société, à l'espèce, à la race.

g) Quel mystère est l'homme et quel sujet de contradiction ! Si nous sommes matériels comment se fait-il que nous prétendions être affranchis des lois de la matière ? Et si nous sommes des personnes spirituelles, comment et pourquoi se fait-il que nous habitions cet univers, dont le poids matériel pèse sur l'élan de la vie et qui impose la loi de sa durée temporelle et de son déterminisme ?

L'homme est-il à la fois matière et esprit ? Faut-il le considérer comme un composé d'êtres totalement différents, ou comme un seul être composé de deux principes radicalement opposés ? Comment, en ce cas, s'explique l'origine de l'homme et quelle est sa destinée ? L'élément spirituel qui réside en lui existait-il déjà avant la conception de l'individu, ou est-il le fruit de la génération, ou le terme d'une création ? Disparaît-il à la mort de l'individu, émigre-t-il dans un autre organisme, ou plutôt sa vie va-t-elle se poursuivre dans un ordre purement spirituel ?

Quel est, en dernière analyse, le sens de la vie, de la personne et de l'espèce humaines ?

h) Si l'on peut fournir une réponse satisfaisante à ces questions, il faudrait élargir le débat et reprendre le problème général de la nature et de la vie: quelles sont l'origine, l'essence, la signification et la destinée de toute vie en ce monde ? Qu'est l'homme, considéré par rapport aux multiples courants de vie qui traversent la nature ?

§ 4. LE PROBLÈME DES VALEURS

Nous n'attribuons pas à toutes choses la même valeur. Il est admis, par exemple, que la vie de l'homme est supérieure à celle de la plante; de même on est unanime à reconnaître que la santé et les richesses sont des biens très appréciables, auxquels il convient de préférer la vertu et l'honneur. Quelle loi régit cette hiérarchie des valeurs ?

1. Le problème n'est pas simple, car il faut distinguer des valeurs d'espèces différentes: valeurs biologiques, morales, esthétiques, religieuses, etc. Rien ne dit, *a priori,* qu'il soit possible de les ramener à une hiérarchie unique et uniforme. Notons simplement qu'on les appelle toutes des «valeurs». A moins de supposer que la dénomination soit équivoque, il faut admettre qu'on désigne par là quelque aspect commun à tous les cas.

Les valeurs se rangent par degrés: les unes sont préférables aux autres, (elles sont, par exemple, meilleures, plus belles, etc.); en un mot, elles «valent mieux» que les autres, celles-ci «valent moins» que les premières.

On remarque également que, dans chaque ordre, une partie des termes s'oppose aux autres comme le positif au négatif: vivant-mort, sain-malade, bon-mauvais, beau-laid, etc. Or, si les termes positifs «valent» d'être réalisés, les termes inverses «valent» de ne pas l'être.

Ainsi donc l'ordre des valeurs est normatif; en un sens il domine la réalité des choses existantes et règle le jugement que nous devons porter sur elles.

Qu'est donc la valeur ? En quoi consiste et sur quoi se fonde son caractère normatif ? Quel est le principe qui commande l'ordre hiérarchique des valeurs ?

Ici se pose une question préalable: comment arrivons-nous à connaître les valeurs ? Est-ce par la raison discursive ou par quelque intuition spéciale, subjective ou objective ? Pour résoudre ces questions il faudrait examiner successivement toutes les espèces de valeurs et les comparer. Mais comment en faire l'inventaire ? Où les trouver ?

2. L'étude de l'homme, microcosme en soi, réunissant les différents degrés de l'être, peut ouvrir la voie à l'étude des valeurs.

a) L'homme se sent *vivre* et *exister*. La vie lui paraît d'un grand prix. En réalité, il ne s'y attache que pour autant qu'il peut en prendre conscience. Doit-on conclure qu'elle serait vaine, si toute conscience venait à s'éteindre ? La nature minérale, les plantes, la vie physiologique, n'auraient-elles qu'une valeur d'emprunt ?

Quoi qu'il en soit, les différentes *fonctions physiologiques,* dès qu'elles affleurent la conscience, manifestent des valeurs qu'instinctivement on apprécie. On se plaît à sentir ses forces, à les dépenser, à les développer, à les communiquer.

Il est à remarquer que la vie saine et forte recherche le *jeu,* c'est-à-dire l'activité exercée avec aisance et adresse, et qui ne vise d'autre but que d'affirmer sa parfaite maîtrise. Le jeu serait-il la forme idéale de l'activité vivante ? La vie atteint-elle sa pleine valeur dans le jeu ?

b) L'*univers matériel,* dans lequel se déroule la vie de l'homme, représente pour lui une valeur d'utilité: il doit en capter les forces et se les approprier, afin de pourvoir à ses propres besoins. Dans ce but il s'est efforcé, de tout temps, de découvrir et de perfectionner les instruments les plus divers pour étendre le rayon de son activité et en assurer l'efficacité. La *technique* moderne a atteint, sous ce rapport, des résultats merveilleux.

Mais l'homme y poursuit plus que des buts strictement utilitaires. Il y trouve le moyen d'affirmer sa supériorité, de se soumettre la nature, de régner sur elle. Serait-ce une forme supérieure du jeu ? La nature et la technique méritent d'être étudiées sous ces multiples rapports.

c) Les hommes vivent nécessairement en *société.* Des relations s'établissent entre eux sur des plans qui correspondent aux différents degrés de vie et aux multiples besoins de l'être humain. A mesure que la civilisation se développe, ces relations deviennent plus nombreuses et plus variées, la structure de la société se complique au point de vue économique, juridique, politique, international, etc., et l'homme en devient de plus en plus dépendant.

La société représente une somme considérable de valeurs, d'importance et d'ordre divers, qu'il s'agirait de noter, de comparer, de classer et d'étudier.

Dans ces rapports avec ses semblables et avec la société, l'homme se laisse souvent guider par la concupiscence et par l'intérêt; d'autres fois c'est la vanité ou l'orgueil qui l'inspirent, c'est-à-dire le désir de briller, ou celui de dominer ses semblables. Mais il est aussi en son pouvoir de s'attacher à des valeurs supérieures: la justice, la bienveillance et l'amitié lui permettent de dépasser l'amour-propre et l'intérêt personnel dans ses relations avec le prochain; et au service de la communauté il se libère du point de vue restreint de l'individu, en poursuivant, d'une façon entièrement désintéressée, l'idéal du bien commun.

d) Le *développement intellectuel* est compté par l'homme civilisé comme une valeur des plus importantes. Sans doute y voit-il le moyen de découvrir et d'appliquer une technique perfectionnée et d'améliorer les conditions de la vie individuelle et sociale. Mais il recherche aussi la connaissance pour elle-même et attribue à la science pure, c'est-à-dire à la recherche scientifique désintéressée, une valeur éminente. Il juge également qu'il est fort louable de communiquer ses connaissances aux autres hommes et de travailler au développement de leur esprit, «quae sine fictione didici, sine invidia communico». La science, sous toutes ses formes, comme on le reconnaît généralement, constitue un élément essentiel et un signe manifeste de haute civilisation; on trouve raisonnable d'y consacrer ses richesses, son temps et ses forces, voire sa vie.

Il s'agirait de déterminer exactement en quoi consiste la valeur propre de la science, et quelle est, sous ce rapport, la hiérarchie des disciplines intellectuelles.

e) Ce n'est pas uniquement pour acquérir une connaissance, — théorique et pratique, — que l'homme applique ses facultés cognitives, il s'en sert également pour arriver à la *contemplation du beau*. Activité bien complexe et mystérieuse que cette connaissance toute pénétrée du sentiment de la beauté. Elle se déroule dans la sphère du pur désintéressement, tout en provoquant une réaction affective singulièrement profonde. On admire l'œuvre belle et on jouit de la seule contemplation de sa splendeur, du rayonnement de sa forme parfaite.

L'homme ne se contente pas de la beauté que lui offre la *nature*. Il trouve une joie intense à concevoir et à réaliser des formes nouvelles de la beauté. Il travaille la matière, manie les couleurs et les sons, se sert du langage et du mouvement, pour traduire, dans l'harmonie des formes et des lignes, le frémissement, l'élan et l'abondance de sa propre vie. Dans cette production *artistique* il se sent vivre intensément et manifeste la fécondité de cette vie par la création d'œuvres d'art marquées au sceau de sa personnalité. L'artiste se complaît dans l'exercice de son art, jeu sublime dans lequel s'affirme sa maîtrise. Tel un démiurge, il pétrit la matière et la transforme en œuvre de beauté, en faisant rejaillir sur elle l'ordre et la splendeur de ses conceptions créatrices.

Le domaine du beau est vaste et d'une étude difficile. Qu'est la beauté et quel est le sentiment qui y répond ? Le beau dans la nature correspond-il à celui de l'art, et le sentiment esthétique provoqué par les productions de l'art est-il semblable au sentiment de beauté occasionné par la nature ? L'art n'est pas qu'une simple copie fidèle de la nature. Quel est la portée des œuvres artistiques ? Quel est, en particulier, le rôle du laid dans l'art ? Il y a beaucoup d'arts d'ordre différent: il faudrait trouver une base de classification. On peut se demander si l'art répond à un besoin de l'homme, de tout homme. Dans ce domaine, la technique, les appréciations et les théories ont subi de notables variations et même des changements profonds. Quelle est ici la part de relativité ? Il faut mettre en évidence le rôle des génies, celui des écoles, l'influence du milieu physique et culturel et celle des événements de la vie privée. La valeur sociale de l'art doit être étudiée, de même que son importance philosophique et religieuse.

f) Il est une sphère de valeurs qui exerce sur la vie humaine une large et profonde influence: c'est celle des *valeurs éthiques* ou morales.

Doué du pouvoir de réflexion, l'homme est à même de saisir le sens des motifs d'agir et, par conséquent, de régler sa vie en connaissance de cause. Et comme nul homme n'est indifférent à la manière dont se déroule son existence, chacun distingue de bonnes et de mauvaises actions. Chacun aussi sent l'obligation de choisir les premières à l'exclusion des secondes. L'action honnête produit la paix du cœur, tandis que le remords est la rançon d'une conduite perverse.

Il s'agit, en l'occurrence, d'actes délibérés et libres, imputables au sujet. Ils marquent la direction de l'activité de la personne et engagent sa destinée. Le domaine éthique se trouve dans cette perspective, c.-à-d. dans l'ordre de la liberté d'action et de la destinée de la personne.

On doit se demander s'il n'y a pas quelque intuition ou saisie spontanée de la valeur morale. Dans l'action concrète ne sent-on pas la poussée réelle de la vie, qui permet d'apprécier tout naturellement et comme d'instinct ce qui sied.

Il reste cependant qu'à la réflexion, pour éclaircir et justifier la décision prise en pratique, il faudra montrer le sens et le but de l'acte moral et comment la fin de l'homme se trouve normalement dans le prolongement de l'acte accompli.

Pour ce faire, il faudra considérer l'ensemble des forces vivantes que révèle l'individu humain, en fixer l'orientation naturelle et l'ordre hiérarchique dans la structure totale de l'activité. L'agir librement voulu et qui respecte cette orientation et cette hiérarchie s'appelle moralement bon, en tant qu'il est conforme à l'ordre naturel.

On entrevoit la complexité du problème, car la structure de l'homme et de son activité n'est pas simple. L'homme est un organisme matériel doué de vie psychique, dès lors entraîné dans le devenir cosmique: il y occupe une place marquée et y joue le rôle qui lui revient. Par ailleurs, il est une personne, poursuivant son propre bien. Cependant, membre du genre humain, il doit tenir compte des droits des autres personnes; et surtout, une fois admis qu'il est une créature contingente, il doit se soumettre sans condition au Dieu créateur, dont il est totalement dépendant dans son être et son devenir. Comment concilier ces divers aspects ? Une minutieuse analyse des éléments matériels et spirituels, individuels et sociaux, doit mener à la détermination synthétique des lois qui commandent le développement normal de la vie de l'homme. Cela implique l'indication des principes qui régissent l'organisation familiale, économique, sociale et politique, pour autant qu'elle rende possible le déploiement de l'activité personnelle dans son ascension vers une certaine plénitude de sa perfection.

g) Par sa base, l'activité humaine est tournée vers l'Absolu divin, source de toute vie et de tout être. L'homme peut connaître Dieu, l'aimer et le servir. Ce retour conscient vers la réalité mystérieuse qui domine intégralement toutes choses confère à la vie humaine un caractère religieux.

Les valeurs *religieuses,* puisqu'elles se rapportent à l'absolu, dominent toute l'échelle des valeurs. Il faut donc rechercher comment elles peuvent et doivent pénétrer la vie entière, pour la ramener à son centre absolu et pour lui faire atteindre sa perfection suprême.

h) La fin subjective de l'homme ne s'ajoute pas à lui comme une chose étrangère. Elle ne peut être que la mise en valeur totale de ses forces vives. Si l'on doit attribuer une valeur suprême à cette fin, c'est parce qu'elle comporte la réalisation intégrale de la *personne humaine.* Dès lors, la valeur de l'activité doit se référer essentiellement à celle de la personne.

En quel sens doit-on dire que la personne comme telle est une valeur, ou qu'elle possède de la valeur, ou quelle est source de toute valeur ? La personne est un être réel: quels rapports y a-t-il entre l'être et la valeur ? Sont-ils deux aspects irréductibles de la personne ?

3. Comment, d'une façon générale, définir la valeur ?

a) Le *caractère normatif,* le «devoir être», constitue-t-il essentiellement la valeur ? Les choses, prennent-elles seulement de la valeur pour autant qu'elles sont conformes à ce «devoir être», en opposition à leur simple «fait d'exister» ? Dans ce cas un acte humain serait moralement bon, précisément parce qu'il tombe sous le coup d'une obligation: agir parce qu'on y est obligé, obéir au devoir, voilà l'unique élément qui pourrait conférer une valeur morale.

b) Mais cette norme purement formelle a-t-elle un sens ? Pourra-t-elle jamais expliquer la variété des valeurs ? Ne faut-il pas dire, au contraire, que le caractère normatif n'est qu'une propriété des «valeurs»: celles-ci précèdent, le «devoir être» en est le corollaire nécessaire.

Où donc résideraient ces *valeurs ?* Constituent-elles quelque sphère idéale ? Elles semblent ne pas être simplement subjectives, mais s'imposer objectivement à notre connaissance. Une sphère idéale objective ? Existe-t-elle ou non ? Il faut ou bien l'identifier avec l'être, ou bien l'en distinguer: si on l'en distingue, la valeur vaudrait sans être, — ce qui semble bien étrange. Si on l'identifie avec l'être, d'où lui vient son empire sur les choses existantes ? Comment en expliquer le caractère normatif ?

c) On ne peut s'empêcher de constater promptement qu'il n'est pas possible de parler des valeurs sans y mêler l'activité, la fin, la perfection, le bien, ce qui paraît indiquer que *l'être* et la valeur se tiennent intimement. Supposons que dans l'absolu l'être et la valeur s'identifient parfaitement, que l'*Être infini* soit précisément la Valeur infinie: le fondement réel de tout être serait aussi la raison fondamentale de toute valeur. On pourrait alors concevoir que dans tout *être fini* la valeur se trouve dans la perspective du dynamisme de la réalité: ce serait l'être lui-même, mais considéré par rapport à l'actualisation de ses virtualités, par rapport à sa réalisation totale, sa fin, sa perfection. Les divers ordres de valeurs correspondraient à la gamme des activités par lesquelles les choses tendent à participer, de par leur propre nature, à la perfection de l'Infini. De la sorte le problème de la valeur constituerait un aspect de celui de l'être.

§ 5. CONCLUSION. LA DIVISION DE LA PHILOSOPHIE

Un tour d'horizon philosophique, si bref soit-il, suffit à montrer que les innombrables questions, surgies de partout, se tiennent en se groupant logiquement autour de quelques problèmes fondamentaux. La philosophie, dans son travail de recherche, ne négligera point d'en tenir compte. Elle constituera un ensemble cohérent de disciplines, consacrée chacune à l'étude d'un secteur déterminé.

1. a) Un premier groupe de questions a trait au *problème de la connaissance.*

A considérer la connaissance humaine dans sa *fonction de connaissance,* il s'agit de savoir, d'abord, quelle en est la portée fondamentale et quelles en sont les conditions essentielles. Appelons *épistémologie* la branche philosophique chargée de cette étude. La connaissance comprenant bien des éléments différents, concrets et abstraits, la *critique* s'efforcera d'en fixer le sens véritable et la valeur exacte.

L'homme développe ses connaissances et les élabore en système scientifique; activité qui comporte une intervention constante de la raison. Il sera indispensable de déterminer quelles sont les lois formelles qui règlent l'usage correct de la raison discursive. La *logique formelle* et la *logistique* s'occupent de cette étude.

Cependant l'activité de la raison, loin de se dérouler dans le vide, s'exerce sur des données, — sur une matière, —auxquelles elle doit s'adapter. La *critique des sciences* étudie la connaissance à ce point de vue; elle s'attache à déterminer exactement la valeur et la portée des principes et des procédés d'investigation, d'explication et de systématisation mis en œuvre par les différentes sciences.

b) Un second groupe de questions a rapport au *problème du tout.*

Nous attachons un sens au mot «tout», «tout ce qui est». Par là nous envisageons l'ensemble des êtres, en englobant chaque être particulier dans la synthèse totale. Il faut donc découvrir dans chaque être un élément qui nous permet de le faire entrer dans cette synthèse: donc quelque chose de «transcendantal». C'est ce qu'étudie *la métaphysique générale.* Elle s'appelle *ontologie* en tant qu'on considère l'«être» comme la caractéristique transcendantale des choses. L'ontologie recherche ce qui est absolument requis pour que la multitude des êtres «soient», c'est-à-dire pour qu'ils puissent appartenir à l'ordre suprême et unique, l'ordre de l'être.

Cette étude atteint son point culminant dans le problème de Dieu, entendu comme principe absolu et, par conséquent, explication totale et adéquate de tout l'ordre de l'être. L'ontologie culmine donc dans la *philosophie de Dieu,* appelée également *théodicée.*

c) Un troisième groupe de questions porte sur le *problème de la nature.*

Quelle est la constitution fondamentale des êtres particuliers qui entrent dans le champ de l'expérience humaine et qui, ensemble, composent l'univers ? Il appartient à la *philosophie de la nature* de chercher une solution à ce problème. La nature comprend des êtres divers et variés: de la matière minérale et des individus vivants, doués ou non de vie consciente. La *cosmologie,* la *biologie philosophique* et la *psychologie philosophique* se partagent l'étude de ces êtres. Cette psychologie sera, avant tout, une *anthropologie philosophique,* ayant comme objet l'étude de l'homme.

d) Un quatrième groupe de questions se rattache au *problème des valeurs.*

Il faut donc élaborer une *philosophie générale des valeurs,* comprenant une étude épistémologique et critique et une étude métaphysique des valeurs.

C'est au regard de l'étude philosophique de l'homme qu'elle prend toute son importance. A partir de l'homme, l'étude des valeurs doit se poursuivre simultanément dans une double direction, car l'activité humaine est susceptible d'être considérée de deux manières: si on la regarde «en elle-même», dans sa nature formellement humaine, elle apparaît comme une action libre, et elle implique, par conséquent, une valeur strictement personnelle; si on la considère, d'autre part, dans les «œuvres» qu'elle produit, on constate qu'elle imprime à la nature, en la cultivant, un ordre et des valeurs nouvelles: elle change la face du monde et engendre la civilisation.

L'éthique, ou *philosophie morale,* prend comme objet de ses études l'agir humain en tant qu'il est libre et personnel. Et comme l'homme est naturellement orienté vers l'absolu et qu'il atteint, par conséquent, la sphère des valeurs religieuses, l'éthique rejoint la *philosophie de la religion.*

On pourrait appeler *philosophie de l'art* la discipline philosopique consacrée à l'étude de l'œuvre humaine. Secteur riche et varié que celui-ci, car l'homme exerce beaucoup d'arts, — arts mécaniques dans le sens d'artisanerie, arts libéraux, beaux-arts, — et il étend son action à tous les domaines de la nature: il agit sur le monde matériel, soit pour en capter les forces, soit pour lui imprimer des formes de beauté; il agit sur l'individu humain de multiple façon (par exemple pour l'éduquer); il agit sur la société pour l'organiser de différentes manières (par exemple au plan juridique) et pour la diriger. De même que les arts s'appuient sur de nombreuses sciences, ils requièrent un fondement philosophique: il faut, dès lors, faire une étude philosophique de la technique et une étude des beaux-arts; il faut faire la philosophie de l'éducation, du droit, de la politique, etc.

Prise dans son ensemble, cette étude de l'activité humaine dans la ligne des valeurs constitue, en tant qu'on la distingue de la philosophie de la nature, la *philosophie de la culture,* c'est-à-dire l'étude philosophique de l'ordre des valeurs introduites dans la nature par l'activité formellement humaine (individuelle et sociale).

Il est clair que si l'on peut ramener la valeur à l'être, la philosophie générale de la valeur prend place en ontologie, et l'étude particulière des différents ordres de valeurs doit, alors, se rattacher à la philosophie de la nature, principalement à l'anthropologie philosophique.

2. L'éthique et la philosophie de l'art, dit-on généralement, forment la philosophie *pratique,* à opposer aux autres branches, que constituent la philosophie *théorique.* Ces appellations demandent des précisions explicatives.

Toutes les disciplines philosophiques, sans exception aucune, sont, à raison de leur objet formel et de leurs méthodes, «théoriques»: elles concernent en effet la «connaissance naturelle et fondamentale de tout». Si l'éthique et la philosophie de l'art s'occupent de l'activité humaine, — et donc de l'ordre pratique, — c'est pour les «connaître» philosophiquement: il s'agit, pour autant, non pas de philosophie pratique, mais de philosophie *du* pratique (¹).

Cependant, cette étude philosophique tend à connaître les normes qui régissent l'activité humaine. C'est dans ce sens que ces disciplines sont souvent qualifiées de «pratiques». Effectivement, ces normes ayant trait au pratique, leur connaissance est «utile» à celui *qui veut l'appliquer.* Dans ce cas cette connaissance, insérée comme «moyen» dans un ordre dont *la fin est l'action,* se réfère en effet essentiellement à celle-ci et devient par là même formellement pratique.

Il se peut que l'étude philosophique du «faire» et de l'«agir» humain, c'est-à-dire d'une réalité qui ne se manifeste qu'au cours de l'activité en exercice, exige l'application de méthodes qui diffèrent de celles qu'on suit dans l'étude des «choses qui

---

(¹) Tout comme la philosophie de la vie de l'animal peut se désigner comme une philosophie de la vie ou de l'animal, mais non une philosophie vitale ou animale.

sont». Dans ce cas, la «philosophie du pratique» constituerait une discipline ou un ensemble de disciplines bien caractérisées, foncièrement différentes des autres parties de la philosophie.

Ainsi donc, la philosophie de l'activité humaine est essentiellement théorique — elle ne vise pas formellement l'action ni, par conséquent, l'application de ses lois, mais la connaissance des normes et leur explication par leurs principes fondamentaux; — elle est, sans doute, susceptible d'être utilisée en pratique; cependant cette application à l'action réelle est, au point de vue strictement philosophique, purement accidentelle, extrinsèque, et elle ne peut servir à qualifier formellement les disciplines philosophiques.

3. Études de la connaissance, de l'être et de la valeur, de la nature et de la culture: tel est le programme complet de la philosophie.

Bien des questions se posent au sujet de l'ordre à établir entre les disciplines philosophiques. Dans un ordre systématique, où faut-il situer la logique ? Et la philosophie des sciences ? L'épistémologie fait-elle partie intégrante de l'ontologie ? La philosophie de la nature doit-elle précéder ou suivre la métaphysique générale ? La philosophie générale des valeurs n'est-elle qu'un chapitre de l'ontologie ou constitue-t-elle une discipline distincte ? Peut-elle être traitée avant l'éthique et la philosophie de l'art, ou en est-elle la conclusion ?

Il est évident que la solution de ces questions dépend des théories philosophiques qu'on préconise, et qu'elle ne peut être imposée *a priori*. Ce n'est donc pas dans cette introduction générale, qui s'arrête au seuil de la philosophie, qu'on peut en décider. Il est clair également, qu'au point de vue pédagogique d'autres questions encore peuvent surgir concernant l'ordre des matières à étudier.

CHAPITRE II

COUP D'ŒIL SUR L'HISTOIRE DE LA PHILOSOPHIE

1. La pensée philosophique, comme tout ce qui est de l'homme, s'est développée dans le temps. Ce développement a donc suivi un cours irréversible: chacun de ses moments constitue un phénomène original, fonction de ce qui précède et condition de ce qui suit. Le système de Kant, par exemple, est bien nettement de son époque, le dix-huitième siècle en Allemagne, et il n'aurait pu se construire, de façon identique, en Grèce au quatrième siècle avant notre ère, ni aux Indes au temps de Bouddha.

Il en résulte qu'on peut s'occuper de philosophie soit en philosophe, soit en historien, et les deux manières sont foncièrement différentes. Le philosophe s'attache à découvrir, pour son propre compte, les principes fondamentaux de toutes choses. S'il étudie les œuvres d'autrui, c'est pour les utiliser dans ses recherches. Il s'attend, en effet, à y trouver des vérités, (et s'il les y rencontre, il s'épargne la peine de les découvrir par ses seules forces); d'autre part, il ne s'étonne guère d'y trouver des erreurs, (et les ayant reconnues, il prend garde de ne pas y tomber à son tour). Son but, en étudiant les théories des autres, est d'y porter un *jugement de valeur,* afin de pouvoir, selon les cas, les admettre comme vraies ou les rejeter comme fausses.

L'historien, de son côté, s'intéresse à la pensée philosophique en tant qu'elle a été un *événement,* c'est-à-dire un fait passé et qui ne reviendra plus. Il s'occupe des œuvres philosophiques pour en marquer la place dans le cours de la pensée humaine, qui depuis des siècles se déroule sans arrêt. Il désire retrouver la physionomie personnelle de chaque œuvre et la considérer dans le cadre des circonstances où elle est née; il cherche à déceler ses rapports avec le passé en dépistant les influences qu'elle a réellement subies, et à mesurer son importance «historique» en notant l'action qu'elle a réellement exercée sur les autres. L'historien vise à établir l'existence, l'origine et le contenu authentique de chaque œuvre philosophique, ainsi que son retentissement sur l'activité humaine, afin de mettre en lumière, d'une façon précise, les courants, les étapes et les tournants de la philosophie dans la vie de l'humanité.

Il va sans dire que les deux études doivent marcher de pair. La connaissance de l'histoire des doctrines est un puissant adjuvant pour l'étude systématique de la philosophie; de même, une solide formation philosophique est indispensable à l'historien de la philosophie.

2. La vie philosophique, répandue de nos jours dans le monde entier, dérive de l'antiquité grecque et a traversé la civilisation qui, au moyen âge et à l'époque moderne, s'est développée dans les pays chrétiens de l'Europe occidentale. Considérée dans son ensemble, cette évolution de la philosophie, depuis ses origines historiques jusqu'à l'époque contemporaine, s'est effectuée en trois grands cycles.

a) C'est au sixième siècle avant notre ère que la philosophie grecque se manifeste pour la première fois dans l'histoire. Environ deux siècles plus tard déjà elle atteint son apogée (Platon et Aristote). Dans la suite elle décline, tout en demeurant vivante et féconde (Stoïcisme, Épicurisme, etc.). Elle tombe définitivement en décadence, après avoir jeté, au troisième siècle après J.-C., un dernier et brillant éclat (Plotin).

b) La pensée chrétienne atteint rapidement, elle aussi, un premier sommet durant le quatrième et le cinquième siècle, qui constituent l'âge d'or de la Patristique, tant en Orient qu'en Occident (saint Augustin). La décadence qui survint fut rapide et profonde, à la suite de l'invasion des Barbares et des Arabes et après la chute de l'Empire romain d'Occident. Après une très longue période de préparation, la Scolastique s'épanouit enfin, dans l'Occident chrétien, et elle atteint son apogée au treizième siècle (saint Thomas d'Aquin et Jean Duns Scot). Ce fut ensuite le déclin. Un redressement énergique, opéré au seizième et au dix-septième siècle (Suarez), ne parvient pas à conjurer la ruine de la scolastique. Depuis la seconde moitié du dix-neuvième siècle un mouvement néoscolastique puissant a renoué avec l'ancienne tradition.

c) La déchéance de la Scolastique à l'époque de la Renaissance coïncide avec un vigoureux effort de la pensée occidentale pour s'engager dans des voies nouvelles.

La philosophie moderne prend un large essor à partir du dix-septième siècle tant sur le continent (Descartes, Spinoza, Leibniz), qu'en Angleterre (Locke, Berkeley, Hume). Elle atteint son point culminant en Allemagne, vers la fin du dix-huitième siècle, dans le système de Kant.

Le dix-neuvième siècle, placé sous le signe du criticisme kantien, débute par les brillants succès du Romantisme allemand (Fichte, Schelling, Hegel), bientôt suivis d'une réaction violente qui paralyse l'activité philosophique (positivisme, scientisme). Une reprise se produit durant le dernier tiers du siècle, et depuis lors la vie philosophique ne cesse de se déployer dans tous les pays civilisés et de manifester partout une fécondité remarquable.

L'ANTIQUITÉ GRECQUE

§ 1. LES PREMIÈRES ÉCOLES PHILOSOPHIQUES

1. Les premiers philosophes grecs que l'historien rencontre sont des Ioniens, qui vivaient, au sixième siècle avant notre ère, dans les riches colonies grecques d'Asie Mineure, dotées depuis longtemps d'une belle civilisation. On les appelle des «physiologues», pour marquer que leur effort s'est porté principalement sur l'explication rationnelle de la *nature* (φύσις).

Vivement frappés par la cohésion du monde matériel et par le cours régulier des transformations qui s'y produisent, ils pensent que, sous les formes les plus diverses et à travers les phases d'une constante évolution, les choses de la nature cachent une même *matière,* homogène et plastique, dont elles sont formées toutes sans exception. Quelle est cette matière ? Les réponses varient. C'est l'eau (*Thalès de Milet,* ± 624-548), ou un élément indéterminé (*Anaximandre,* né ± 610), ou l'air (*Anaximène,* ± 590-528). *Héraclite d'Éphèse* (±540-475) estime que c'est le feu, voulant signifier par là que tout est pur devenir. Il est impossible, dit-il, de descendre deux fois dans le même fleuve, car sans cesse ses eaux se renouvellent; il en est de même de toute vie et de toute réalité: πάντα ῥεῖ, tout s'écoule. Héraclite en conclut que tout est relatif en ce monde, et qu'il ne faut rien considérer comme définitif et parfait.

2. Tandis que les Ioniens cherchent la substance fondamentale de l'univers dans la ligne des données *physiques* de l'expérience sensible, d'autres philosophes, établis en Grande-Grèce (Italie méridionale et Sicile), s'engagent dans des voies très différentes. D'après *Pythagore* (± 532) et son école (¹), les *nombres* sont d'une importance capitale: il ne faut pas seulement les considérer comme des symboles, mais comme l'élément constitutif de la réalité. Pareille conception met l'accent principal sur des contenus *intellectuels* de la connaissance, car on ne peut ni voir, ni entendre un nombre, on ne peut que le penser. Par ailleurs, si l'on attache une valeur *mathématique* à l'essence de l'univers, on est amené à insister sur des aspects saisissables par la seule intelligence, comme l'unité hiérarchisée que forme l'ensemble des êtres et sur l'ordre qui nécessairement les régit.

3. C'est encore à des spéculations *rationnelles,* quoique sur un autre plan, que se livre l'école d'Élée (colonie ionienne dans l'Italie méridionale). *Parménide* (né ± 540), le plus célèbre des Éléates, fait remarquer que tout est de l'*être,* que l'être est toujours identique à lui-même et que rien ne peut s'y opposer — le non-être étant synonyme de néant — et il en déduit que l'être est une sphère parfaite, unique, nécessaire et immuable. L'école d'Élée prend exactement le contre-pied de celle d'Héraclite.

Ainsi donc, dès le début, les recherches ont été aiguillées sur des voies divergentes et ont donné lieu à des courants de pensée radicalement opposés.

§ 2. L'ÉPOQUE CLASSIQUE DE LA GRÈCE

1. Au cinquième siècle, les différentes écoles, ionienne, éléate

----

(¹) PYTHAGORE, né à Samos, fonda une école à Crotone (Italie méridionale) vers 530 avant J.-C. Le pythagorisme est à la fois une philosophie et un mouvement politique, moral et religieux, qui essaya de s'emparer du pouvoir dans plusieurs cités de la Grande-Grèce. Le pythagorisme, répandu également en Grèce, dura jusque vers le milieu du quatrième siècle avant J.-C. Le premier siècle de notre ère vit naître encore un courant néo-pythagoricien.

et pythagoricienne, se maintiennent et se répandent. En particulier, l'esprit ionien se renouvelle et prend une grande vigueur dans l'école *atomiste,* fondée à Abdère, en Thrace, par *Démocrite* ($\pm$ 460-370). Celui-ci conçoit toute réalité comme constituée de petites particules matérielles, homogènes, indivisibles (atomes) et éternelles, toujours en mouvement, ne différant les unes des autres que par la forme et par la place qu'elles occupent. Ce thème «mécaniste» fut souvent repris et développé au cours de l'histoire.

Ce siècle est le grand siècle de Périclès: Athènes devient le centre de la civilisation grecque. La philosophie, elle aussi, y fleurit abondamment. On rencontre à Athènes des représentants des écoles déjà mentionnées. En outre, la *Sophistique,* importée de Sicile, y rencontre un franc succès. Les sophistes sont gens cultivés, beaux parleurs, professant un relativisme théorique et pratique, qui confine au scepticisme. A quoi bon disserter sur la constitution de la nature ? Nous en ignorons tout. C'est l'*homme* qui est le vrai centre d'intérêt, car, selon la formule de *Protagoras* (481-411), «il est la mesure de toutes choses»: n'est vrai, n'est bon, n'est beau, que ce qui paraît tel à l'homme. Il faut donc tout apprécier de ce point de vue humain.

Socrate (469-399) se dressa contre les Sophistes, pour affirmer avec force les droits souverains du *vrai* et du *bien,* valeurs objectives qui s'imposent à tous et qu'il faut respecter. Dans l'histoire, Socrate est demeuré le type du philosophe désintéressé, fier et courageux. De fait, il ne se lasse pas de poursuivre les faux sages de sa fine ironie, et avec insistance il conseilla à ses concitoyens d'élaborer méthodiquement des conceptions vraies et précises et de reconnaître la valeur de la vertu. Il dut payer cher son franc parler et fut condamné à boire la ciguë. Mais son action fut décisive: elle sauva l'esprit grec de la crise sophistique, où il menaçait de sombrer.

2. Le siècle suivant fut illustré par Platon (427-347) et par Aristote (385-322), les princes de la philosophie grecque.

C'est à Athènes que naquit *Platon,* d'une famille considérée.

Il subit de la façon la plus profonde l'ascendant de Socrate, qu'il connut encore pendant quelques années et dont il a immortalisé le souvenir dans ses écrits. Il fonda dans sa ville natale, vers 387, une école de philosophie, l'*Académie* (dans les «jardins d'Académus»), qu'il dirigea jusqu'à sa mort.

Aristote est originaire de Stagire, en Thrace. Son père était médecin à la cour d'Amyntas II, roi de Macédoine, et lui-même a été le précepteur d'Alexandre le Grand, de 342 à 340. Disciple de Platon, il est demeuré à l'Académie de 18 à 35 ans et ne l'a quittée qu'après la mort du maître. En 334, il ouvrit lui-même, à Athènes, une école philosophique, le *Lycée* (¹) (près du temple d'Apollon Lycéen). Après la mort d'Alexandre le Grand, survenue en 323, il se retira à Chalcis, dans l'île d'Eubée, par crainte du parti antimacédonien, et il y mourut l'année suivante.

Platon et Aristote réalisent à un haut degré de perfection deux types classiques de pensée. Ils ont, l'un et l'autre, créé une synthèse philosophique qui n'a cessé d'exercer une puissante attraction sur les esprits.

Platon a l'intelligence fine; il est servi par une imagination brillante et soulevé par un profond sentiment; tempérament poétique et mystique, il quitte volontiers le monde des contingences pour atteindre la sphère sereine de l'idéal et se livrer à des spéculations élevées et subtiles. Ses «Dialogues» sont des ouvrages classiques de la littérature universelle (²).

(¹) On l'appelle aussi l'école *péripatéticienne,* de περίπατος, lieu où l'on enseigne en se promenant.

(²) Nous possédons les écrits suivants de Platon: l'Apologie de Socrate, 34 dialogues, une série de lettres et quelques poésies. On les classe généralement comme suit:

Œuvres de jeunesse: les dialogues socratiques (composés peu après la mort de Socrate); à savoir, outre l'Apologie, Criton, Ion, Protagoras, Laches, République (livre I), Lysis, Charmide, Euthyphron.

Période de transition: Gorgias, Ménon, Ménexène, Euthydème, le petit Hippias, Cratyle, le grand Hippias.

Période de la maturité, après 385 (après le premier voyage de Platon en Sicile). (La théorie des idées s'y trouve pleinement développée): Symposion, Phédon, République (l. II-X), Phèdre.

Période de la vieillesse, après 365 (après le deuxième voyage en Sicile): Par-

Aristote est un fervent des sciences naturelles, un observateur patient, qui collectionne et classe les faits. Il ambitionne de bâtir ses théories sur une large base empirique. Esprit systématique, d'une logique rigoureuse, il organise méthodiquement ses travaux et les distribue en branches nettement définies, — logique, physique, philosophie première, morale, etc.; — mais jamais il ne perd de vue le but final, l'élaboration d'une synthèse universelle, qui fournisse l'explication radicale de l'ensemble des choses. Ses «Traités», qui sont à peu près les seuls ouvrages qui nous aient été conservés, sont écrits en une langue technique, sobre, claire et précise ([1]).

---

ménide, Théétète, Sophiste, Politique, Philèbe, Timée, Critias, les Lois, Épynomis.

On cite les œuvres de Platon en indiquant le titre du dialogue et en suivant la pagination de l'édition de Henri ESTIENNE (STEPHANUS), 3 vol., Paris, 1578.

([1]) Aristote est l'auteur de *dialogues,* ouvrages littéraires dont il ne nous reste que quelques fragments, notamment: Eudème, Protreptique (dont Cicéron nous dit qu'il était «aureum eloquentiae flumen») et un περὶ φιλοσοφίας en trois livres (contenant une critique de la doctrine platonicienne des idées, ce qui tend à faire croire qu'il a été publié après la mort du fondateur de l'Académie). Le Stagirite écrivit également des *ouvrages didactiques* (les «écrits acroamatiques»), qui se rapportent directement à son enseignement et qui nous ont été en grande partie conservés. Au début, ces ouvrages didactiques n'étaient pas répandus dans le public; ils n'étaient connus que des disciples du Lycée. Ce n'est qu'au premier siècle avant J.-C. qu'ils furent publiés, à Rome, par Andronicus de Rhodes. A raison de leurs qualités pédagogiques, ils obtinrent un si grand succès, qu'ils firent négliger les œuvres littéraires d'Aristote, lesquelles, en fin de compte, se perdirent. Auparavant, les ouvrages didactiques avaient subi eux-mêmes une éclipse et avaient disparu de la circulation pendant quelque 150 ans. Ils comprennent l'Organon (6 traités de logique), la Philosophie première (ou métaphysique, 14 livres), la Physique (8 livres) et plusieurs ouvrages de psychologie, de sciences naturelles et de mathématiques, trois éthiques, la politique et la rhétorique, l'économie, la poétique.

On cite généralement les écrits d'Aristote en indiquant la page, la colonne et la ligne d'après l'édition d'Imm. BEKKER, Berlin, 2 vol., 1462 pp. in-4°. (Vol. III: *Arist. latine interpretibus variis,* Berlin, 1831; vol. IV: *Scholia in Arist.* coll. Chr. A. BRANDIS, Berlin, 1836; vol. V: *Arist., qui ferebantur librorum fragmenta,* coll. V. ROSE; *Index Aristotelicus,* éd. H. BONITZ, Berlin, 1870).

a) Le système de *Platon* est appelé couramment la philosophie des *Idées*. C'est, en effet, dans une vue originale sur la nature des idées qu'il trouve son inspiration fondamentale.

Il y a des objets de perception sensible et des objets de pensée: on peut, par exemple, voir des choses de forme triangulaire, mais on pense l'idée de «triangle». Or, les propriétés des objets sensibles sont très différentes de celles des objets de pensée: le contenu de chaque idée (par exemple: triangle, homme) est unique en son espèce, parfait et immuable; par contre, les données sensibles (ceci, cela, que je perçois par les sens) sont individuelles et multiples, perpétuellement variables et inconsistants, des réalisations seulement passagères et approximatives de l'exemplaire idéal. On admet l'existence du *monde matériel,* qu'atteint la connaissance sensible; pourquoi refuserait-on d'admettre pareillement l'existence du *monde des idées,* connu par l'intelligence ? Bien plus, ce dernier est véritablement «être», parfait et définitif, tandis que l'univers matériel, à s'exprimer en toute rigueur, «n'est pas», c'est-à-dire n'est pas encore, n'est pas pleinement achevé, puisqu'il est sans cesse en devenir, en voie de se parfaire. Le monde matériel n'est qu'une reproduction déficiente de la réalité idéale, un simple reflet des Idées, une ombre projetée dans le vide de l'espace. Autant dire que sa valeur est toute relative, et que notre attention doit plutôt se porter sur l'être, sur la valeur véritable, l'ordre hiérarchisé des réalités idéales, au sommet duquel trône le Bien.

C'est dans cette perspective que se développe le système de Platon. L'homme, par exemple, appartient aux deux **mondes.** puisqu'il les connaît tous deux. Il est un être double, qui résulte de la conjonction de deux natures de condition diverse, l'âme et le corps. Cette âme se sent emprisonnée dans le corps matériel et porte en elle le désir de retrouver sa vie parfaite, la béatitude de jadis qu'elle a perdue. La connaissance que nous avons des idées n'est qu'un souvenir qui rappelle la contemplation primitive antérieure à notre séjour en ce monde, et qui se réveille au contact des choses matérielles, reflets de l'idéal. On comprend que ces principes platoniciens constituent la base d'une morale d'allure ascétique et mystique et que, d'autre part, ils orientent la philosophie de la nature et de la vie dans une direction déterminée.

Dans la construction de son système, Platon a mis à profit les essais tentés par ses prédécesseurs. Il s'intéresse à l'homme autant que les sophistes, mais il a appris de Socrate à apprécier la valeur objective du vrai et du bien et à puiser la vérité éternelle dans le contenu des idées; le monde matériel de Platon a la mobilité de celui d'Héraclite; son monde idéal, immuable comme celui de Parménide, est aussi strictement réglé que l'ordre pythagoricien. Mais la brillante synthèse tient-elle ? Aristote ne le pensait pas et son amitié pour le maître ne l'a pas empêché de faire une critique serrée de ses théories. «Amicus Plato, sed magis amica veritas».

b) D'après *Aristote,* un monde des Idées, dont l'univers matériel ne serait que le reflet, est une utopie. Nos *idées* nous révèlent simplement des *aspects abstraits* des choses sensibles. Celles-ci existent vraiment et «sont» (de l'être), au sens propre du mot. Elles sont multiples et soumises à des transformations. Il s'agit précisément d'expliquer cette multiplicité et ce devenir réel que nous manifeste l'univers matériel.

Cette explication, Aristote la cherche dans la constitution même de ces êtres. Leur *nature* comprend, selon lui, deux principes: la *forme* et la *matière première,* l'une conférant la détermination (par exemple: la nature humaine), l'autre étant une pure puissance, c'est-à-dire un élément de déterminabilité radicale, qui laisse la voie ouverte au devenir, aux transformations. Il faut considérer, en outre, que les choses comportent des aspects qui sont essentiels, parce qu'ils répondent à la *substance* des choses (par exemple: l'humanité de Socrate), et d'autres, appelés *accidentels,* qui ne le sont pas, et qui viennent uniquement s'ajouter aux premiers, auxquels les unit soit un lien nécessaire (par exemple: la volonté de Socrate), soit un lien contingent (par exemple: le fait que Socrate est assis).

Parménide n'a pas compris, de l'avis d'Aristote, que l'idée d'être a plusieurs sens: elle désigne des objets foncièrement différents. Il y a, en effet, toute une hiérarchie d'êtres, *spécifiquement* distincts. Parmi eux les vivants, — dont la forme substantielle est l'âme, — et spécialement les animaux et l'homme, occupent les échelons supérieurs. A chaque échelon, la perfection spécifique se trouve multipliée dans plusieurs *individus* (par exemple: chaque homme possède intégralement la nature humaine). C'est que la fusion de la forme avec la matière première peut se produire à plusieurs reprises, puisque l'union de la forme et d'une «pure» puissance, — et par conséquent aussi la répétition de cette union, — ne change en rien la perfection spécifique de la forme.

L'*activité* ne s'ajoute pas aux choses comme un élément étranger; au contraire, elle leur est *naturelle*. Cette activité est déterminée, et non pas quelconque, puisque la nature est elle-même déterminée par sa *forme*. Autant dire que l'activité est dirigée vers un *but* déterminé, qui répond à une tendance naturelle. L'étude de l'agir doit donc être menée du point de vue de la fin. Voilà pourquoi la philosophie d'Aristote est essentiellement *téléologique*. C'est en ce sens que le Stagirite étudie en particulier la vie, surtout celle de l'homme, et qu'il développe une éthique individuelle et sociale et une politique caractérisées par beaucoup de réalisme et de bon sens.

Aristote a insisté sur l'unité substantielle de l'homme; se heurtant au double aspect de notre vie, qui est à la fois organique et intellectuelle, il n'est pas parvenu à prendre une position nette dans le problème de la destinée humaine. Il a établi l'existence de l'Acte pur, Moteur premier de tout mouvement et qui attire l'univers comme le fait une fin suprême; mais jamais il n'a soupçonné la création du monde, et le rôle de la divine Providence lui a totalement échappé.

§ 3. L'ÉPOQUE HELLÉNISTIQUE

1. La période qui s'ouvre après la constitution de l'empire

d'Alexandre le Grand est marquée, au point de vue philosophique, par la prédominance de l'éthique, envisagée principalement dans ses rapports avec le problème du bonheur.

Deux écoles importantes viennent s'établir, à Athènes, à côté de l'Académie et du Lycée, à savoir l'école stoïcienne, fondée vers 300 par *Zénon de Citium* (île de Chypre) (± 336-264) ([1]), et l'école épicurienne, qui fut fondée, en 306, par *Épicure de Samos* (± 341-270).

a) *Le stoïcisme* (le mot dérive de «stoa», portique ou colonnade où l'on enseigne) conçoit l'univers comme un seul tout, la matière active régie par un déterminisme inéluctable. L'homme qui prend connaissance, par la raison, de cet ordre universel, n'est sage et ne peut être heureux que s'il mène une vie raisonnable, c'est-à-dire s'il domine pleinement et s'il refrène implacablement ses passions, pour se conformer «stoïquement», en pleine conscience, aux lois de la nature.

Le stoïcisme rigoureux est donc un monisme dynamiste; sa morale, extrêmement dure, s'adresse à des tempéraments rudes et bien trempés. Certains stoïciens admettent une Providence transcendante, qui domine le monde, et accordent une certaine liberté à l'homme.

Parmi les écrits stoïciens, il faut signaler les «Lettres à Lucilius» et les «Traités de morale» de *Sénèque le Philosophe* (2-65), les «Entretiens philosophiques (et l'«Enchiridion», qui en est le résumé) d'*Épictète* (± 50-138) et les «Pensées» ou «Autodiscours» de l'empereur romain *Marc-Aurèle* (121-180).

b) *L'épicurisme* reprend l'atomisme et le mécanisme de Démocrite. Il rejette toute théorie finaliste et prétend pouvoir tout expliquer par des rencontres fortuites d'atomes en mouvement. L'homme agit sagement s'il n'attribue pas d'autre valeur à la réalité, et s'il use de sa volonté libre pour se procurer le plus

---

([1]) Il ne faut pas le confondre avec ZÉNON D'ÉLÉE (±460), disciple de Parménide.

de jouissance qu'il peut. Pour ce faire, il doit garder, selon Épicure, une sage modération, s'exercer au gouvernement de soi-même et rechercher surtout les joies de l'esprit, qui sont calmes mais profondes. Dans la suite, les épicuriens, — en particulier, le poète lyrique latin *Lucrèce* (96-55), — donnèrent la préférence à des plaisirs plus violents mais moins nobles.

c) Les écoles philosophiques, en réagissant les unes sur les autres, prirent à la longue un aspect *éclectique,* sans toutefois se confondre. C'est de l'éclectisme de l'Académie, par exemple, que s'est inspiré *Cicéron* (106-43).

D'autre part, tout au long de l'époque hellénistique, on a enseigné le *scepticisme* ([1]).

2. Alexandrie, le grand port fondé par Alexandre le Grand en 332 avant notre ère, devint sous les Ptolémées, en même temps qu'un centre commercial de grande importance, la métropole des arts, des lettres et des sciences du monde hellénistique.

Les religions d'Orient et d'Occident venaient s'y mêler, et sous leur influence la philosophie prit une allure religieuse et s'imprégna de mysticisme. C'est de cette époque que datent les travaux de *Philon le Juif* (± 25 av. J.-C.-41 après J.-C.), qui voulut concilier les religions juive et grecque, et spécialement la philosophie de Platon. A partir du deuxième siècle, l'école chrétienne des catéchètes, établie à Alexandrie, tenta de rapprocher la philosophie grecque et la doctrine chrétienne. Au troisième siècle et dans la suite, on essaya d'infuser, par le moyen de la philosophie, une vie nouvelle au paganisme en déclin.

([1]) Ce fut le cas dans l'école fondée par Pyrrhon d'Élis (±275 av. J.-C.), et également dans l'Académie, du moins aux troisième et deuxième siècles, sous la direction d'Arcésilas (315/14-241/40), qui ouvrit la «moyenne Académie», et sous celle de Carnéade (214/12-129/28), le fondateur de la «nouvelle Académie». Plus tard, Énésidème (±80 de notre ère), à Alexandrie, et Sextus Empiricus (±150) suivent plus ou moins les voies du scepticisme.

Le sommet philosophique de cette période est représenté par le néo-platonisme de *Plotin* (203-269/70) (¹).

Son disciple Porphyre, qui fut aussi son biographe, a groupé ses ouvrages en 6 séries de 9 livres. Ces *Ennéades* (de ἐννέα, neuf) comptent parmi les monuments de l'antiquité; elles prennent rang à côté des ouvrages de Platon et d'Aristote.

Les théories de Plotin se rattachent à celles de Platon, d'Aristote et des stoïciens. Elles se fondent en une puissante synthèse, qui constitue un monisme émanatiste et mystique.

La multiplicité des êtres dérive, selon Plotin, d'une unité suprême, en passant par des intermédiaires de plus en plus compliqués et de moins en moins parfaits. Au sommet de cette cascade de l'être se trouve l'Un, d'où émane l'Intelligence (νοῦς), qui inclut la dualité du connaître et du contenu de la connaissance, les idées; de l'Intelligence émane l'Ame du monde, et de celle-ci la Matière, réalité la plus imparfaite possible et le principe originel de tout mal. Pour autant que toutes ces émanations sont naturelles et nécessaires, il s'agit d'un vrai monisme.

En détachant son esprit des choses sensibles, l'homme peut retrouver la voie de la perfection et, par un ascétisme toujours plus sévère, remonter les degrés de l'être. Il lui est même possible de s'unir à l'Un et de s'y perdre dans une extase mystérieuse et béatifiante. Porphyre atteste que durant les six années qu'il passa auprès de Plotin, celui-ci fut quatre fois en extase.

Le néo-platonisme se répandit partout dans l'empire romain, à Rome, à Alexandrie, à Constantinople, à Athènes. Il dégénéra souvent en un vague sentimentalisme religieux et en spéculations mythologiques et magiques (²).

(¹) Né à Lycopolis, en Égypte, PLOTIN fut à Alexandrie un disciple d'Ammonius Saccas (± 175-242), appelé le père du néo-platonisme. A partir de 243 ou 244, il résida à Rome et y jouit de la plus grande considération, tant à raison de sa vie austère que de sa haute sagesse.

(²) PORPHYRE (232/3-304) édita les *Ennéades* de Plotin et une *Vita Plotini*. Il commenta plusieurs livres de l'*Organon* d'Aristote et y ajouta une introduction ou *Isagoge* (εἰσαγωγή), devenue célèbre. Il édita également, contre les

Pour le reste, la pensée grecque s'épuisa en longs *commentaires* sur les ouvrages des maîtres du passé et l'on s'attacha beaucoup à chercher un accord profond entre Platon et Aristote. Lorsque l'empereur Justinien fit fermer les écoles d'Athènes, en 529, ce fut la fin de la philosophie grecque de l'antiquité.

---

chrétiens, un ouvrage assez vif (en quinze livres), dont Eusèbe de Césarée nous a conservé quelques extraits.

JAMBLIQUE († vers 330), syrien d'origine, enseigna à Alexandrie. L'école de Pergame se rattache à sa doctrine. Il développa la doctrine néo-platonicienne en multipliant les intermédaires entre l'Un et la Matière, tout en préconisant des pratiques de théurgie et de magie.

PROCLUS (411-485), qui dirigea pendant plus de trente ans l'«École d'Athènes», fut, après Plotin, le plus célèbre représentant du néo-platonisme.

L'ANTIQUITÉ CHRÉTIENNE
ET LE MOYEN AGE OCCIDENTAL

§ 1. LES DÉBUTS DE LA PÉRIODE PATRISTIQUE

Le christianisme propose une doctrine sur la nature de Dieu et de l'homme, sur les origines du monde et de l'humanité, sur la divine providence, les rapports entre l'homme et Dieu, la destinée de la personne humaine, etc. De tout temps les chrétiens ont réfléchi sur ce contenu de la foi, pour le définir exactement, l'organiser et le justifier. Pareil effort de réflexion, qui répond assurément à une tendance naturelle de l'esprit, a toujours paru indispensable au plein développement de la religion chrétienne et à sa défense contre les ennemis de l'intérieur et ceux de l'extérieur, contre l'hérésie et l'incroyance.

Dès le deuxième siècle, *saint Justin Martyr, Minutius Felix, Tertullien, Arnobe,* et bien d'autres «apologètes», se sont attachés à fournir, principalement à l'adresse des infidèles, une justification rationnelle de l'attitude des chrétiens.

A la même époque s'est répandue dans l'Église, sous des formes diverses, l'hérésie gnostique, qui tendait à convertir la foi en «gnose» ou savoir supérieur. En réalité, il s'agissait d'un syncrétisme cosmologique et sotériologique, dans lequel des considérations de philosophie et des rêveries mythologiques devaient servir à illustrer les vérités chrétiennes.

Aussitôt surgirent des défenseurs de l'orthodoxie religieuse, —

par exemple *saint Irénée de Lyon* et son disciple le romain *Hippolyte,* — pour opposer à ces constructions humaines l'enseignement de la pure tradition ecclésiastique. Ils se sont parfois attaqués à la sagesse philosophique comme telle, par réaction contre l'hérésie qui prétendait s'y appuyer. Pourtant, il leur arrive de faire appel, eux aussi, à des preuves rationelles, et le fougueux *Tertullien* lui-même, malgré ses diatribes contre la philosophie grecque, — qu'il connaît d'ailleurs fort bien, — ne manque pas, à l'occasion, de lui emprunter des arguments.

A Alexandrie, centre important du gnosticisme, l'école catéchétique chrétienne ne tarda pas à comprendre l'utilité d'une théologie bâtie sur des fondements et selon des méthodes vraiment scientifiques, et qui reprendrait, sans rien sacrifier de la vérité révélée, l'essentiel de la sagesse grecque. L'entreprise fut menée avec vigueur sous la direction de *Pantène* (†200), un stoïcien converti, de *Clément d'Alexandrie* (150-211/16) et, surtout, de son disciple, le martyr *Origène* (185/6-254/5), à qui une immense érudition permit de tenter une très large synthèse.

Dans l'explication de la Bible, les alexandrins s'attachaient à l'interprétation allégorique, comme l'avait fait avant eux *Philon le Juif.* En philosophie, ils s'inspiraient de préférence du platonisme et du stoïcisme. Bien entendu, leurs essais ne furent pas toujours également heureux. Origène lui-même s'écarte plus d'une fois de la règle de foi; sous l'influence de Platon, il admet, par exemple, la préexistence des âmes. Mais l'idéal d'une théologie d'allure scientifique et spéculative s'est depuis lors conservé dans l'Église et il n'a cessé de s'imposer aux esprits les plus éminents.

§ 2. LE DÉVELOPPEMENT DE LA PÉRIODE PATRISTIQUE

Après l'édit de Milan de 313, par lequel Constantin le Grand garantissait la liberté religieuse, le christianisme connut une expansion merveilleuse. Les écrivains ecclésiastiques se multiplièrent dans toutes les provinces de l'empire romain. Ce fut l'âge d'or de la Patristique.

1. a) En Orient, *Eusèbe de Césarée* (265-339/40) (appelé le «père de l'histoire ecclésiastique»), ainsi que les grands Cappadociens, — *saint Basile le grand* († 379), son ami *saint Grégoire de Nazianze* († 390) (qui fut son compagnon d'études à Athènes), et son frère *saint Grégoire de Nysse* (331-394), — demeurent fidèles à l'idéal origéniste et à la tradition *platonicienne*. Ce n'est pas qu'ils ignorent Aristote; ils lui empruntent des idées en logique, en physique et en morale, mais d'une manière plutôt occasionnelle.

L'«école d'Antioche», au contraire, préfère la méthode plus empirique du *Lycée* à la méthode plus spéculative de l'Académie. Fondée au troisième siècle par le prêtre *Lucien,* cette école préconise les études historiques et philologiques, en vue d'une interprétation littérale de l'Écriture sainte; en quoi elle s'oppose à l'interprétation allégorique qui était en honneur dans l'«école d'Alexandrie». *Eustate d'Antioche* (mort peu après 330) en est le représentant principal et *saint Jean Chrysostome* († 407) s'y rattache.

Dans les écrits hérétiques des ariens, des nestoriens et des monophysites, *Aristote* prend beaucoup plus d'importance; ce qui contribue, bien souvent, à le rendre suspect aux yeux des auteurs orthodoxes.

A partir de la fin du quatrième siècle, la littérature chrétienne subit fortement l'influence du *néo-platonisme.* Vers 500 paraissent, probablement en Syrie, plusieurs écrits que leur auteur attribue à Denys, l'aréopagite converti par saint Paul à Athènes, et qui à la faveur de cette circonstance ont joui d'une autorité considérable non seulement en Orient, mais aussi et surtout en Occident. Tout le moyen âge et l'époque moderne les ont amplement étudiés et commentés. Ces ouvrages du *Pseudo-Denys* développent des vérités chrétiennes, — sur Dieu, l'homme, le Christ, les anges, l'Église, — en les pénétrant d'idées néo-platoniciennes empruntées à *Plotin* et surtout à *Proclus.*

Dans la suite, *l'aristotélisme* gagna en importance chez les auteurs chrétiens d'Orient. Le fait est notable chez *Maxime le Confesseur* (580-662), écrivain mystique et théologien éminent, dont les théories encore fortement teintées de néo-platonisme feront autorité en Occident au moyen âge.

Lorsque *saint Jean Damascène* (†749), qui se défend d'innover en aucune manière, se chargea de fournir l'exposé systématique, depuis lors classique, de la théologie orientale, il le fit précéder d'un résumé succinct de la logique et de l'ontologie aristotéliciennes, qu'il considérait comme l'outil philosophique le plus adéquat dont le théologien pût disposer pour construire sa synthèse.

b) Aux septième et huitième siècles, les *Arabes* font la conquête de la Syrie, de l'Égypte, du Nord de l'Afrique et d'une partie de l'Espagne. Alexandrie est prise en 640 et ses écoles sont fermées. Par l'intermédiaire de philosophes chrétiens de Syrie, les Arabes entrent en contact avec la pensée grecque. Aux huitième et neuvième siècles, des Syriens, appelés à la cour de Bagdad, traduisent du syriaque en arabe les principaux monuments de la philosophie grecque, entre autres des ouvrages de Platon, des œuvres d'Aristote et de quelques-uns de ses commentateurs, des écrits néo-platoniciens. Ces traductions ont été le point de départ d'un mouvement de philosophie arabe qui s'est poursuivi durant trois siècles et demi et dont les principaux centres furent Bagdad et Cordoue.

Entretemps la vie intellectuelle de l'Orient chrétien s'était repliée sur Byzance. Elle s'y est maintenue pendant tout le moyen âge.

2. En Occident, tout comme en Orient, le quatrième siècle connut une grande activité théologique. Il suffit de rappeler les noms de *saint Hilaire de Poitiers*, de *saint Ambroise de Milan*, de *saint Jérôme*. Ces auteurs demeurent en contact avec la littérature orientale et s'en inspirent. Mais cette époque est entière-

ment dominée par *saint Augustin* (354-430) ([1]), évêque d'Hippone, en Afrique, la figure la plus attachante et le génie le plus puissant de l'antiquité chrétienne.

Les écrits de saint Augustin sont extrêmement nombreux. Les premiers sont orientés vers la philosophie; dans les autres, c'est l'intérêt théologique qui prédomine. Parmi les ouvrages principaux il convient de signaler le *De Trinitate* (398-416) et le *De civitate Dei* (413-426). Les *Confessions,* écrites vers 400, contiennent une autobiographie, riche en fines analyses psychologiques et en considérations de philosophie et de théologie; leur accent profondément humain et la pureté de leur inspiration religieuse en font un ouvrage qu'on n'a jamais cessé de lire et d'admirer.

Tout comme les autres écrivains ecclésiastiques de l'antiquité, saint Augustin est théologien et il répudie une philosophie séparée. Puisque, de fait, la nature est élevée au plan surnaturel, la raison ne pourrait, par ses seules forces, expliquer la réalité: la véritable sagesse ne peut être que la sagesse chrétienne. La foi a donc le pas sur la raison et celle-ci est entièrement au service de la première. Les théories philosophiques de saint Augustin et ses doctrines théologiques sont intimement fusionnées en un système total et il est souvent très difficile de dissocier les unes des autres.

En philosophie, Augustin s'inspire principalement du néo-platonisme, qu'il identifie, d'ailleurs, avec le platonisme. Il subit également l'influence du stoïcisme. Platon doit être appelé, selon lui, le plus grand philosophe: «os illud Platonis, quod in philosophia purgatissimum est et lucidissimum» ([2]). «Inter discipulos

---

([1]) Né à Tagaste en Numidie, le 13 novembre 354, Augustin y fit des études de rhéteur. La lecture de l'*Hortensius* de Cicéron lui donna le goût de la philosophie. Il subit une longue crise intellectuelle et religieuse, et passa successivement par le manichéisme, le scepticisme et le néo-platonisme, pour aboutir, enfin, à la foi chrétienne. Le baptême lui fut administré à Milan par saint Ambroise, le jour de Pâques 387. Augustin devint évêque d'Hippone en 395 et mourut le 28 août 430, tandis que les Vandales assiégeaient sa ville épiscopale.

([2]) *Contra Academicos,* III, cap. 18.

Socratis... excellentissima gloria claruit, quae omnino caeteros obscuraret, Plato» (¹). Aristote est inférieur à Platon: «vir excellentis ingenii et eloquii, Platoni quidem impar» (²). Augustin ne cite le Stagirite que trois fois et ne semble guère connaître son système. Il est mieux au courant de l'épicurisme et du scepticisme, et combat explicitement l'un et l'autre.

L'homme et Dieu constituent les deux pôles de la réflexion augustinienne: «Noverim me, noverim Te». «Deum et animam scire cupio. Nihilne plus ? Nihil omnino» (³).

C'est par l'analyse du contenu intellectuel de la connaissance, dont il montre le caractère immuable et nécessaire, que saint Augustin établit l'existence de Dieu et la spiritualité de l'âme.

La conscience atteste d'une manière indéniable que l'esprit atteint des vérités. Il est d'ailleurs impossible de professer, sans se contredire, le scepticisme intégral. Or la moindre vérité transcende le mouvement incessant du monde sensible, et elle fournit la preuve de l'existence d'une Vérité subsistante, qui possède en propre cette immutabilité éternelle, à laquelle les vérités particulières participent.

La Vérité subsistante, Dieu, possède l'idée exemplaire de toute réalité. Elle est la raison explicative adéquate de toutes choses, la cause créatrice libre qui n'agit que par amour.

Les créatures s'échelonnent, par degrés de perfection, depuis les esprits purs jusqu'au monde corporel.

Tout esprit fini atteint, par son intelligence, la sphère de l'immuable vérité. Pareille connaissance, participation à l'activité de l'Intelligence subsistante, se fonde sur une «illumination divine»; car toute perfection participée implique une dépendance directe par rapport à l'être qui possède la perfection en propre, c'est-à-dire par rapport à la Perfection subsistante, divine. Tout esprit est libre, et l'exercice de cette liberté se rattache à la Volonté souveraine de Dieu, comme à sa racine.

(¹) *De Civitate Dei*, VIII, cap. 4.
(²) *Op.cit.*, cap. 12.
(³) *Soliloquiorum libri*, l. II, cap. 1 et 2.

L'être créé, étant fini, est perfectible. Tout esprit fini comporte de la potentialité. Quant au monde corporel, soumis à des transformations incessantes, il est fait d'une matière, qui est de soi informe, principe de quantité et de mouvement spatial. Il évolue sans cesse, des forces l'habitent: sa matière contient des «rationes seminales», principes actifs de développement. Et cette participation lointaine à l'Activité divine établit une soumission nécessaire à l'action constante de la Providence.

L'homme est esprit et matière. Augustin souligne fortement la différence entre l'âme et le corps, tout en affirmant que leur union est naturelle et non point violente. «Homo anima rationalis est, mortali atque terreno utens corpore» (¹). Sur l'origine de l'âme, Augustin hésite entre le créatianisme et le traducianisme spirituel. L'âme humaine, immortelle, est la raison de la vie et de la sensibilité, tout comme elle est la source de l'activité intellectuelle et libre.

L'homme, créature de Dieu, tend naturellement à son principe créateur comme à sa fin. Ses actions sont inspirées par l'amour, mais cet amour est une participation à la Bonté subsistante. Aucune créature, simple reflet de la perfection divine, ne pourra jamais le satisfaire. Le mouvement volontaire, l'élan naturel et conscient de l'âme, ne trouve son terme qu'en Dieu: «Fecisti nos ad Te, et irrequietum est cor nostrum donec requiescat in Te» (²). La fin dernière de l'homme réside dans l'union de l'âme avec Dieu, dans l'intuition amoureuse de la Vérité subsistante. Loin de supprimer la conscience personnelle, cette union, qui ne peut se réaliser que dans l'ordre surnaturel, exalte la personnalité au suprême degré.

Le problème du mal physique et moral a tourmenté Augustin, parfois jusqu'à l'angoisse, et n'a cessé de le préoccuper durant sa vie entière. Le Docteur d'Hippone s'arrête à l'opinion qui nie que le mal soit une substance et n'y voit que la privation d'un bien: sans doute, la raison seule est incapable de fournir une

---

(¹) *De moribus Ecclesiae cath.*, cap. 27, 52.
(²) *Confessiones*, l. I, cap. I, 1.

réponse pleinement suffisante à toutes les difficultés qui surgissent en ce domaine. Il faut se tourner vers la foi. Du moins peut-on comprendre que l'homme, doué de liberté, a le pouvoir de se détourner de son bien véritable et d'être la source d'un désordre, dont seul il porte toute la responsabilité. Cependant Dieu, qui ne pourrait être l'auteur du péché, est suffisamment bon et puissant, pour tirer le bien du mal et faire tout contribuer à sa gloire et à notre bonheur.

Dans le *De civitate Dei,* Augustin expose sa philosophie de l'histoire. Il y fait l'apologie de la Cité de Dieu, dont l'Église du Christ est l'expression parfaite, contre la Cité terrestre, constituée par le paganisme. Il fournit également des éléments d'une doctrine politique et sociale. La vie familiale est naturelle; tout comme la société civile, qui, malgré ses déficiences, est bienfaisante. Le plus grand bien sur terre réside dans la paix, dont Augustin fournit une définition célèbre: «Pax omnium rerum tranquillitas ordinis».

§ 3. LES DÉBUTS DE LA PÉRIODE SCOLASTIQUE

Du cinquième au neuvième siècle, s'étend une période de transition. Elle s'ouvre au déclin de la civilisation romaine et se prolonge dans un long et pénible effort pour établir dans la société un ordre nouveau.

Dans le domaine de la philosophie, il n'y a guère autre chose à signaler que l'œuvre de *Boèce,* tout au début de cette époque. Manlius Severinus *Boethius* (¹), qu'on a appelé le dernier des Romains, est l'auteur de plusieurs ouvrages originaux de philosophie et de théologie, de traductions et de commentaires d'œu-

---

(¹) BOÈCE fut premier ministre de Théodoric le Grand, roi des Ostrogoths d'Italie. Plus tard, il tomba en disgrâce et fut exécuté en 524/5. Dans sa prison de Pavie, il écrivit *De consolatione philosophiae,* où il expose les fondements d'un système de morale et de métaphysique, qui trahissent des origines stoïciennes et néo-platoniciennes.

vres d'Aristote et de Porphyre. Il a été par là le grand initiateur de l'Occident à la philosophie grecque.

Pour le reste, on rédige des ouvrages encyclopédiques, compilations où sont recueillies les données scientifiques les plus diverses puisées dans l'antiquité. Ces travaux manquent d'originalité. Ils viendront cependant alimenter la vie intellectuelle, qui lentement renaît (¹).

A la cour de Charles le Chauve, au neuvième siècle, séjourne l'Irlandais *Jean Scot Érigène* (800/18-870), le meilleur helléniste de son temps. Il construit une synthèse philosophique et théologique remarquable, inspirée par le néo-platonisme des auteurs grecs. Érigène admet la valeur du travail de la raison et fait une étude rationnelle des êtres; d'autre part, comme il accepte la révélation chrétienne, il met la philosophie au service de la foi pour établir et ordonner le contenu du dogme. Son système, d'ailleurs difficile, s'écartait trop des chemins battus pour être compris de ses contemporains. On l'interpréta généralement dans le sens du monisme réaliste. Scot est un isolé au neuvième siècle: personne ne l'a suivi dans les voies de la synthèse où il s'était si hardiment engagé.

A partir de cette époque, la philosophie se forme peu à peu, surtout dans les écoles de France, Le Bec, Laon, Chartres, Paris. On va progressivement la distinguer des arts libéraux et de la théologie. Les problèmes particuliers, — surtout la question des *universalia,* — sont abordés l'un après l'autre. Les cadres philosophiques se découvrent pièce à pièce et s'élargissent. Les méthodes de travail et d'enseignement se perfectionnent. Des courants de pensée se dessinent, des mouvements complexes et disparates se produisent. On procède à la construction de synthèses partielles (²).

(¹) Dans ce genre on peut signaler: chez les Visigoths d'Espagne, saint Isidore de Séville (570-630); en Angleterre, Bède le Vénérable (672/3-735); durant la renaissance carolingienne, l'Anglais Alcuin (730-804), appelé à la cour de Charlemagne, et son disciple Rhaban Maur (776/784-856), qui enseigna à l'école palatine sous Louis le Pieux.

(²) Par exemple, la théodicée de saint Anselme de Cantorbéry (1033-1109),

Les théologiens (summistes et sententiaires) du douzième siècle font, dans leurs *Sommes* et leurs recueils de *Sentences,* un exposé des dogmes chrétiens qui se réfère aux opinions traditionnelles et, subsidiairement, à des arguments de raison. Ils préparent de la sorte les grandes systématisations du siècle suivant. Le plus célèbre des sententiaires est *Pierre Lombard* (1100-1160), «Magister Sententiarum», dont les *Libri quattuor Sententiarum* sont demeurés, jusqu'au seizième siècle, l'ouvrage classique que l'on expliquait, tout comme la Bible, dans les facultés de théologie des universités.

Durant cette période, l'autorité de saint Augustin, dans tous les domaines, est incontestée. En même temps l'influence d'Aristote, qui s'exerce surtout par les ouvrages de Boèce, et qui, dès le début, est prépondérante dans le domaine de la dialectique, se développe progressivement.

§ 4. L'APOGÉE DE LA SCOLASTIQUE

1. Vers la fin du douzième siècle, certains événements viennent précipiter l'évolution intellectuelle en cours. Ce sont principalement les trois faits suivants: l'organisation des universités, l'institution d'ordres religieux nouveaux, l'introduction en Occident d'œuvres philosophiques importantes qui jusqu'alors y étaient demeurées inconnues.

Dans la seconde moitié du douzième siècle, les écoles de Paris prennent le pas sur toutes les autres, y compris celles de Chartres. Vers 1200 elles se groupent en une «universitas magistrorum et scolarium», corporation placée sous la juridiction du chancelier de Notre-Dame. Cette concentration de forces fut extrêmement féconde. L'université de Paris, dotée de privilèges par le Pape et par le Roi, devint aussitôt et demeura tout le long

---

les doctrines métaphysiques et idéologiques d'ABÉLARD (1079-1142), les théories théologiques et mystiques des Victorins de Paris, HUGUES DE S. VICTOR (1096-1141) et RICHARD DE S. VICTOR († 1173), etc.

du moyen âge le tout premier centre intellectuel, où se cô-
toyaient des maîtres et des étudiants de tous les pays d'Europe.
Vers la même époque, à Bologne, Reggio, Modène et Oxford, et
peu de temps après en d'autres endroits, se constituèrent également des «universités» (¹).

C'est presque exclusivement dans les universités que se fit le
travail scientifique au moyen âge. On s'explique par là le genre
(littéraire) des écrits philosophiques de cette époque; ces écrits
se rapportent généralement à l'enseignement, notamment aux
cours et aux discussions publiques.

Les ordres religieux fondés au début du treizième siècle ont
joué dans le mouvement intellectuel du moyen âge un rôle des
plus importants. C'est le cas de l'ordre des Frères Mineurs, fondé par saint François d'Assise (1209), et de celui des Frères Prêcheurs, fondé par saint Dominique (1215). Un des articles fondamentaux de la Constitution des Dominicains impose aux Frères l'obligation de s'appliquer à l'étude. Les Frères Prêcheurs ou-
vrirent des «studia», écoles pour les études théologiques. Leur
stadium generale du couvent Saint-Jacques, à Paris, est incorpo-
ré à l'Université en 1229 (son maître était à ce moment *Roland
de Crémone)* et ils obtiennent une seconde chaire de théologie
en 1231 (*Jean de S. Gilles*). En 1248, des *studia generalia* sont
fondés à Oxford, Cologne, Montpellier, Bologne; d'autres encore,

---

(¹) Des universités furent établies à Vicence (1204), Palencia (1214), Padoue
(1222), Naples (1224), Verceil (1228), Cambridge (1231), Toulouse (1233),
Salamanque (1243), Plaisance (1248), Arezzo (1255), Montpellier (1298);

Au 14e siècle: Rome (1303), Avignon (1303), Pérouse (1308), Orléans (1309),
Florence (1320), Cahors (1332), Grenoble (1339), Valladolid (1346), Prague
(1348), Huesca (1354), Sienne (1357), Pavie (1361), Cracovie (1364), Vienne
(1364), Orange (1365), Fünfkirchen (1367), Perpignan (1379), Heidelberg (1385),
Cologne (1388), Erfurt (1389), Ferrare (1391);

Au 15e siècle: Wurzbourg (1402), Aix-en-Provence (1409), Leipzig (1409), St.
Andrews (1411), Turin (1412), Rostock (1419), Louvain (1425), Poitiers (1431),
Caen (1437), Bordeaux (1441), Barcelone (1450), Trèves (1450), Glascow (1453),
Fribourg en Brisgau (1455), Bâle (1460), Nantes (1463), Bourges (1465), Buda-
pest (1465), Mayence (1476), Tubingue (1477), Uppsala (1477), Copenhague
(1479), Aberdeen (1494), etc.

plus tard. Après quelques hésitations, les Franciscains s'enga-
gèrent dans la même voie des études: *Alexandre de Halès*
(† 1245), titulaire d'une chaire à Paris à partir de 1231, conti-
nua à l'occuper après qu'il fut entré dans l'ordre de S.
François (¹). Les ordres mendiants, jeunes et pleins d'ardeur,
apportèrent dans le domaine des études, tout comme ailleurs, un
enthousiasme nouveau, une énergie et une activité nouvelles.
Ils furent les grands artisans du développement scientifique de
ce treizième siècle, qui a mérité d'être appelé l'âge d'or de la
Scolastique.

Le rôle important que jouèrent les ordres religieux dans la
vie scientifique du moyen âge explique, pour une grande part,
la constitution de puissants courants d'idées, d'«écoles». Dans
ces ordres, qui comptaient parfois des milliers de membres, l'enseignement était fortement organisé et réglé d'autorité. Il s'y
forma donc des «traditions» solides, auxquelles on ne renonçait
pas volontiers, ainsi que des «écoles», surtout quand l'un ou
l'autre religieux était proclamé officiellement docteur de son
ordre. Assurément, pareille situation garantissait la collaboration et la continuité du travail scientifique; cependant, elle ne
présentait pas que des avantages, car elle risquait de nuire à
l'esprit d'initiative et à l'originalité de la pensée.

La vie intellectuelle, déjà intense en Occident au douzième
siècle, fut singulièrement activée et fécondée par la mise en circulation d'œuvres philosophiques *grecques et arabes,* rapportées
d'Orient lors des croisades (surtout après la prise de Constantinople par les croisés en 1204), ou traduites par les milieux arabes d'Espagne. On apprit alors à connaître les principales œuvres d'Aristote, dont on n'avait cessé d'étudier certains traités
de logique, et on put les lire dans des versions gréco-latines ou
arabo-latines, faites durant la seconde moitié du douzième siè-

_____

(¹) D'autres ordres religieux suivirent le même exemple. Les Cisterciens ouvrent une école à Paris en 1256, les Ermites de saint Augustin en 1287, les
Carmes en 1295. A leur tour les séculiers fondent des *Collèges,* dont le plus
célèbre est celui qu'établit, en 1253, ROBERT DE SORBON, chapelain de saint Louis.

cle et au cours du treizième; il en fut de même de certains commentaires aristotéliciens de l'antiquité et de plusieurs écrits néo-
platoniciens. En outre, on prit contact avec la philosophie arabe:
on étudia, notamment, des œuvres d'*Avicenne* (Ibn Sina, †1037)
et d'*Averroès* (Ibn Roschd, 1126-1198), ainsi que des écrits de
Juifs, par exemple d'*Avicebron* (Salomon Ibn Gebirol, vers 1050)
et de *Maimonide* (Moïse ben Maimum, 1135-1204), qui vivaient
sous la domination des Maures. Ces philosophes arabes avaient
le culte d'Aristote, mais en même temps leurs théories étaient,
généralement, teintées de néo-platonisme.

En ce treizième siècle, — siècle de chrétienté, où toute la vie,
individuelle et sociale, est foncièrement imprégnée de christianisme, — l'introduction massive de théories d'origine grecque
et arabe imposa aux intellectuels la lourde tâche de repenser
ces idées en fonction de la civilisation établie et de les élaborer
en une synthèse qui répondit aux exigences de la pensée chrétienne. Aussi l'histoire de la philosophie occidentale au treizième
siècle est-elle celle d'un immense effort pour aiguiller la tradition intellectuelle de l'Occident sur des voies aristotéliciennes.

A cette époque, dans le monde chrétien et en particulier en
Europe occidentale, l'on n'avait qu'une seule conception du
monde et de la vie (une «Weltanschauung»), celle qu'inspirait
la foi chrétienne, surnaturelle. Au point de vue scientifique,
cette conception prolongeait la pensée augustinienne. L'autorité
de l'évêque d'Hippone était absolue et incontestée, et elle s'étendait également à tous les domaines. On pourrait donc parler
d'augustinisme (médiéval) ou de tradition augustinienne, à condition cependant d'entendre ces mots au sens large: ce qu'on admet, ce n'est pas précisément la synthèse de connaissances telle
que l'avait construite S. Augustin, mais tout un ensemble de conceptions et de théories, qui sans doute étaient empruntées pour
une large part au grand Docteur de l'Église, mais qui compre-
nait, en outre, des idées venues de partout, notamment de Pères
de l'Église grecs et latins, de Boèce et d'autres écrivains chrétiens,
de la philosophie grecque (le plus souvent par l'intermédiaire
d'auteurs chrétiens), de théologiens médiévaux, tels que S. An-

selme, Pierre Lombard, les Victorins de Paris, auxquels s'ajoutent, à partir du douzième siècle des emprunts de plus en plus
fréquents et importants à des écrits arabes. Mais toutes ces idées,
qu'elle qu'en fût l'origine, se trouvaient intégrées (tout comme
chez S. Augustin) dans un seul ensemble, dans l'unique «sagesse
chrétienne», dont l'ordonnance était réglée souverainement par
des principes d'ordre *théologique*.

Avant le treizième siècle, il ne peut guère être question de
«système» philosophique, ni de «courants» ou d'«écoles» de philosophie, on ne trouve qu'un certain nombre de théories isolées
d'ordre philosophique, dont il est fait usage dans l'élaboration
de la théologie. L'introduction des œuvres d'Aristote, qui comprenaient (outre la logique, connue déjà, du moins en grande
partie) des ouvrages de physique, de métaphysique et de morale,
— jusqu'alors on ne connaissait que quelques écrits logiques, —
vint mettre brusquement l'Europe occidentale chrétienne devant
une conception du monde et de la vie purement naturelle.
La traduction d'ouvrages arabes de philosophie, dont certains
étaient fortement teintés de néo-platonisme, révéla, en diverses
matières, des théories (philosophiques) fort divergentes. De plus,
la situation se trouvait singulièrement compliquée du fait que
certains écrits néo-platoniciens circulaient sous le nom d'Aristote.

La faculté des arts, où jusqu'à présent on faisait seulement des
études préparatoires pour pouvoir entrer dans d'autres facultés
(théologie, droits, médecine), — on y apprenait les lettres, un
nombre restreint de sciences mathématiques et naturelles, de
même que la dialectique, — va prendre bien vite le développement d'une faculté philosophique importante ([1]), qui ne tardera
pas à envisager les problèmes les plus profonds sous l'angle de
la raison pure, indépendamment de la foi. Dès ce moment surgissent des courants philosophiques différents.

([1]) Dès la moitié du treizième siècle, les maîtres se sentent beaucoup moins
enclins, après un stage dans les Arts, à passer à une autre faculté. Bon nombre tiennent à faire leur carrière dans la Faculté des Arts, comme le fit Siger
de Brabant.

Mais si l'autorité des Pères de l'Église, surtout de S. Augustin, doit céder le pas à celle de philosophes païens, comme Aristote, fût-ce en matière de philosophie pure, cela doit entraîner inévitablement de sérieuses conséquences sur le terrain de la théologie, étant donné que celle-ci utilise des théories d'ordre philosophique.

Par la force des choses, le problème de la nature de la philosophie et de la théologie, celui de leur autonomie respective et de leurs rapports, vont se poser d'une façon impérieuse (¹).

2. Dès le début du treizième siècle, on tient compte, à la faculté de théologie de l'université de Paris, des ouvrages récemment découverts (²). Aux environs de 1230, Aristote et les Arabes jouissent d'une autorité déjà considérable. *Guillaume d'Auvergne,* professeur de théologie avant d'être de 1228 à 1249 évêque de Paris, s'inspire abondamment de leurs écrits et les principaux maîtres de théologie s'engagent dans la même voie (³). Une évolution semblable se dessine à Oxford (⁴).

(¹) DOMINIQUE GUNDISALVI (Gundissalinus), archidiacre de Ségovie vers le milieu du douzième siècle, est le premier qui se soit attelé à la tâche nouvelle. Il ne se borne pas à faire œuvre excellente de traducteur (dans le fameux centre de traductions que fut Tolède, conquise sur les Maures en 1085); il fait œuvre de philosophe, et il s'attache, dans ses écrits personnels, à utiliser la philosophie orientale au profit de la pensée chrétienne d'Occident. Aristote, Boèce, Avicenne, Avencebrol, Augustin, tour à tour l'inspirent. Personnage de transition, ses essais de synthèse font pressentir ce qu'il sera possible de réaliser plus tard.

(²) La *Summa aurea* de GUILLAUME D'AUXERRE (†1231) et la *Summa de bono* du chancelier PHILIPPE (vers 1170-1236) en font foi.

(³) C'est le cas du premier maître dominicain, ROLAND DE CRÉMONE (†1244), du premier maître franciscain, ALEXANDRE DE HALÈS (1170/80-1245) et de ses disciples et successeurs, JEAN DE LA ROCHELLE (vers 1200-1245) et saint BONAVENTURE (1221-1274).

(⁴) A Oxford, chez les dominicains, enseignent successivement ROBERT BACON (jusqu'en 1240), RICHARD FISHACRE (jusqu'en 1248), ROBERT KILWARDBY, qui devient, en 1272, archevêque de Cantorbéry; chez les Franciscains, ADAM DE MARCH († 1258), son meilleur disciple THOMAS D'YORK († 1260), et plus tard

Toutefois, ces théologiens demeurent profondément pénétrés de l'esprit augustinien; ils visent à construire et à compléter leur synthèse de théologie sans rien sacrifier des doctrines traditionnelles. Il n'y a, selon eux, qu'une science véritable, le *sapientia christiana,* qui se développe tout entière dans la perspective de la vérité révélée. Ils insistent donc sur le caractère «ancillaire» de la philosophie et se montrent hostiles à l'étude de la philosophie pour elle-même. Ils proclament la primauté de la volonté et de l'amour sur l'intelligence et la science spéculative; leur théologie est dominée par des considérations d'ordre pratique; ils se complaisent dans des contemplations mystiques; ils soulignent volontiers le rôle apologétique de la philosophie.

C'est Jean Fidenza, surnommé *Bonaventure,* O.F.M. (1221-1274) (¹), qui est le représentant le plus célèbre de la «tendance traditionnelle» durant cette époque. Sa carrière professorale pourtant ne fut pas longue. En février 1257, le «Docteur Séraphique» fut élu, à 36 ans, Ministre général de l'Ordre franciscain, dont il fut chargé d'écrire les Constitutions. A partir de ce moment, ses écrits furent principalement d'ordre ascétique. Tout en reprenant certains cadres aristotéliciens, saint Bonaventure veut n'être que le «continuateur de la tradition». La vue centrale de sa doctrine et l'inspiration de ses théories demeurent entièrement dans la ligne de l'augustinisme.

3. A cette même époque, comme on l'a dit plus haut, la faculté des arts de Paris, — et il en sera bientôt de même à Oxford, — devint un foyer d'études de philosophie pure, où l'aristotélis-

---

JOHN PECKHAM (vers 1240-1292), qui devient le successeur de Robert Kilwardby sur le siège de Cantorbéry.

(¹) Saint BONAVENTURE est originaire de Bagnorea en Toscane, où il naquit en 1221. Il entra dans l'Ordre franciscain en 1240 et fit ses études à Paris, où il suivit les leçons d'Alexandre de Halès. Il devint bachelier en théologie en 1245 et licencié en 1248. En février 1257, il fut élu général de l'Ordre. Créé cardinal le 28 mai 1273, il mourut à Lyon, en 1274, après la fin des travaux du Concile. Parmi ses œuvres, il faut noter: *Commentarii in quattuor libros Sententiarum* (vers 1250-1253), *Breviloquium* (avant 1257), *Itinerarium mentis ad Deum* (1259).

me put se déployer largement. A partir de 1255, tous les traités connus du Stagirite y sont publiquement enseignés. Bon nombre d'artiens reconnaissent Aristote comme le maître par excellence en philosophie et quelques-uns interprètent ses œuvres à la lumière de celles de son commentateur arabe Averroès. Le représentant le plus remarquable de cet averroïsme latin, au treizième siècle, est *Siger de Brabant* (vers 1235-1281/84), chanoine de Saint-Martin à Liège, maître à la faculté des arts de Paris ([1]).

Parmi les thèses averroïstes, celle de l'éternité du monde et celle du monopsychisme (c'est-à-dire de l'unité numérique de l'âme dans l'espèce humaine) ont donné lieu à de violente controverses. Cette dernière thèse entraînait logiquement la négation de la liberté personnelle, de la responsabilité et de l'immortalité de l'homme. Il n'est guère facile, bien souvent, de savoir si certains aristotéliciens reprennent ces thèses à leur compte, ou s'ils entendent simplement exposer les idées d'Aristote et d'Averroès ([2]). Quoi qu'il en soit, la mentalité chrétienne réagit fortement contre ces erreurs, qui furent d'ailleurs l'objet de diverses condamnations portées par l'autorité religieuse, notamment à Paris en 1270 et 1277 ([3]).

4. a) A la faculté de théologie, *saint Albert le Grand* (1196/ 1206-1280) ([4]) inaugura, vers le milieu du treizième siècle, une

---

([1]) SIGER DE BRABANT paraît avoir accepté, au début, la théorie du monopsychisme. Plus tard, il la rejeta explicitement. Sur d'autres points, il lui arrive également de mitiger ses thèses pour éviter de heurter des vérités de foi.

([2]) Deux partisans importants de Siger sont BOÈCE DE DACIE (Scandinavie) et BERNIER DE NIVELLES.

([3]) L'averroïsme s'est prolongé jusqu'au milieu du dix-septième siècle (école de Padoue). Il se fit le défenseur d'un aristotélisme borné et, à l'époque de Galilée, il s'opposa à la physique expérimentale moderne avec plus d'acharnement que les théologiens.

([4]) Né à Lauingen en Souabe en 1196 ou en 1206, ALBERT LE GRAND, de la famille comtale de Bollstädt, prit l'habit dominicain en 1223, à Padoue, où il étudiait les arts libéraux. A partir de 1228, il enseigne à Cologne et dans différentes maisons de l'Ordre. En 1245, il reçoit le titre de maître en théologie à Paris. Il organise le *Studium generale* de Cologne en 1248. Dans la suite,

tradition nouvelle. Il avait enseigné dans différentes maisons de l'Ordre en Allemagne avant de venir occuper une chaire de théologie à Paris, en 1245. Devant la crise intellectuelle dont témoignait, en particulier, l'effervescence de la faculté des arts, il résolut de lire et d'étudier par lui-même les écrits nouvellement importés du monde grec et arabe, en vue d'en faire la critique. Sans tarder, il entreprit d'écrire des «paraphrases» aristotéliciennes, où seraient incorporés tout à la fois les matériaux grecs et arabes, ainsi que ses propres observations. Il est l'auteur de beaucoup d'autres ouvrages de philosophie et de théologie. Ses connaissances encyclopédiques lui assurèrent rapidement une réputation européenne. D'autre part, son activité apostolique et la sainteté de sa vie lui conquirent l'admiration et le respect de tous.

Albert le Grand distingue nettement la philosophie et la théologie: elles ont toutes deux un caractère scientifique, mais elles sont foncièrement distinctes, car l'une aussi bien que l'autre répond à des principes et à des méthodes propres. La science profane n'est donc point dépourvue de valeur et elle mérite d'être étudiée pour elle-même; loin de la mépriser, il faut au contraire s'y appliquer.

Cette science profane, Albert le Grand entend l'établir solidement sur des bases aristotéliciennes. Le goût des sciences naturelles et un don remarquable d'observation devaient d'emblée le rapprocher de la tradition péripatéticienne. Il déclare catégoriquement que, si en théologie saint Augustin jouit, avec raison, de la plus haute autorité, dans le domaine des sciences profanes,

---

Albert devient provincial de la province dominicaine d'Allemagne (qui s'étendait de la Pologne à la mer du Nord), réside à la Curie à Anagni, reprend son enseignement à Cologne, occupe l'évêché de Ratisbonne, intervient dans de nombreuses affaires d'arbitrage, prêche la croisade en Bohême. Puis il se retire à son couvent de Cologne, où il meurt le 15 novembre 1280.

Ses œuvres, très nombreuses, comprennent des écrits philosophiques, théologiques et mystiques. Citons: les *Paraphrases* sur les œuvres d'Aristote; *Summa de creaturis*; *Commentarium in 1. Sententiarum*; *Summa theologiae*; *De natura boni*; *Commentaires* sur tous les ouvrages du Pseudo-Denys.

tout au contraire, l'autorité d'Aristote, — et dans certains cas celle d'autres savants grecs et arabes, — est supérieure à celle de saint Augustin. Bien entendu, dit-il, en philosophie nul n'est infaillible; il y faut toujours examiner les faits, les principes et les arguments, pour en apprécier personnellement la valeur. Une fois constituée sur ses propres bases, la philosophie sera utilisée en théologie, où elle est appelée à rendre les plus grands services.

De son vivant déjà, saint Albert reçut le nom de «Grand». Contrairement aux habitudes de l'époque, il est cité nommément, comme une autorité. Son influence fut décisive: c'est bien lui qui a aiguillé définitivement la pensée chrétienne sur les voies du péripatétisme.

Albert le Grand a apporté les matériaux à pied d'œuvre; il a mis en évidence l'éminente valeur du système d'Aristote; il a fait un vigoureux effort pour élaborer une synthèse de philosophie, dont il essaya de se servir dans l'explication de la vérité révélée. L'ensemble manque cependant de netteté et de cohésion. Mais le plus haut titre de gloire d'Albert le Grand est d'avoir formé Thomas d'Aquin, d'avoir discerné le génie de son disciple préféré, de lui avoir ouvert les voies de l'enseignement et de l'activité scientifique. Thomas d'Aquin, réalisant le rêve audacieux du Maître, réussit à créer un système qui, tant au point de vue philosophique qu'à celui de la théologie, est le monument capital de l'époque chrétienne.

b) *Thomas d'Aquin* (1224/25-1274) ([1]) à défini avec beaucoup de

---

([1]) THOMAS, fils de Landulphe, comte d'Aquin, naquit à la fin de 1224 ou au début de 1225, au château de Rocca-Secca près de Naples. Par son père, il était neveu de Frédéric Barberousse et cousin de Henri VI et de Frédéric II; par sa mère, il descendait de chefs normands célèbres. A l'âge de 5 ans, il est placé au monastère bénédictin du Mont-Cassin, dont son oncle Sinnibalde était l'abbé. De 14 à 18 ans il étudie à l'université de Naples (fondée en juillet 1224 par Frédéric II). Il entre dans l'Ordre des Dominicains, vers la fin d'avril 1244, et y reste malgré la forte opposition de sa famille. Envoyé à Paris en 1245, il accompagne en 1248 Albert le Grand, chargé d'organiser un

soin la nature de la philosophie et de la théologie, en insistant sur leur autonomie respective, ainsi que sur l'harmonie de leurs rapports.

Il entend intégrer dans sa philosophie les principes de l'aristotélisme. Mais il s'inspire également d'autres sources philosophiques, notamment d'écrits néo-platoniciens, d'auteurs grecs et latins (tels le Pseudo-Denys et Boèce) et d'ouvrages de penseurs arabes (notamment Avicenne et Averroès) et juifs (tel Maimonide). Ces doctrines, de provenances diverses, se trouvent assimilées par le Docteur Angélique et fondues en une vaste synthèse, profondément originale, marquée au sceau de la puissante personnalité de Thomas d'Aquin.

Dès le début de sa carrière, les lignes essentielles de son système de philosophie sont fermement tracées, comme en témoigne l'opuscule *De ente et essentia* (1254/1256). Le *Commentarium in IV libros Sententiarum Petri Lombardi* (1254-1256) contient les mêmes thèses et les utilise dans le domaine de la théologie. Les restes de certaines conceptions traditionnelles sont tôt éliminés, dans la mesure où les théories inspirées des principes aristotéliciens l'exigent. La *Summa contra Gentiles* (entre 1258 et 1264) fournit un nouvel exposé synthétique du système. La synthèse complète est, finalement, présentée de manière magistrale dans l'ouvrage le plus important de la littérature chrétienne, *Summa theologica,* à laquelle saint Thomas consacra ses dernières années (1ᵃ pars, 1266-1268; 1ᵃ2ᵃᵉ, 1269-1270; 2ᵃ2ᵃᵉ, 1271-1272; 3ᵃ, 1272-1273).

Dans des séances de discussion, organisées régulièrement durant tout le cours de son enseignement, l'Aquinate avait eu

---

Studium generale à Cologne. Depuis l'été 1252 jusqu'à juillet 1259 il enseigne à Paris; de 1259 jusqu'à la fin de 1268 en Italie, notamment à la Cour du Pape; de janvier 1269 jusqu'après Pâques 1272 une seconde fois à Paris; et à partir de 1272 à Naples, où il fonde un *Studium generale*. Le «Docteur Angélique» meurt âgé de 49 ans, au monastère cistercien de Fossa-Nuova, le matin du 7 mars 1274, alors qu'il était en route pour assister au concile de Lyon. La vie de saint Thomas fut consacrée tout entière à la prière et à l'étude.

l'occasion d'approfondir de nombreuses questions particulières; les résumés de ces discussions constituent une série d'écrits importants, intitulés *Quaestiones disputatae* (1256-1272) et *Quodlibeta* (1256-1259 et 1269-1272). Il avait aussi pris un contact direct avec les œuvres d'Aristote et entrepris, à partir de 1265, d'en écrire un *Commentaire;* il ne se borne pas à y exposer le sens littéral du texte d'Aristote, il s'attache à montrer, en outre, la signification et la portée des principes directeurs qu'on y trouve ; ce qui lui permet, à l'occasion, de redresser le raisonnement et de rejeter certaines conclusions erronées admises par le Stagirite. Ce travail devait également fournir la preuve que l'aristotélisme, sainement compris, s'accorde avec la vérité et qu'il ne pourrait donc faire difficulté dans l'exposé de la vérité chrétienne. De nombreux *Opuscules* de tout genre et de toute importance, qui traitent des sujets les plus divers, furent écrits par le Docteur Angélique. Il faut encore y ajouter d'autres œuvres de théologie, telles que les *Commentaires* sur divers livres de l'Ancien et du Nouveau Testament.

Saint Thomas, — on est unanime à le constater, — fit une impression extrêmement profonde sur ses auditeurs. Corpulent et de haute taille, la tête imposante et un peu chauve, le regard pénétrant, il attirait l'attention. L'originalité de sa doctrine, la limpidité, la pénétration et la rigueur de sa pensée, frappaient quiconque assistait à ses leçons. Son calme imperturbable, sa totale simplicité, son humilité profonde, une douceur qui ne se démentait jamais, — ses adversaires en témoignent, — même au cours de discussions brûlantes et sous le coup d'attaques injustes, tout cet ensemble de qualités et de vertus, où se reflétaient la sublimité de sa contemplation intellectuelle et la sainteté de sa vie, lui assurèrent d'emblée un cercle de disciples fervents et de nombreux amis, qui lui restèrent toujours fidèles.

A Paris, saint Thomas vécut une époque troublée. Durant les séjours qu'il y fit, il fut amené à jouer un rôle actif et important dans la lutte que les Ordres mendiants eurent à soutenir contre les séculiers (¹), qui contestaient la valeur morale et religieuse du principe même des Ordres mendiants, ainsi que leur droit d'enseigner à l'Université.

Au cours de son second séjour à Paris, le Docteur Angélique fut engagé dans des luttes doctrinales et ses théories devinrent l'objet d'attaques violentes. Saint Thomas dut mener le combat sur deux fronts et faire face, d'une part, aux averroïstes, qui lui reprochaient d'être infidèle aux principes aristotéliciens, et, d'autre part, aux théologiens attachés aux conceptions traditionnelles, qui l'accusaient d'erreur en matière de religion. Ce n'est qu'à grand-peine qu'en 1270 il put éviter une censure de la part de l'évêque de Paris, Étienne Tempier.

L'œuvre littéraire considérable du Docteur Angélique fut composée en l'espace d'une vingtaine d'années. Elle présente un système de philosophie et de théologie complet. La philosophie y est traitée dans toutes ses parties, y compris une morale élaborée rationnellement, — ce qui était une innovation, — et cette partie du système, bourrée de faits psychologiques finement observés, compte parmi les plus intéressantes de l'œuvre entière.

Thomas d'Aquin, tout comme Aristote, a le sentiment très vif de l'unité de l'homme. L'activité humaine n'est pas chose simple, mais elle est foncièrement une, ses éléments constitutifs se soutiennent et se complètent mutuellement. Ceci se manifeste, en particulier, dans la connaissance. L'homme ne possède aucun contenu de connaissance inné: les connaissances doivent s'acquérir au cours d'une vie qui se déroule dans le temps et dans l'espace. C'est pourquoi l'expérience sensible, qui établit le contact entre l'homme et le monde corporel, est le fondement indispensable de la connaissance humaine. C'est à partir de là que s'effectue le travail de l'intelligence, qui conçoit des idées abstraites et universelles et qui se développe par la voie discursive du jugement et du raisonnement. Les concepts, produits d'une activité intellectuelle qui demeure en connexion naturelle

---

(¹) GUILLAUME DE SAINT-AMOUR († 1272), puis GÉRARD D'ABBEVILLE († 1271) et NICOLAS DE LISIEUX menaient l'action du côté des séculiers.

avec les données concrètes et individuelles de la perception sensible, ont une portée objective, malgré leur imperfection, et renseignent de manière exacte sur ce qu'est la réalité en elle-même.

L'abstraction peut être poussée plus ou moins loin; elle dégage des aspects plus ou moins riches du réel. Elle permet, par conséquent, de se placer à différents points de vue et de s'engager dans des branches scientifiques différentes. Mais tous les aspects particuliers se réfèrent esentiellement à l'«être», — en dehors de quoi il n'y a que non-être, néant, — et qui implique donc tout sans restriction. L'être, *esse,* est la *perfectio perfectionum,* toujours et partout constitutif de la réalité, toujours et partout présent à la conscience, dès que s'éveille l'activité intellectuelle.

C'est une philosophie de l'*être* que construit saint Thomas; l'ontologie en est la pièce maîtresse. L'être, selon l'Aquinate se réalise en des modes infiniment variés et il est donc *analogique.* Il est l'objet de l'intelligence; il est de soi *intelligible.* Dès lors, nous sommes en droit de nous enquérir, par l'activité de notre intelligence, de la *raison réelle* des choses, de l'explication pleinement suffisante des êtres.

En réfléchissant sur les données de l'expérience suivant les principes rationnels, saint Thomas explique la réalité et l'activité des êtres multiples par leur *composition interne* et par la place qu'ils occupent dans l'*ordre de la causalité.*

Cette composition interne n'est pas du domaine de l'expérience, elle est au-delà (méta-physique), et nous ne pouvons l'atteindre que par la voie indirecte du raisonnement, mais toujours en partant des données d'expérience.

Un être composé n'est pas un composé d'êtres; ses éléments constitutifs ne sont donc pas des êtres (des absolus qui tiennent en eux-mêmes), mais seulement des «composants», des termes relatifs, se référant l'un à l'autre, se soutenant mutuellement, et ne pouvant exister que l'un par l'autre, en composition; seul le composé existe; les principes internes ne sont que par et dans le composé, c'est-à-dire qu'ils existent uniquement dans la mesure où ils constituent l'être composé.

La composition est d'autant plus complexe que l'être est moins parfait; elle est d'autant moins compliquée que l'être est plus élevé en perfection. La constitution interne des choses matérielles comprendra donc plus d'éléments que celle des êtres purement spirituels. L'être souverainement parfait est absolument simple, il «est» pleinement, il n'est rien que «être», il est l'Être pur.

Toutes ces compositions sont à deux termes et répondent à un schème unique: le rapport qui unit chaque couple de composants est toujours celui de «puissance» (déterminabilité, perfectibilité) à «acte» (détermination, perfection). Ce type de rapport s'applique avec infiniment de souplesse et s'adapte adéquatement aux cas les plus divers. Il répond chaque fois à un cas de participation: un être composé de puissance et d'acte est un être qui, à raison de cet acte, possède une perfection, mais qui, à raison du principe potentiel dans lequel l'acte est reçu, ne la possède que selon un mode particulier, donc limité. En d'autres termes, c'est un être qui fait partie d'une multiplicité, puisqu'il est intégré dans un ordre de participation.

La philosophie de l'être, *perfectio perfectionum,* est une philosophie de la *participation* et donc également une philosophie de *l'acte et de la puissance.*

Les êtres manifestent un ordre de *causalité:* l'un agit sur l'autre. Cette action répond à la «forme» qui définit la nature: on agit selon ce qu'on est. *Efficience* et *finalité* se tiennent: l'agir ne se déroule pas au hasard, il est contenu dans des limites déterminées, canalisé et dirigé par la nature de l'agent.

D'un point de vue métaphysique, toute participation (donc toute composition d'acte et de puissance) implique causalité: un être qui possède une perfection mais non pas de soi, non pas à raison de son essence, ne la possède que parce qu'il l'a reçue, à savoir à l'intervention d'une cause ou d'une série de causes extrinsèques. Il en résulte, par ailleurs, que c'est bel et bien de soi, par identité essentielle, donc par définition, que la cause qui est le principe actif premier de pareil processus de participation doit posséder cette perfection.

Quel est le principe suprême de ordre de l'être, la source d'où jaillissent les êtres et le terme vers lequel ils tendent ? Ce principe est *Dieu,* cause souverainement indépendante, c'est-à-dire totale, créatrice, et dès lors raison finale de tout ce qui est et agit. Tout être fini se développe en agissant; par son activité, il tend à se parfaire. Ce dynamisme est le signe d'une contingence radicale et, par conséquent, d'une dépendance totale. Précisément, tout mouvement vers un but à atteindre répond à l'imperfection du sujet, à son besoin de développement, donc aussi à la non-pureté de son être, à sa composition interne. C'est parcequ'il est composé d'acte et de puissance, qu'il ne se suffit pas et qu'il doit s'expliquer par l'activité permanente et créatrice d'un Être suprême, Cause première et nécessaire, *Acte pur,* un *Être infini*. Le système de l'être est un *dualisme du fini et de l'infini,* de l'Acte pur et des composés de puissance et d'acte.

Dans la hiérarchie des êtres finis, l'homme occupe une place spéciale. Esprit et matière s'y unissent en une unité substantielle. Cette unité est si fondamentale que l'«esprit» humain, qui est le principe de l'existence et de l'activité spirituelle de l'homme, est véritablement une «forme» substantielle: de soi, ce principe formel constitutif de l'homme se trouve essentiellement en corrélation avec le principe matériel ou «matière première», c'est-à-dire qu'en s'unissant à cette matière il devient la raison réelle de la «corporéité» (le principe de corporéité) ainsi que le principe d'animation, l'«âme», la raison réelle de la vie tant physiologique que sensible. Par ailleurs, cette intime corrélation de la matière première et de la forme substantielle fait en sorte que c'est la «matière première» qui est le principe d'individuation de l'homme tout entier, y compris la forme substantielle, l'âme spirituelle, l'«esprit» humain.

Pour établir cette doctrine hardie, S. Thomas se fonde sur une analyse minutieuse de l'unité profonde que manifeste l'activité humaine, en particulier l'activité de connaître, synthèse de facteurs sensibles et intellectuels, et l'activité appétitive, où s'unissent étroitement des forces organiques, qui sont instinctives, et la volonté libre, qui est spirituelle.

Grâce aux facteurs spirituels qu'elle contient, l'activité humaine s'oriente naturellement vers une fin transcendante, vers la possession la plus parfaite possible de l'infinie perfection de Dieu. Cette fin personnelle et éternelle est, pour chaque homme, le principe de devoirs sacrés et de droits imprescriptibles.

Ainsi le système de saint Thomas comporte une *anthropologie spiritualiste et personnaliste,* qui n'a rien d'un «angélisme», mais qui fait la part suffisamment large au caractère essentiellement matériel de chaque individu de l'espèce humaine.

Telle est la vision thomiste infiniment riche, qui embrasse en une vaste synthèse la diversité foncière et le mouvement incessant de toutes choses, et qui les ramène à l'unité de leur similitude profonde, à l'unité d'ordre de leur analogie. Tel est le cadre général dans lequel se développe le système de saint Thomas, et dans lequel viennent s'insérer ses théories sur le monde minéral, sur la vie, sur l'homme et la société, sur toute l'échelle des valeurs qui se manifestent à la personne humaine.

Au cours de la vie et après la mort de saint Thomas, ses idées se répandirent rapidement. Les dominicains s'y montrèrent de plus en plus favorables et finirent par adopter le thomisme comme doctrine officielle de l'Ordre. Des séculiers, des réguliers en grand nombre, — ermites de saint Augustin, cisterciens, carmes, etc., — reprirent à leur compte les thèses thomistes. Sans doute, l'accord n'était pas fait, dès le début, sur toutes les thèses, même les plus fondamentales; mais l'étude et la discussion, en permettant d'approfondir progressivement les idées du Maître, amenèrent la constitution d'un ensemble cohérent de doctrines, universellement reconnues comme thomistes. Dès le quatorzième siècle, l'école thomiste occupe, en matière de philosophie, des positions nettement définies. Elle s'est attachée à y demeurer toujours fidèle.

5. Les représentants des doctrines traditionnelles menèrent

une lutte très vive contre les idées «nouvelles», préconisées par saint Thomas. On trouve parmi eux des hommes de valeur qui ne manquent pas d'originalité, tels le séculier *Henri de Gand* (± 1217-1293) et le franciscain *Richard de Middleton* († 1300/08). Ils ne peuvent cependant échapper à l'emprise de ces idées et leurs théories s'imprègnent de plus en plus d'aristotélisme. Un des grands maîtres de la scolastique médiévale, Jean Duns Scot, donnera la formule définitive de cet augustinisme. *Jean Duns Scot* (¹) est un esprit puissant et perspicace. Il a soumis les diverses opinions en cours à un examen critique implacable, qui l'a rendu célèbre. Son but, loin d'être purement négatif, est de construire une synthèse philosophique et théologique solide. Il accorde une valeur propre à la philosophie, étudie de près Aristote, dont il commente les écrits et dont il reprend les théories fondamentales, sans les interpréter cependant à la manière de saint Thomas. Volontiers, d'ailleurs, il en appelle à la tradition franciscaine et il aime à se réclamer de saint Bonaventure.

Il rejette certaines «compositions réelles» de l'être fini, admises par saint Thomas. Aux éléments entrant en composition, il n'attribue pas une valeur «essentiellement relative», comme le Docteur Angélique; ces éléments, pour être réels, doivent exister en soi, et dès lors ils sont, par là même, séparables. Par ailleurs, Scot développe et applique une doctrine déjà en vigueur depuis plusieurs années, en particulier chez certains auteurs franciscains, celle de la «distinction formelle»: une telle distinction n'est pas réelle au sens scotiste du mot (c'est-à-dire qu'on ne dis-

---

(¹) On possède peu de renseignements sur la vie de JEAN DUNS SCOT. Il naquit en Écosse en 1274 (selon d'autres en 1266), entra jeune dans l'Ordre franciscain (1290), fit ses études à Cambridge, à Oxford (avant 1293) et à Paris (1293-1297). Il enseigna à Oxford (1297-1302) et à Paris (1302-1307), retourna ensuite à Oxford et fut envoyé de là à Cologne (1308), où il mourut le 8 novembre 1308. Les principales œuvres du «Docteur Subtil» sont les suivantes: *Opus oxoniense* (ou *Quaestiones in libros IV Sententiarum*), *De primo principio, Quaestiones in Metaphysicam,* composées à Oxford; *Reportata parisiensia* (ou *Opus parisiense, Lectura parisiensis, In libros Sententiarum*) et un *Quodlibet,* qui datent de son séjour à Paris.

tingue pas des éléments séparables) et ce n'est pas davantage une pure production logique; elle tient à la réalité des choses, indépendamment de la connaissance qu'on en a et c'est pour cette raison qu'elle s'impose objectivement à l'esprit. Scot se sert abondamment de la distinction formelle et ce «formalisme» donne à la pensée scotiste sa couleur propre.

L'union substantielle de l'homme n'est pas précisément conçue par Scot à la manière de saint Thomas. Dans la conception scotiste, on met en relief la distinction du corps et de l'âme, tout en déclarant que l'union est naturelle, et on insiste de préférence sur l'autonomie ontologique ou la subsistance de l'âme, qui n'est en rien altérée par l'union avec la matière, — ce qui répond davantage à la tradition augustinienne.

C'est dans cette perspective qu'il faut considérer la doctrine scotiste selon laquelle l'intelligence humaine a le pouvoir de dégager complètement des données expérimentales l'idée de l'être, idée objective séparée de tout mode particulier, et par conséquent idée parfaitement univoque. Thomas d'Aquin ne pensait pas qu'il fût au pouvoir de l'homme, lié à la matière, de pousser si loin l'abstraction, et il n'admettait pas qu'on pût concevoir une idée d'être qui ne fût pas une idée «analogique», c'est-à-dire imparfaitement abstraite du réel individuel et concret.

Scot, — fidèle également sur ce point à l'augustinisme, — met l'accent sur la volonté libre, plutôt que sur l'intelligence, tant en Dieu qu'en l'homme. Le domaine des conclusions accessibles par voie de raisonnement s'en trouve restreint, en psychologie et en morale, tandis que l'importance des faits d'observation augmente.

L'intelligence humaine peut prouver l'existence de Dieu. Scot souligne fortement la transcendance divine et il a une tendance à accentuer la contingence des créatures. C'est l'infinité qui caractérise l'Être de Dieu, et nous ne saurions donc le comprendre. On ne peut pourtant pas dire qu'il nous soit inconnaissable; bien plus, on est en droit d'appliquer, d'une certaine manière, la «distinction formelle» aux attributs divins.

Les théories de Duns Scot furent reçues avec faveur par ses confrères franciscains ([1]). L'influence de l'école scotiste ne tarda pas, dès le quatorzième siècle, à être très grande et depuis lors, dans les milieux scolastiques, le scotisme devint et demeura l'émule du thomisme.

§ 5. LE DÉCLIN DE LA SCOLASTIQUE MÉDIÉVALE

1. Au cours de la deuxième partie du treizième siècle, on était parvenu à résoudre le redoutable problème de l'adaptation de l'aristotélisme à la pensée chrétienne. On avait réussi à construire des synthèses de large envergure, — tels le thomisme et le scotisme, — comportant un système philosophique purement rationnel, qui s'inspirait en ordre principal des théories péripatéticiennes, et, de plus, une théologie systématique, qui empruntait ses cadres scientifiques à cette même philosophie.

Au quatorzième siècle, tandis que les écoles thomiste et scotiste se constituent solidement et définissent d'une manière précise et toujours plus intransigeante leur doctrine, des tendances surgissent, qui annoncent et préparent une nouvelle période, celle de la philosophie moderne.

A la base de cette orientation nouvelle en philosophie, il y a le sentiment très vif de l'individuel, du concret. L'abstrait, dit-on, s'il se rapporte encore à la réalité, ne l'exprime que d'une manière déficiente, indéterminée, imprécise. C'est la connaissance du particulier qui est primordiale, car elle seule atteint ce qui est. Dès lors, la science a comme objet le singulier, et non point l'universel, qui ne peut être.

Ces thèmes produisent une grande méfiance à l'égard de tout ce qui n'est pas directement observable, une préoccupation constante de restreindre le domaine de la démonstration rationnelle et de renvoyer en théologie la plupart des problèmes de

---

([1]) Cependant, ce n'est qu'à la fin du seizième siècle que Scot a été proclamé le docteur officiel de l'Ordre.

métaphysique, une tendance très accusée à dissocier radicalement la philosophie, qui est garantie par l'expérience directe, de la théologie, qui repose sur la foi en une révélation divine.

Plusieurs de ces idées, qui existaient déjà en germe au treizième siècle, se trouvent développées dans les œuvres de *Durand de Saint-Pourçain,* O. P. († 1334), qui avait cru devoir abandonner le thomisme, et dans celles de *Pierre d'Auriole,* O.F.M († 1322), que n'avait pu satisfaire le système scotiste. L'un et l'autre accordent toute l'importance à l'intuition et n'attribuent qu'une valeur secondaire et dérivée aux procédés discursifs de la raison.

C'est *Guillaume d'Ockham* (dans le Surrey), O.F.M. (± 1295-1349/50), qui fit la fortune de la *via moderna,* opposée à la *via antiqua.* Venu d'Oxford, où depuis longtemps déjà s'était manifestée une tendance vers l'empirisme, le «Vénérable Initiateur» (Venerabilis Inceptor) prétendait que la science parfaite ne peut être qu'à base expérimentale. Selon lui, l'existence des choses ne nous est jamais garantie que par l'expérience directe; et de même, c'est uniquement par le recours à l'expérience que nous pouvons savoir qu'une chose est cause d'une autre. Il est superflu de faire observer quelles conséquences fort graves résultent de ces principes pour l'étude de Dieu et de l'âme spirituelle, et d'une façon générale pour toute la métaphysique.

Au réalisme aristotélicien, qui attribue à la connaissance abstraite et universelle, tout imparfaite qu'elle soit, une portée objective et réelle, on allait donc opposer le «nominalisme» ou «terminisme», qui ne voit dans le concept qu'un symbole ou tout au plus une représentation confuse de la réalité individuelle.

Le nominalisme ne tarda pas à rencontrer le plus grand succès. Pendant plus de 150 ans il régna en maître à l'université de Paris et il se répandit dans toutes les universités d'Europe. Son influence fut prépondérante sur les divers courants de la philosophie moderne.

C'est dans les milieux nominalistes de Paris que les premières découvertes de la science moderne trouvèrent leurs formules. *Jean Buridan* († peu après 1358), *Albert de Saxe* († 1390), *Nico-*

las Oresme († 1382), commencèrent à s'affranchir de la science des anciens et à poser les bases de la physique et de l'astronomie modernes. Dans la suite cependant, les nominalistes se livrèrent beaucoup plus aux exercices de logique qu'à l'étude des sciences, et l'abus qu'ils en firent contribua beaucoup à la décadence de la philosophie.

Il serait injuste de prétendre que les scolastiques s'étaient, jusqu'alors, désintéressés des sciences empiriques. *Robert Grosseteste* (1170-1253), *Roger Bacon* (1210/15 ± 1292) et *Albert le Grand,* pour ne citer qu'eux, possédaient vraiment un tempérament d'homme de science; ils s'étaient livrés, non sans succès, à des recherches personnelles. Cependant, l'effort principal de la Haute Scolastique s'était toujours porté sur les questions métaphysiques. On le comprendra sans peine, si l'on se rappelle qu'à la suite de diverses circonstances, le problème des rapports entre la philosophie et la théologie et de l'adaptation de l'une à l'autre était, au moyen âge, absolument capital.

2. Le courant néo-platonicien, qui traverse tout le moyen âge à partir de *Jean Scot Érigène* et qui ne laisse pas, au treizième siècle, d'influencer aussi fortement *Albert le Grand* et plusieurs de ses disciples ([1]), est représenté ensuite par *Maître Eckhart,* O. P. (1260-1327), dont les théories philosophiques et mystiques donnèrent prise à l'accusation de panthéisme, et par les mystiques rhénans du quatorzième siècle ([2]), pour atteindre ensuite, *Nicolas de Cuse* (1401-1464) et les philosophes de la Renaissance.

([1]) ULRIC DE STRASBOURG, O.P. († après 1277), THIERRY DE FREIBERG, O.P. (vers 1250 - après 1310) et BERTHOLD DE MOSBURG, O.P. (vers 1318).

([2]) JEAN TAULER (1300-1361), HENRI SUSO (1300-1365). Le grand mystique flamand, JEAN RUYSBROECK (1293-1381), se rattache au même courant néo-platonicien.

L'ÉPOQUE MODERNE

§ 1. LES DÉBUTS DE LA PENSÉE MODERNE

1. L'arrivée d'érudits grecs en Italie, au quinzième siècle (¹), vint stimuler le développement de l'humanisme (²). De nombreuses œuvres littéraires, inconnues jusqu'alors en Occident, sont mises en circulation. On apprend à mieux connaître la civilisation de l'antiquité classique. Et tandis qu'à son contact les lettres et les arts prennent un rapide et merveilleux essor, l'étude des documents anciens remue un monde d'idées. Comme à la période patristique et comme au moyen âge, la pensée chrétienne est aux prises, à la Renaissance, avec la pensée païenne, mais dans des conditions très défavorables, parce que l'esprit chrétien, par suite des circonstances, s'est fort affaibli. Les doctrines les plus diverses trouvent bientôt des défenseurs: on voit renaître le platonisme, l'aristotélisme (³), le stoïcisme, l'épicurisme, l'atomisme (⁴), qui prennent rang à côté des écoles issues du moyen

---

(¹) Entre autres, le cardinal BESSARION (1403-1472), né à Trébizonde et mort à Ravenne, platonicien et auteur d'une version latine de la Métaphysique d'Aristote.

(²) Les débuts de la renaissance de l'humanisme s'étaient manifestés, au quatorzième siècle, chez DANTE (1265-1321), PÉTRARQUE (1304-1374), BOCCACE (1313-1365). Au moyen âge, à l'école de Chartres, fondée en 990, l'étude des classiques latins avait toujours constitué la base de l'éducation intellectuelle.

(³) C'est Phil. MÉLANCHTON qui dans les centres d'enseignement protestant d'Allemagne fera triompher l'aristotélisme.

(⁴) L'influence platonicienne et stoïcienne fut prépondérante. Parmi les stoï-

âge, l'averroïsme, le thomisme, le scotisme, le nominalisme.

2. Le cardinal *Nicolas de Cuse* (1401-1464), mystique et humaniste distingué, essaie de faire, dès le début de cette période, une synthèse originale: elle veut tenir compte des différentes théories de l'antiquité remises en honneur, sans toutefois briser complètement avec la tradition scolastique. Selon lui, la raison humaine, qui travaille sur des abstractions creuses (nominalisme), se heurte fatalement à des contradictions, sans être en mesure de les résoudre. Cependant, l'homme qui a pris conscience de cette impuissance rationnelle *(docta ignorantia)*, peut découvrir la vérité absolue, s'il se livre à l'activité suprarationnelle de l'entendement (intellectus), éclairé par la foi ou par l'illumination mystique.

La synthèse cusienne, qui est pleine d'ambiguïtés, se meut dans la ligne du néo-platonisme médiéval. Elle déprime **outre** mesure les forces naturelles de la raison et n'est pas exempte d'une tendance au panthéisme.

3. A cette époque, — qui est celle de Léonard de Vinci (1452-1519), Nicolas Copernic (1473-1543), Jean Kepler (1571-1630), Galilée (1564-1643), — les travaux des hommes de science ouvrent définitivement la voie à la physique moderne basée sur la méthode expérimentale et orientée vers le mécanisme et le mathématisme. Ils marquent la ruine totale de la physique aristotélicienne. Les succès obtenus en matière de sciences poussent à des généralisations hâtives et à des théories arbitraires. Par ailleurs, ils provoquent, pour une part, le succès des sciences occultes (¹).

---

ciens, signalons l'humaniste Juste Lipse (1547-1606), professeur à l'Université de Louvain.

(¹) Qu'on se rappelle les médecins-philosophes célèbres, — comme Paracelse (1493-1541) et J.-B. van Helmont (1577-1644), originaire de Vilvorde, — et les mystiques-théosophes, — tels que Jacob Böhme (1575-1624), — dont l'influence fut très grande.

Le fossé que l'averroïsme et le nominalisme avaient jadis creusé entre la raison et la foi, et qui s'était toujours élargi, est devenu pour beaucoup infranchissable. On revendique l'autonomie complète de la raison. Un naturalisme païen se développe, qui néglige, ignore, ou même rejette toute révélation chrétienne (¹).

L'instabilité des doctrines et le désarroi des esprits provoquent naturellement le scepticisme. Il ne se présente guère, cependant, dans la forme radicale. En réalité, c'est pour sauver les certitudes fondamentales ainsi que la foi religieuse, que les sceptiques dénoncent les excès du dogmatisme rationaliste et qu'ils exagèrent de façon dangereuse la faiblesse de la raison (²).

4. La scolastique, à ce moment, n'est pas à la hauteur de sa tâche. Prise dans son ensemble, elle vit à l'écart, tant de l'humanisme que de l'activité scientifique, et on la tient inévitablement pour barbare et ennemie de l'art et du progrès; elle conteste la valeur manifeste de certains résultats scientifiques, au nom de théories philosophiques reçues, et, de ce fait, elle encourage le dédain qu'on affecte pour les traditions médiévales; surtout, elle néglige de faire la distinction, qui s'impose, entre la physique et la métaphysique et de proclamer que celle-ci n'est point solidaire de la première, et ses adversaires, ne remarquant aucune différence, enveloppent l'une et l'autre dans une même réprobation.

§ 2. LE RENOUVEAU SCOLASTIQUE DE L'ÉPOQUE MODERNE

Au point de vue philosophique, la Scolastique n'avait pas perdu toute vitalité et, par ailleurs, sa position dans les anciennes

---

(¹) Il suffit de signaler le naturalisme matérialiste, panpsychique et panthéiste de Giordano BRUNO (1548-1600), d'inspiration néo-platonicienne.

(²) Le scepticisme de Michel DE MONTAIGNE (1533-1592) et de Pierre CHARRON (1541-1603) veut être une défense de la droiture naturelle de l'esprit et du cœur.

universités et dans les écoles ecclésiastiques était relativement forte. Un redressement demeurait donc possible. Il ne tarda pas à se produire.

L'école thomiste surtout, au quinzième siècle, gagna en importance. *Jean Capréolus* (1380-1444), «Princeps thomistarum», réussit à présenter le système de saint Thomas sous la forme d'une solide synthèse ([1]). Le début du seizième siècle ouvrit l'ère des commentateurs du Docteur Angélique ([2]), dont les plus célèbres sont *François de Sylvestris,* de Ferrare, O. P. (1474-1528), et surtout *Cajétan,* O.P. (Thomas de Vio, 1468-1534), l'un et l'autre des penseurs personnels, dont l'œuvre est demeurée classique.

Au cours du seizième siècle, on assiste à un renouveau scolastique remarquable, d'abord en Espagne et au Portugal ([3]), ainsi qu'en Italie, ensuite dans les Pays-Bas, en France et en Allemagne. C'est sous le signe de saint Thomas que le mouvement se développe. Les Dominicains et les Jésuites ([4]) en sont les artisans principaux. *Jean de Saint-Thomas,* O.P. (1589-1644), prend rang parmi les meilleurs auteurs thomistes ([5]). François *Suarez,*

([1]) *Defensiones Theologicae Divi Thomae Aquinatis,* dont le premier livre fut achevé à Paris en 1409, les trois autres à Rodez en 1426, 1428 et 1433.

([2]) Pierre CROCKAERT, O.P. († 1516), de Bruxelles, expliqua la Somme théologique à Paris, en 1509. En Italie, CAJÉTAN, O.P., édita un grand commentaire de la Somme théologique, de 1507 à 1522, et FRANÇOIS DE SYLVESTRIS, O.P., un commentaire de la Somme contre les Gentils, vers 1516. En Allemagne, Conrad KOELLIN, O.P. (1476-1536), qui a enseigné à Heidelberg et à Cologne, édita un commentaire de la 1ª 2ᵃᵉ en 1516. Bientôt la Somme théologique remplaça les Sentences de Pierre Lombard comme livre classique à expliquer dans les écoles. En Espagne, François DE VITTORIA, O. P. († 1556), un disciple de Crockaert, en prend l'initiative. A Louvain, c'est en 1596 qu'elle est adoptée, à la demande personnelle de Philippe II, et le premier titulaire de cette chaire de saint Thomas fut Jean MALDERUS (1563-1631), dont le commentaire de la 2ª 2ᵃᵉ parut à Anvers en 1616, celui de la 1ª 2ᵃᵉ en 1623.

([3]) Les centres principaux se trouvent à Salamanque, Alcalá (Complutum) et Coïmbre.

([4]) Également les Carmes de Salamanque et d'Alcalá.

([5]) Surtout par ses *Cursus philosophicus* et *Cursus theologicus.*

S.J. (1548-1617) (¹), tout en cherchant son inspiration principale dans les écrits du Docteur Angélique (²), tient largement compte des autres courants de la tradition médiévale, et construit une synthèse originale, fortement charpentée. De son vivant déjà, l'influence du «Doctor Eximius» fut large et profonde dans les milieux catholiques. Depuis lors, l'école suarézienne a occupé une place prépondérante dans le mouvement scolastique. Suarez a exercé également une réelle influence sur les universités protestantes, tant en Allemagne qu'en Hollande, et il constitue le principal chaînon entre le courant de pensée médiévale et les philosophes modernes.

Cependant cette renaissance scolastique, très brillante, remarquable surtout par la méthode et la clarté de ses exposés, ne répondait pas suffisamment aux exigences doctrinales et scientifiques de l'époque (³). Dès le dix-septième siècle, c'est le déclin, et la décadence fut rapide et générale. Il faudra attendre la seconde moitié du dix-neuvième siècle pour voir surgir un nouvel et vigoureux effort de restauration scolastique, qui sera couronné de succès.

(¹) François Suarez est né à Grenade en 1548. Il étudie la philosophie chez les Jésuites et la théologie chez les Dominicains de Salamanque. Entré dans la Compagnie de Jésus, il enseigne à Ségovie (1571-1574), Valladolid (1574-1580), Rome (au Collège Romain, 1580-1585), Alcalá (1585-1593), Salamanque (1593-1597), Coïmbre. Il est mort à Lisbonne le 25 septembre 1617, âgé de 69 ans. Parmi ses œuvres très nombreuses, il y a: *Disputationes in diversas partes Summae S. Thomae* (1590 et suiv.); *Disputationes metaphysicae* (1597); *De Deo* (1606); *De legibus* (1612); *De anima* (1ʳᵉ éd. 1621).

(²) Dès le début, la Compagnie de Jésus, fondée en 1534, a reconnu Aristote et saint Thomas comme les maîtres à suivre en philosophie et en théologie, mais sans jamais s'attacher à eux servilement. Elle établit des collèges célèbres, à Rome (1549), Alcalá, Coïmbre, Valladolid, Louvain, Douai, Evora, Prague, Ingolstadt, Wurzbourg.

(³) Dans le domaine de la morale et du droit, les scolastiques de l'époque moderne publièrent des travaux remarquables. Il faut citer ici: François de Vittoria, O.P. (1480-1566), François Suarez, S.J. (1548-1617), Gabriel Vasquez, S.J. (vers 1551-1604), Grégoire de Valentia, S.J. (1551-1603), Léonard Lessius, S.J. (1554-1623), etc.

§ 3. LE COURANT RATIONALISTE MODERNE

1. René *Descartes* (1596-1650) (¹) inaugura au dix-septième siècle, la période des grands systèmes de la philosophie moderne.

Descartes est appelé le «Père de la philosophie moderne». Son influence fut décisive. Il marque un tournant de l'histoire de la philosophie. Il subit, certes, l'influence de la Scolastique, enseignée au Collège de la Flèche, et aussi celle de saint Augustin. Mais dès le collège s'affirme son goût pour les mathématiques et la physique mathématisée, et tous ses efforts vont tendre à la construction d'un grand système, où l'explication scientifique de la nature s'accorderait avec une métaphysique solidement bâtie. Vers la fin de 1619, il eut un «songe» fameux, où il trouva l'assurance de sa mission philosophique et le principe de son système.

Descartes a un grand souci de la méthode: «ce n'est pas assez d'avoir l'esprit bon, mais le principal est de l'appliquer bien». Il pratique le doute méthodique universel, pour découvrir un point de départ indiscutable en philosophie. Il le trouve dans l'activité même du doute: si je doute, il est indubitable que je pense: «cogito, sum». La réalité de la conscience ne peut en aucun cas être niée.

Le moi occupera une place centrale dans le système de Des-

(¹) Né en Touraine, en 1596, DESCARTES fit ses études au collège des Jésuites de La Flèche, de 1604 à 1612, et y suivit durant les trois dernières années les cours de philosophie. En 1618, il s'engage dans l'armée de Maurice de Nassau et séjourne à Bréda. L'année suivante, il rejoint l'armée de Maximilien de Bavière. Il voyage à travers l'Allemagne, la Hongrie, la Suisse et l'Italie. De 1626 à 1628 il demeure à Paris, et de 1628 à 1649, en Hollande. A l'invitation de la reine Christine, il part en Suède, en septembre 1649, et y meurt le 11 février 1650. Parmi ses principaux écrits, il faut noter: *Discours de la méthode* (Leyden, 1637), *Meditationes de prima philosophia* (Paris, 1641; édition française, Paris, 1647), *Principia philosophiae* (Amsterdam, 1644; édition française, Paris, 1647), *Les passions de l'âme* (Paris, 1649). Ouvrages posthumes: *Le monde*; *Traité de l'homme*; *Regulae ad directionem ingenii* (opuscule inachevé, antérieur au *Discours*).

cartes. C'est à partir du moi qu'il faut procéder à la reconstruction de tout le savoir humain, en suivant une méthode rigoureuse.

Le *cogito-sum* s'impose par son évidence. De même, toute idée claire et distincte trouve dans son évidence le signe de sa valeur. Mais, ne sont claires et évidentes que les idées «innées», c'est-à-dire celles qui ne procèdent que de la faculté de penser. Ces idées ne sont pas des créations arbitraires de l'imagination; elles ne sont pas non plus des notions abstraites, obtenues par généralisation inductive et ne pouvant servir qu'à classer les objets (nominalisme); elles sont, au contraire, des principes d'explication parce qu'elles atteignent la loi dynamique des êtres, l'essence constitutive, d'où découlent et peuvent se déduire les propriétés des choses.

Les définitions mathématiques sont fécondes, parce qu'elles permettent de construire par la pensée, d'après des lois nécessaires et indépendamment de toute voie inductive, ce qu'il s'agit d'étudier. A partir de la ligne droite, par exemple, la pensée peut construire l'idée de solide sphérique, et elle comprend la sphère dès qu'elle saisit cette loi de sa génération; elle l'explique par un principe dynamique, par la loi constitutive de l'objet. Cette conception de l'idée mathématique, Descartes veut l'étendre à toute la philosophie: il s'agit de bâtir un système explicatif de l'univers sur la fécondité de la pensée.

Parmi les idées, il faut considérer, tout d'abord, celle d'un Être parfait: elle atteste l'existence actuelle de l'Être parfait, Dieu, car elle ne pourrait avoir d'autre cause adéquate. Dieu est infini. Il est transcendant et sa nature intime nous échappe nécessairement. Pleinement indépendant, il est la liberté absolue, *causa sui*. Sa véracité est le fondement inébranlable de la vérité des idées, comme son immutabilité est la garantie de leur valeur éternelle.

Deux idées d'objets présentent une importance particulière: celle de la Pensée (cogitatio), qui est la substance du moi conscient, et celle de l'Étendue, qui constitue avec ses modes (la figure et le mouvement) la réalité intégrale du monde matériel.

Ainsi donc, tout le réel se ramène à ces trois domaines de l'intelligible: l'Être parfait, la Pensée et l'Étendue.

La distinction adéquate de l'idée de pensée et de l'idée d'étendue conduit logiquement au dualisme substantiel de l'âme et du corps humains. La réduction du monde extérieur à l'étendue géométrique ouvre la voie au mathématisme, au mécanisme biologique, ainsi qu'à l'automatisme des animaux et à celui du corps humain dans les opérations non volontaires.

Les idées innées ont-elles la valeur que leur attribue Descartes ? L'idée de l'Être parfait permet-elle de conclure à un Dieu transcendant ? Est-il possible de concilier le rationalisme absolu des idées et la liberté totale (et donc irrationnelle) de la volonté divine, telle que l'entend Descartes ? L'esprit se ramène-t-il tout entier à la conscience ? La matière n'est-elle qu'extension spatiale ? Le dualisme radical de la conscience et de l'étendue corporelle ne compromet-il pas l'unité réelle de l'homme ? Sur tous ces points la discusion s'est immédiatement engagée. Mais quelle que fût la divergence des opinions, le cartésianisme imprima d'emblée à la philosophie moderne certains traits caractéristiques: l'exigence d'une méthode rigoureuse et d'une critique radicale, la préoccupation de considérer toutes choses dans la perspective du moi conscient, la recherche d'un système d'explication universelle et qui soit fondé sur la richesse dynamique de la pensée constructive.

2. Le cartésianisme se répandit bientôt en Hollande, en France, en Allemagne, en Angleterre, même en Autriche et en Italie. Les difficultés inhérentes au système provoquèrent l'éclosion de théories nouvelles, entre autres celles de l'*ontologisme* et de l'*occasionalisme,* dont Malebranche fut le représentant le plus illustre.

Sous l'influence de la théorie augustinienne des vérités immuables, nécessaires et éternelles, l'oratorien Nicole *Malebranche* (1638-1715 [1]) présenta une interprétation «ontologiste» de

---

[1] Nicole MALEBRANCHE, né à Paris en 1638, entra en 1660 dans la Congré-

la théorie cartésienne des idées: par notre pensée nous atteignons l'idée divine de l'objet connu, l'archétype immuable qui est en Dieu, — et pas du tout, comme le prétendait Descartes, une représentation produite par le sujet pensant. En possession d'une idée distincte, l'esprit a une intuition naturelle de l'essence divine «participable», c'est-à-dire qu'il voit Dieu, non dans sa nature intime, mais en tant qu'il est l'Idée, le Modèle, la Loi de l'intelligibilité des choses. Nous n'avons, en fait, qu'une seule idée de cette espèce, celle de l'étendue intelligible.

Le problème de l'activité des êtres fut résolu par Malebranche dans le sens de l'«occasionalisme» ([1]): toute production d'un être ou d'une modalité d'être appartient exclusivement au Créateur. Cette causalité divine s'exerce selon des lois générales et immuables, qui sont spécifiées, dans chaque cas, à l'«occasion» de leur application à l'état réel des choses. Les corps ne peuvent donc pas agir eux-mêmes les uns sur les autres, ni l'âme sur le corps, ni le corps sur l'âme. La volonté elle-même n'est libre que d'une liberté d'indifférence: elle ne peut produire un effet, mais uniquement en suspendre la production.

3. En Hollande, Baruch (Benedictus) de *Spinoza* (1632-1677),

---

gation de l'Oratoire. Il s'y livra d'abord à l'étude de l'Écriture et des Pères de l'Église. La lecture du *Traité de l'homme* de Descartes, en 1668, lui fit prendre goût à la philosophie. En 1674 et 1675, il édita les trois parties de son célèbre ouvrage, *De la recherche de la vérité, où l'on traite de la nature, de l'esprit de l'homme et de l'usage qu'il en doit faire pour éviter l'erreur dans les sciences.* Dans la suite, il publia: *Conversations chrétiennes* (1676), *Traité de la nature et de la grâce* (1680), *Traité de morale* (1683), *Méditations chrétiennes et métaphysiques* (1683), *Entretiens sur la métaphysique et sur la religion* (1688), *Traité de l'amour de Dieu* (1697), *Entretiens d'un philosophe chrétien et d'un philosophe chinois sur la nature de Dieu* (1708), *Recueil de toutes les réponses du P. Malebranche à M. Arnauld* (1709). Il mourut en 1715.

([1]) Arnold GEULINCKX (1625-1669), qui fut professeur à l'Université de Louvain avant de passer au protestantisme et d'être professeur à l'Université d'Utrecht, a enseigné, avant Malebranche, un occasionalisme selon lequel les créatures ne sont que des «instruments» de la Cause divine.

né à Amsterdam d'une famille juive émigrée du Portugal, prit contact avec le stoïcisme et le cartésianisme après avoir étudié la tradition philosophique et théologique juive et la cabale. La Scolastique ne lui demeura pas totalement inconnue. Spinoza fut l'auteur d'un système panthéiste, dont l'influence n'a cessé de se faire sentir.

Du système de Descartes, Spinoza retient surtout l'esprit de méthode rigoureuse, le souci d'intégrer l'explication scientifique de la nature dans un système complet de philosophie, le rôle primordial des idées claires dans l'explication des choses.

Jaloux de sa liberté de pensée, Spinoza entendit demeurer pleinement indépendant de toute autorité religieuse ou civile. Son ambition est de construire un système rationnel, qui fournisse le moyen d'atteindre le bonheur parfait (¹).

Spinoza pose en principe que l'ordre réel est la réplique de l'ordre des idées: «ordo idearum est idem ac ordo rerum». Il faut donc, au principe, poser ce qui se suffit pleinement et ne repose pas sur autre chose, l'Absolu, la substance dont l'essence est d'exister, l'Infini. Mais la substance absolument infinie exige une infinité d'attributs infinis. Et puisqu'elle possède tous les attributs concevables, il n'y a plus place pour autre chose: elle est unique. Le panthéisme s'impose.

Nous connaissons deux attributs de la Substance, la pensée et l'étendue, deux aspects de la même réalité, qui doivent se correspondre parfaitement. Ils comportent différents modes. Tout se résout donc dans l'identité foncière et absolue de la Substance unique.

L'imagination ne voit dans l'homme que l'individu humain. La raison comprend qu'il est un élément soumis à la loi inéluctable de la nature. L'intuition reconnaît que, dans son corps

---

(¹) Parmi ses écrits, il faut noter: *Tractatus de Deo et homine ejusque felicitate* (entre 1658 et 1660. Le texte latin de cet écrit, destiné à un cercle d'amis, est perdu. On en possède deux versions néerlandaises anciennes: *Korte verhandeling van God, de mensch en deszelfs welstand*), et l'œuvre principale, *Ethica ordine geometrico demonstrata* (commencée avant 1661, éditée l'année de la mort de l'auteur dans les *Opera posthuma*).

comme dans son esprit, l'homme est un mode d'un attribut divin,
et qu'il communie à la liberté, à l'indépendance absolue de la
Substance. Cette dernière considération, qui atteint l'unité suprême en Dieu «sub specie aeternitatis», est génératrice de paix
et de béatitude.

4. En Allemagne, à cette même époque, un homme de génie,
Gottfried Wilhelm *Leibniz* (1646-1716) (¹), traçait les lignes d'un
nouveau système pluraliste.

Très jeune encore, Leibniz étudie, en autodidacte, la Scolastique, pour laquelle il conservera toujours beaucoup d'estime. Il
apprend à connaître le Cartésianisme, dont il retiendra le mathématisme rationaliste. Au mécanisme cartésien, il opposera bientôt un nouveau dynamisme, car il ne peut concevoir un être qui
ne soit pas, dans sa nature, une source d'activité. Mais comment
concevoir la réalité ? Est-elle une substance unique ou com-
pose-t-elle un ordre de substances multiples ? L'occasionnalisme,
que Leibniz considère comme la conséquence de l'erreur mécaniste, doit mener logiquement au panthéisme, car ce qui ne
peut agir, ne peut exister en soi. Leibniz ne peut se résoudre à
admettre le panthéisme. Cependant, il est fortement impression-
né par la doctrine de Spinoza (²) et il cherchera longtemps à
justifier en face de ce monisme son propre pluralisme: ce sera
la «monadologie».

(¹) Né à Leipzig en 1646, Leibniz est mort à Hanovre le 14 novembre 1716.
Esprit universel, il s'intéresse à toutes les sciences, à la philosophie, à la théologie, à la politique, à l'union des Églises. Il invente le calcul différentiel. Il
conçoit le projet d'une science générale, d'une logique universelle. Son érudition est immense. Il est en rapport avec tous les hommes de valeur de son
temps. Il est le fondateur de la «Société des Sciences» de Berlin (1700), qui
deviendra plus tard l'Académie prussienne. Parmi les très nombreux écrits
qu'à laissés Leibniz, signalons: *Discours de Métaphysique* (1686), *Système nouveau de la nature et de la communication des substances* (1695), *Essais de
Théodicée* (1700), *Nouveaux essais* (1701-1710), *Les principes de la nature
et de la grâce fondés en raison* (1714), *Monadologie* (1714).

(²) Leibniz rencontra Spinoza à La Haye («Domus Spinozana», Paviljoens-
gracht), peu avant la mort de celui-ci.

Mettant à profit ses études sur l'analyse infinitésimale, Leibniz distingue différents cas d'infinité. Il admet, comme Spinoza, que la substance est un tout complet, qui implique toutes ses raisons d'être, et qui doit dès lors embrasser tout le réel, puisque dans la réalité, rien n'est isolé. Pour que puissent exister différentes substances, il faut donc que soient possibles différentes manières d'embrasser le tout du réel. Or Leibniz conçoit la possibilité d'une infinité de «monades», dont chacune est un «microcosme», qui reflète à la façon d'un miroir toutes les perfections et les possède d'une manière originale ([1]). Chacune de ces réalisations finies est virtuellement infinie, c'est-à-dire que sa totalité s'enrichit indéfiniment, par une sorte de génération perpétuelle, selon la loi de l'évolution temporelle, où chaque moment procède du précédent et engendre celui qui suit. Toute série temporelle tend vers un infini actuel, comme vers sa limite. Ce dynamisme interne est semblable à la spontanéité de l'esprit, source d'une série indéfinie d'états «représentatifs». Certaines monades demeurent toujours dans l'«étourdissement», d'autres s'éveillent à la conscience, et les monades supérieures portent en elles l'apriori des vérités nécessaires et éternelles.

Il faut concevoir une série infinie de monades car on ne pourrait justifier une lacune quelconque (pas plus que dans la série des nombres). Toutes les monades sont donc comprises dans une «harmonie préétablie», expliquant l'ordre de l'univers qui est le meilleur possible (optimisme métaphysique).

Dieu, être transcendant, Infini en acte, est la Raison absolue de toutes les séries d'essences et d'existences.

Leibniz, adepte convaincu du rationalisme moderne, pratique avec intrépidité la méthode strictement déductive. Son principe premier est le principe d'identité, en sorte que toute nécessité logique doit être conçue, selon lui, comme strictement analytique. Est-il parvenu à sauvegarder la contingence du fini, la liber-

---

([1]) On peut comparer cette manière de voir à celle des scolastiques, selon lesquels l'être, dont l'idée est transcendantale, se trouve réalisé un nombre incalculable de fois selon des modes divers (théorie de l'analogie).

té de la création divine et la liberté de l'acte humain délibéré ?
Son «optimisme» ne semble pas y suffire.

5. En Allemagne, Christian *Wolff* (1679-1754) prolongea le
courant du rationalisme cartésien. Il conserva beaucoup d'éléments de la formation scolastique qu'il avait reçue. Il s'inspira
de Leibniz, mais ne reprit pas certaines thèses originales et importantes du monadisme (tel l'optimisme). A partir de l'idée innée de l'être en général, Wolff déduit, suivant une méthode
strictement analytique, un système qui prétend déterminer les
raisons et les conditions nécessaires de la possibilité de toutes
choses possibles. La division wolffienne de la philosophie, basée
sur sa conception générale du rationalisme et s'inspirant pour
une part de la tradition aristotélicienne et scolastique, est célèbre.

Wolff a obtenu, au dix-huitième siècle en Allemagne, un succès prodigieux, tant par son enseignement que par ses écrits [1].
La disgrâce où il est tombé depuis la période post-kantienne, a
été aussi complète qu'avait été grande l'estime dont il avait joui
auparavant.

§ 4. LE COURANT EMPIRISTE MODERNE

1. Tandis que, à partir de Descartes, un courant puissant de
philosophie rationaliste se développait, surtout sur le continent,
l'empirisme se perpétuait en Angleterre et allait dérouler jusqu'au bout ses conséquences logiques.

C'est François *Bacon de Verulam* (1561-1626) [1] qui est ap-

---

[1] Outre ses publications latines, Chr. Wolff a écrit une série d'ouvrages
en allemand («*Vernünftige Gedanken*», de 1712 à 1725), qui constituèrent le
premier manuel complet de philosophie en langue vulgaire et qui eurent une
très grande vogue en Allemagne.

[1] François BACON est né à Londres en 1561. Il étudia à Cambridge, fit un

pelé généralement le père de l'*empirisme anglais*. A vrai dire, l'esprit positiviste s'était déjà manifesté, en Angleterre, depuis le moyen âge (Robert Grossetête, 1175-1253; Roger Bacon, vers 1210-1292), et au quatorzième siècle le nominalisme s'y était solidement implanté.

François Bacon dénonce les méfaits des constructions purement rationnelles et préconise l'emploi de la méthode expérimentale, qu'il décrit en détail. Il a contribué beaucoup à accréditer, dans le monde des hommes de science, l'organisation systématique d'expériences soigneusement préparées, pour l'étude de la nature.

L'empirisme, comme système philosophique, a traversé des étapes successives et a mis beaucoup de temps à s'exprimer dans toute sa pureté. Il eut à se défendre contre le néo-platonisme, installé à Cambridge depuis la fin du seizième siècle, et, plus tard, contre les théories de Descartes et de Malebranche.

2. Thomas *Hobbes* (1588-1679) (²), tout en procédant par voie de raisonnement déductif, est radicalement nominaliste. Son interprétation de la nature est mécaniciste, sa psychologie est matérialiste. Il est surtout célèbre par sa théorie sur l'origine de l'État, qui serait fondé sur un contrat collectif, inspiré par l'égoïsme et appuyé sur la force de la majorité.

⸺⸺⸺⸺

séjour à Paris, entra ensuite dans la carrière du droit et de la politique et devint lord-chancelier et baron de Verulam en 1618, vicomte de Saint-Albans en 1621. Condamné pour concussion par le Parlement en 1621, il vécut dans la retraite jusqu'à sa mort, le 9 avril 1626. C'est en 1597 que paraissent ses premières œuvres philosophiques. Le plan de l'*Instauratio magna scientiarum*, réalisé en partie seulement au cours des années suivantes, est conçu vers 1607.

(²) Thomas HOBBES est né à Westport (Wiltshire) en 1588. Il fit ses études à Oxford. Il séjourna plusieurs fois en France (où il devint l'ami du P. Mersenne, S.J., qui lui révéla Descartes) et en Italie (où il rencontra Galilée). Il mourut le 4 décembre 1679. Son influence, très grande en Angleterre, s'exerça également sur Spinoza et sur le jeune Leibniz.

3. John *Locke* (1632-1704) (¹) subit à peine l'influence de Fr. Bacon et ne tint pas grand compte de l'œuvre de Hobbes. Étudiant à Oxford, il reçut une formation philosophique nominaliste. Il s'y adonna à l'étude de la médecine et se livra aux recherches expérimentales. Ayant lu Descartes, il en retint l'esprit de méthode et de critique, ainsi qu'une prédilection pour l'analyse de la conscience.

Locke fait appel à la méthode empirique pour décrire les contenus et les opérations de l'esprit, afin d'apprécier la certitude de nos connaissances et les fondements des opinions qu'on voit régner parmi les hommes. Il ne découvre aucune idée innée, mais uniquement des *données* de l'expérience externe (les sensations) ou de l'expérience interne (la réflexion, ou représentation des opérations de l'esprit, telles que percevoir, croire, douter, etc.) et des *idées* qui découlent de cette double source. Les idées simples, reçues passivement par l'esprit, peuvent être associées entre elles pour former des idées complexes (par exemple: l'idée de substance, conçue comme le substratum constant d'un groupe d'idées simples). On peut trouver entre les idées des rapports, qu'on énonce sous forme de principes (par exemple: le principe de causalité). Locke infléchit son sensualisme vers la métaphysique, en appliquant à la réalité transcendante les résultats de ces opérations de l'esprit, qui portent sur des idées. Il va dans le sens d'un vague substantialisme mécaniciste et d'un déisme intellectualiste.

4. George *Berkeley* (1685-1753) (²) fit un pas de plus dans la voie de l'empirisme.

(¹) John LOCKE, né en 1632 à Wrighton, près de Bristol, fit à Oxford des études de philosophie et de théologie, s'intéressa ensuite à la médecine et aux sciences naturelles. Il entre au service de Lord Ashley, futur comte de Shaftesbury, fait des voyages en France, réside pendant plusieurs années (1683-1688) en Hollande. Après l'avènement de Guillaume d'Orange au trône d'Angleterre, Locke rentre dans sa partie. Il meurt en 1704. Son œuvre principale est *Essay concerning human Understandig* (1690).

(²) George BERKELEY est né en 1685 dans le comité de Kilkenny, en Irlande,

Locke avait distingué des qualités originales et premières (étendue, solidité, figure, nombre, mouvement, repos), qui seraient formellement objectives, et des qualités secondes (couleurs, sons, goûts, etc.), dérivées des premières et qui ne seraient que causalement objectives. Berkeley ne voit aucune raison d'accorder ce traitement privilégié aux qualités premières. De plus, il ne trouve jamais dans l'esprit que des idées concrètes. Le monde extérieur n'a donc d'autre réalité que celle d'être perçu, «ejus esse est percipi»; le monde n'est que l'idée de l'esprit: c'est l'*idéalisme*. Le monde n'a en soi aucune substance ou réalité matérielle: c'est l'*immatérialisme*.

Par contre, le moi se sent en dépendance causale vis-à-vis d'un esprit supérieur, qui lui impose les idées du monde extérieur sensible. Dieu existe donc et il se manifeste par le monde, qui est en réalité, comme le dit l'Écriture, «le langage de Dieu».

Dans la suite, Berkeley subit l'influence du néo-platonisme et admit, par-dessus les idées sensibles et la réflexion, des idées transcendantes, subsistantes, permettant à celui qui les possède, de voir dans la nature une expression formelle de Dieu, un instrument de l'activité divine.

5. Enfin, David *Hume* (1711-1776) (¹) appliqua sans réserve le

---

d'une famille d'origine anglaise. Il fit ses études à Dublin, où il devint ensuite professeur. De 1713 à 1720, il voyage en France (où il voit Malebranche) et en Italie. Il rêve d'aller évangéliser les sauvages d'Amérique, s'embarque pour les îles Bermudes, mais est forcé de revenir. En 1734, il est nommé à l'évêché anglican de Cloyne. En 1740, au cours d'une épidémie, il emploie avec succès, comme remède, de l'eau de goudron. L'action bienfaisante de ce remède est l'occasion, pour lui, de spéculations bizarres sur l'action divine dans la nature. En 1752, il se retire à Oxford et y meurt le 14 janvier 1753. A citer parmi ses écrits: An essay towards a new Theory of vision, 1709; Three dialogues between Hylas and Philonous, 1713; Alciphron, or the minute philosopher, 1732; Siris, a chain of philosophical reflexions and inquiries concerning the virtues of tar-water, 1744.

(¹) David HUME est né à Édimbourg en 1711. Il étudie la philosophie, la littérature, le droit, le commerce. Après une longue maladie, il fait un séjour en France (1734-1737). Plus tard, il fait des voyages à Vienne et à Turin. Puis

principe de l'empirisme. On ne perçoit jamais que les impressions de la conscience: le «phénoménisme» s'impose d'une façon totale. Il n'y a ni substance du monde extérieur, ni substance du moi, et aucun principe de causalité ne nous permet de dépasser le flux des phénomènes de conscience. C'est la destruction de toute base solide des sciences et de la morale.

§ 5. LA «PHILOSOPHIE DES LUMIÈRES»

Au dix-huitième siècle, le *naturalisme* atteint son plein développement. Il est hostile à toute foi en une révélation surnaturelle et ne reconnaît d'autre règle que celle de la raison humaine.

Les philosophes de cette époque se font les vulgarisateurs de la conception naturaliste de la vie. En la répandant dans le grand public, ils deviennent les artisans d'une profonde transformation de la mentalité occidentale. Dès ce moment, le climat intellectuel cesse d'être chrétien, et c'est dans des conditions très différentes de celles du moyen âge, et même de la Renaissance et du dix-septième siècle, que désormais la philosophie va se développer.

1. Cette «philosophie des lumières», qui préconise la souveraineté absolue de la raison individuelle, s'était manifestée déjà en Angleterre au dix-septième siècle (¹). Elle y est admise

---

il rentre en Écosse. En 1763, nouveau séjour en France, où il rencontre J.-J. Rousseau et le groupe des Encyclopédistes. Rentré en Angleterre, il occupe une place en vue dans la diplomatie. Retiré à Édimbourg à partir de 1769, il y meurt le 23 août 1776. Parmi ses œuvres, il faut signaler: *Treatise on human nature* (1739-1740); *An enquiry concerning human understanding* (1ʳᵉ édit. sous un autre titre, 1748); *An enquiry concerning the principles of morals* (1751).

(¹) Par exemple, Thomas HOBBES. — Lord Ed. Herbert de CHERBURY (1581-1648) est le fondateur de la religion naturelle à l'époque moderne et le précurseur du déisme du dix-huitième siècle. Son système se base sur l'assentiment spontané, donné par le sens commun, aux «notitiae communes».

et propagée, au siècle suivant, par les cercles des déistes ([1]) et des «libres penseurs». Ce rationalisme se mêle au courant empiriste, qui aboutit au phénoménisme radical de David Hume, et tend, à des degrés divers vers le scepticisme ([2]).

La libre pensée provoqua des mouvements de réaction, dans le sens intellectualiste ([3]) et dans le sens sentimentaliste ([4]). Dans ce dernier cas, l'on se plaît à insister sur l'accord de la sentimentalité humaine avec l'ordre et l'harmonie de l'univers («love of order and beauty») et l'on admet un «sens moral» inné, dont le plein épanouissement se trouve dans la religion, et qui n'est qu'une fonction naturelle de la sensibilité de l'homme ([5]). L'école écossaise, représentée surtout par Thomas *Reid* (1710-1796), oppose aux différentes théories agnostiques et sceptiques de la pensée moderne les affirmations fondamentales du sens commun, expression du bon sens, dans les différents domaines de l'activité de l'esprit ([6]).

([1]) John TOLAND (1670-1722), qui subit l'infuence de l'empirisme «idéiste» de Locke, en est considéré comme le premier représentant. Il tend au panthéisme.

([2]) Ainsi, Anthony COLLINS (1676-1729) et Matthew TINDAL (1656-1735) admettent une religion naturelle sur des bases métaphysiques. Henry ST. JOHN, vicomte BOLINGBROKE (1678-1751), qui demeure dans la ligne de Hobbes, est sceptique en métaphysique, mais admet cependant l'existence de Dieu, en se basant sur la preuve téléologique. Cette preuve exerce au dix-huitième siècle une attirance particulière, comme on le remarque encore chez Kant.

([3]) Chez Samuel CLARKE (1675-1729). L'immatérialisme de Berkeley est également une forme de cette réaction intellectualiste. L'immatérialisme se trouve aussi chez Arthur COLLIER (1680-1732), qui s'inspire de John NORRIS (1657-1711), l'introducteur de Malebranche en Angleterre.

([4]) Surtout chez Ashley COOPER, comte de SHAFTESBURY (1671-1713). Des conceptions semblables se rencontrent chez Joseph BUTLER (1692-1752), Francis HUTCHESON (1694-1746), etc.

([5]) Adam SMITH (1723-1790), le célèbre économiste libéral, fonde lui aussi, en dernière analyse, le jugement de valeur morale sur le sentiment qui permet, par une sorte de sympathie, d'entrer en contact avec les motifs réels qui inspirent les actes des autres. Ce jugement se formule à la lumière d'une obligation formelle (c'est-à-dire qui s'impose à nous indépendamment de son contenu) et qui acquiert une valeur religieuse, si elle est rapportée à Dieu.

([6]) Francis HUTCHESON (1694-1746) est considéré comme le fondateur de

2. La France du dix-huitième siècle (¹) se dégage du courant cartésien et se tourne vers les conceptions nouvelles qui ont cours en Angleterre. Elle leur donne une forme excessive et virulente, qui vient mettre en péril tout l'ordre établi, — religieux, politique, social, — et qui prépare la Révolution de 1789.

Condillac (1715-1780), s'inspirant de Locke, préconise un sensualisme intégral, qui fait dériver toute connaissance de la sensation extérieure. Cette «idéologie» sera communément admise à son époque. Condillac n'est pas matérialiste; il pense, au contraire, que la matière étendue, donc dispersée et multiple, n'est pas capable de poser l'acte simple de la sensation, mais qu'il y faut l'âme spirituelle et simple. D'autres auteurs (²), au contraire, développent le sensualisme dans le sens du matérialisme.

Le représentant le plus brillant et le plus célèbre du «philosophisme» est *Voltaire* (1694-1778). Il demeure déiste. *Diderot* (1713-1784), le directeur de l'Encyclopédie (³), d'abord partisan du déisme, évolue vers un monisme fortement teinté de matérialisme. D'autres (⁴) se font les propagateurs du matérialisme

---

l'école écossaise. Le jésuite français Claude Buffier (1661-1737), anticartésien qui fonde la certitude sur le sens commun, a exercé une grande influence sur les conceptions de Thomas Reid. Les théories de l'école écossaise furent largement répandues par les ouvrages de Dugald Stewart (1753-1828), d'Édimbourg.

(¹) Un précurseur de ce siècle est le protestant Pierre Bayle (1647-1707), apôtre de la tolérance religieuse et de l'indifférentisme dogmatique, et dont le scepticisme philosophique exerça une profonde influence. Son *Dictionnaire historique et critique* est célèbre.

(²) P. J. G. Cabanis (1757-1808) et Destutt de Tracy (1754-1836).

(³) L'*Encyclopédie* ou *Dictionnaire raisonné des sciences, des arts et des métiers* parut de 1751 à 1772, sous la direction de Diderot et de d'Alembert (1717-1783). Ce dernier, un déiste, écrivit le *Discours préliminaire,* qui trace le tableau d'ensemble des connaissances humaines de cette époque. Parmi les «encyclopédistes», savants qui collaborèrent à la rédaction de l'*Encyclopédie,* il y eut Voltaire, Montesquieu, Rousseau, d'Holbach, Grimm, Dumarsais, Jaucourt, Turgot, etc. L'*Encyclopédie* a été la plus redoutable machine de guerre, au service du philosophisme du dix-huitième siècle.

(⁴) Lamettrie (1709-1751), Helvétius (1715-1771), surtout d'Holbach (1723-

le plus épais. Tout le groupe des «philosophes» est violemment hostile à l'idée chrétienne et la combat sans trève et sans répit. C'est à la seule raison qu'ils demandent de jeter les bases définitives d'une civilisation nouvelle. *Condorcet* (1743-1794) exprime sa foi dans le progrès indéfini de l'esprit humain et il augure, pour un avenir prochain, l'organisation rationnelle de la société, qui assurerait, par l'instauration d'un régime de liberté et d'égalité, le règne de la fraternité universelle (¹).

Les aspirations et les idées du «siècle de lumière» trouvèrent une expression caractéristique en même temps qu'un appoint important dans l'œuvre de J.-J. *Rousseau* (1712-1778), le promoteur passionné d'un naturalisme déiste et libertaire, tout imprégné de *romantisme*. L'intelligence très vive de Rousseau est complétement dominée par le sentiment; ce qui mène le «père du romantisme» à des incohérences doctrinales, qui répondent d'ailleurs au décousu de sa vie et à son manque total de pondération. Selon Rousseau, — c'est sa thèse fondamentale, — l'homme, dans son état naturel est bon, parfait et heureux: il mène une vie simple, demeure totalement libre et traite ses semblables en égaux. Malheureusement, la société civilisée a dépravé l'homme: elle a créé des besoins factices et établi un système basé sur l'inégalité et l'esclavage. Il faut, dans l'éducation de l'individu, dégager les tendances naturelles et leur laisser libre cours. Quant à la société, il faut la baser sur le «contrat social», par lequel chacun remet librement ses droits à la Volonté générale, exprimée par la majorité de voix toutes égales: tout citoyen garde alors sa liberté, puisqu'il n'obéit qu'à soi-même. Rousseau chante les beautés de la vertu, il se fait l'écho des besoins reli-

---

1789) et Melchior GRIMM (1723-1807), l'éditeur d'un périodique, répandu dans toute l'Europe, *Correspondance littéraire, philosophique et critique*.

(¹) Au point de vue politique, l'œuvre de Ch. DE MONTESQUIEU (1689-1755) fut capitale. Il est adversaire de tout despotisme et professe l'estime de la liberté individuelle. Il soutient que l'homme est bon et vertueux par nature et indépendamment de tout secours d'ordre religieux. Le système de la monarchie constitutionnelle, tel qu'il est pratiqué en Angleterre, a les préférences de Montesquieu.

gieux de l'homme, toujours dans les limites de la pure nature
et en se référant à la subjectivité du sentiment, source et justification plénière de toute vérité, de tout bien.

Rousseau s'imposa à tous les milieux et imprégna les esprits
et les cœurs de son libéralisme humanitaire et de son rationalisme romantique.

3. En Allemagne, dès le début du dix-huitième siècle, l'aristotélisme des universités protestantes subit les attaques conju-
guées du piétisme, — réaction du sentimentalisme religieux, —
et du rationalisme moderne. Vers 1740, le rationalisme wolffien
a gagné la partie, et l'Aufklärung (philosophie des lumières) domine partout dans l'enseignement universitaire. Frédéric II le
le Grand (¹), roi de Prusse, se fait le promoteur des idées nouvelles et instaure le despotisme éclairé.

Le philosophisme français des encyclopédistes et de J.-J. Rousseau, l'empirisme de Hume et les conceptions morales de Schaf-
tesbury se répandent abondamment. Un courant de philosophie
populaire se constitue, surtout dans les milieux littéraires, qui
s'inspire des doctrines officielles, mais dont l'allure est plus
souple et le rationalisme moins rigoureux (²).

De plus, par réaction contre le culte excessif de la raison, certains philosophes, pour fonder leurs théories, en appellent, en
dernière analyse, à la poussée naturelle de l'esprit et du cœur,
ou au sentiment (³).

(¹) Né en 1712, mort en 1786, il monta sur le trône en 1740 et fit de la
Prusse une grande puissance européenne. Il fut un protecteur des sciences
et des arts et favorisa la culture française.

(²) Le poète G. E. LESSING (1729-1801) en est le représentant principal. Il
essaie de combiner le monisme de Spinoza avec le monadisme de Leibniz et
les théories de Shaftesbury.

(³) Par exemple, la philosophie de la foi (Glaubensphilosophie) de Joh.
Georg. HAMANN (1730-1788). Fr. H. JACOBI (1743-1819) admet une certitude
fondamentale, qui est immédiate et non fondée en raison. Joh. Wolfgang
VON GŒTHE (1749-1832), le plus grand poète allemand, s'inspire de Herder,
au début, mais s'écarte du rationalisme pour admettre un panthéisme basé sur
le sentiment de la nature (Gefühl ist alles), cette nature n'étant pas conçue

§ 6. LE CRITICISME KANTIEN

Le *criticisme,* élaboré au cours du dernier tiers du dix-huitième siècle par Emmanuel *Kant* (1724-1804) ([1]), vient mettre fin à la suprématie du rationalisme de l'Aufklärung et imprimer avec vigueur une direction nouvelle à la pensée philosophique.

Dans l'œuvre du philosophe de Kœnigsberg les divers courants modernes se rejoignent pour se fondre en une synthèse profondément originale.

En plus d'une éducation religieuse piétiste, Kant avait reçu une solide instruction scientifique, une formation philosophique dans l'école de Wolff. L'étude du phénoménisme de Hume, entreprise plus tard, le tira de son «sommeil dogmatique». Il comprit que le rationalisme wolffien était foncièrement incapable de justifier soit l'ordre scientifique (en particulier la science physico-mathématique, telle que l'avait établie Newton), soit l'ordre moral. Désirant pourtant garder l'un et l'autre, il posa hardiment le «problème critique», c'est-à-dire le problème de la portée de la connaissance humaine en général. Il voulut entreprendre l'examen sincère des fondements de toute construc-

à la manière des mécanistes, mais comme un tout qui se développe et dont la croissance est organique.

([1]) Emmanuel KANT est né à Kœnigsberg, en Prusse orientale, le 22 avril 1724. Il fit ses études et enseigna (à partir de 1755 comme Privat-Docent et de 1770 à 1796 comme professeur ordinaire) à l'université de cette ville. Il mourut le 12 février 1804. Il faut distinguer deux périodes dans sa carrière: la période *précritique,* — marquée par une abondante production littéraire traitant des sujets scientifiques et philosophiques les plus variés, — et la période *critique,* qui s'ouvre définitivement, après une longue préparation, par la publication de la première édition de *Kritik der reinen Vernunft,* en 1781. Suit alors une série d'œuvres très importantes, parmi lesquelles, *Prolegomena zu einer jeden künftigen Metaphysik* (1783), *Grundlegung zur Metaphysik der Sitte* (1785), *Metaphysische Anfangsgründe der Naturwissenschaft* (1786), la seconde édition remaniée de *Kritik der reinen Vernunft* (1787), *Kritik der praktischen Vernunft* (1788), *Kritik der Urteilskraft* (1790), *Die Religion innerhalb der Grenzen der blossen Vernunft* (1793), *Zum ewigen Frieden* (1795), *Metaphysik der Sitten* (1797).

tion scientifique et philosophique, quelle qu'elle soit, et dès lors rechercher les conditions nécessaires de la connaissance humaine considérée comme connaissance, comme représentation.

Toute connaissance implique essentiellement un objet connu par le sujet. Kant se demande ce qui confère à l'objet son caractère d'objet, de connu. Il pense pouvoir conclure de ses analyses, que le rôle du sujet est prépondérant dans la constitution de l'objet. Dès que le sujet rencontre les choses extérieures, il s'applique à les saisir par la connaissance, c'est-à-dire à assimiler ce donné pour se le représenter. Autant dire qu'il l'imprègne de sa propre nature et qu'il ramène la diversité du donné à une unité subjective, en y appliquant les «formes a priori» du sujet.

Puisque les objets résultent tous de l'application des mêmes formes du sujet, le champ de nos connaissances devra présenter tout entier une conformité, une régularité, que formulent précisément les lois scientifiques. Par conséquent, la nécessité et l'universalité doivent être regardées comme des propriétés essentielles de la science, mais elles sont d'ordre subjectif.

D'autre part, il serait vain de vouloir saisir ce que sont les choses en elles-mêmes, puisque la connaissance se termine à l'objet, à ce qui apparaît dans la synthèse subjective, au phénomène.

Enfin, les conditions nécessaires qui régissent la connaissance humaine, l'enferment dans les limites du sensible. La représentation du sensible, tout en constituant une synthèse subjective, se rapporte à la réalité de la «chose en soi,» puisqu'elle résulte de la rencontre du sujet et des choses extérieures; mais lorsqu'on prétend s'occuper de la réalité spirituelle, — liberté, âme, Dieu, — le contact initial avec un donné fait totalement défaut, les formes a priori travaillent à vide, et il n'est pas permis de conclure à l'existence ou à la non-existence de choses réelles. Kant conclut donc à l'impossibilité de construire, par le raisonnement théorique, une métaphysique qui ait une valeur objective et réelle. Au regard du domaine métaphysique, la raison théorique demeure agnostique: elle s'abstient d'affirmer ou de nier.

La connaissance théorique n'est pas le tout de la conscience humaine; elle n'englobe pas le domaine moral. L'obligation morale se fait valoir comme un «impératif catégorique», qui ne se prouve pas mais s'impose d'emblée, sans discussion ni raisonnement, de l'intérieur de l'activité volontaire, comme un absolu. L'action est morale lorsqu'elle se conforme à cet impératif, c'est-à-dire quand l'unique motif est de répondre au devoir. La valeur morale ne provient nullement de ce qui se fait (de la «matière» de l'acte), mais de la seule volonté qui inspire l'acte: cette valeur est donc purement formelle, et le domaine de la moralité se réduit strictement au for interne. Au contraire, le domaine de la légalité, soumis au législateur, concerne l'ordre social et ne s'étend pas au-delà du for externe; il demeure étranger à la moralité proprement dite. Quant à la religion, elle n'a de valeur que dans la mesure où elle se ramène à la morale naturelle.

L'impératif catégorique, si l'on veut en respecter le sens, doit impliquer la liberté de la volonté et, également, se rattacher à ces deux postulats, à savoir la réalité de l'âme immortelle et celle d'un Dieu, législateur et rémunérateur suprême. La raison pratique, qui s'appuie sur l'impératif moral, parvient donc à dépasser l'univers phénoménal et affirme sans hésiter l'existence, dans le monde nouménal, de réalités dont la raison théorique peut sans doute rêver, mais dont elle est incapable de rien affirmer.

Kant a essayé de jeter un pont entre ces deux critiques, — celle de la raison pure et celle de la raison pratique, — par une troisième critique, celle du jugement. Il y considère l'aspect téléologique de la nature et la beauté de l'œuvre d'art, qui seraient le produit et l'expression de la liberté nouménale. La causalité mécanique qui se manifeste dans la nature serait au service de l'ordre moral, où règne la liberté.

Il a fallu quelques années, après la publication de la critique de la raison pure, pour qu'on s'assimilât le point de vue kantien, qui ne rentrait guère dans les cadres philosophiques admis jusqu'alors. Après des controverses et des explications, l'opposition du rationalisme céda.

LA PÉRIODE CONTEMPORAINE

§ 1. LE ROMANTISME ET LE SPIRITUALISME DU DIX-NEUVIÈME SIÈCLE

1. Dès la fin du dix-huitième siècle, la philosophie allemande, engagée dans les voies du criticisme, fait un gros effort pour dépasser les limites du subjectivisme kantien. Elle s'efforce d'établir une communication, d'une part entre la chose en soi et le phénomène, d'autre part entre l'ordre théorique et l'ordre pratique. Elle essaie d'atteindre le sujet pleinement autonome, l'acte fondamental, d'où l'on pourrait tout déduire et tout expliquer. C'est la grande période du *romantisme* (¹).

La philosophie de cette époque est caractérisée par l'élaboration de systèmes grandioses, audacieux et assurément originaux, tous centrés sur le Moi, qui par un retour sur soi-même devrait pouvoir découvrir, dans son fond, l'absolu divin, source unique de tout ce qui est. Trois grands noms y dominent, Fichte, Schelling et Hegel.

a) J. G. *Fichte* (1762-1814) conçoit une philosophie idéaliste et moniste de l'identité. Le moi, autonome et libre, se pose (thè-

---

(¹) Ces philosophes sont en rapports étroits avec les cercles littéraires romantiques de Weimar et de Berlin, où l'on rencontre TIECK, HARDENBERG (Novalis), GŒRRES, surtout les frères SCHLEGEL.

se) et en prenant conscience de soi il s'oppose un objet, un non-moi (antithèse). Ce dernier est tout entier relatif au moi, puisqu'il est pure opposition, et son unique fonction est d'être l'obstacle à vaincre, la limite à franchir, l'occasion, pour la libre activité du moi, de se déployer en se dépassant sans cesse.

b) F. W. J. *Schelling* (1775-1854) s'engage dans l'idéalisme objectif, en attribuant au non-moi, à la nature, une consistance plus grande que ne le fait Fichte: l'objet n'est pas pure opposition, il a une valeur positive. Dans la suite Schelling fait dériver la nature, tout comme le moi lui-même, d'une source commune, l'Absolu indifférent. La série des événements de la nature et celle des faits conscients sont comme des modes de cet absolu.

c) Georg Wilhelm Friedrich *Hegel* (1770-1831) [1], l'un des grands noms de l'histoire de la philosophie, choisit, lui aussi, comme point de départ de ses recherches l'esprit humain, qui a conscience de ses limites et se trouve dès lors porté à s'en affranchir. Il faut souligner que cet effort de dépassement ne vaut nullement par lui-même, puisqu'il se réduirait à une aspiration vide, à la «Sehnsucht» romantique, mais que sa valeur résulte tout entière de l'immense résultat positif auquel cet effort conduit: c'est la *réalité,* non pas le vide, et c'est *toute* la réalité, sans restriction, que l'esprit est appelé à conquérir; ce n'est

---

[1] G. W. Fr. HEGEL est né à Stuttgart, en 1770. De 1801 à 1806, il enseigne à Iéna; il se fait ensuite journaliste, devient recteur du gymnase de Nuremberg; en 1816, il est nommé professeur à l'université de Heidelberg; en 1818, à l'université de Berlin (où il succède à Fichte) et il y récolte le plus grand succès. Parmi ses œuvres, signalons: *Über die Differenz des Fichte'schen und Schelling'schen Systems* (1801), *Die Phänomenologie des Geistes* (1807), *Die Wissenschaft der Logik* (1812-1816), *Encyclopädie der philosophischen Wissenschaften* (1817; édit. remaniées, en 1827 et 1830), *Rechtsphilosophie* (1821). Œuvres posthumes: *Philosophie der Geschichte, Ästhetik, Religionsphilosophie, Geschichte der Philosophie.* La préface de la deuxième édition de la première partie de l'ouvrage *Die Wissenschaft der Logik* est datée du 7 novembre 1831; une semaine plus tard, Hegel mourut du choléra, le 14 novembre 1831.

donc pas dans une aspiration indéfinie et vaine, mais dans la
poursuite et la possession de la réalité intégrale que l'esprit
tend à se complaire et à se reposer.

Au premier abord, le donné déconcerte et inquiète. Il nous
paraît étrange, étranger (fremd), voire hostile (feindselig). Nous
ne nous y retrouvons pas, nous nous y perdons: le sens de la
réalité, c'est-à-dire de la nature et de l'histoire, aussi bien que
de nous-même, nous échappe. Il en résulte un sentiment de dés-
union (Entzweiung) et d'éloignement (Entfremdung), même à
l'égard de notre propre être, un sentiment d'aliénation, de dé-
possession de nous-même (Entäusserung). Ce divorce est à supprimer; il doit faire place à la réconciliation (Versöhnung), à la
réunion (Vereinigung) de l'esprit et de la réalité. Puisque la vo-
cation de l'esprit est de se posséder dans la clarté de l'idée, il
doit tendre à se trouver pleinement chez soi en se retrouvant
partout dans le réel. Il est un fait que, dans notre propre existence, la catégorie logique suprême est l'Idée absolue (synthèse
de deux catégories précédentes, celles de la connaissance et de
l'amour), c'est-à-dire la personnalité pure qui est en plein accord
avec la réalité.

Pareil résultat ne s'obtient que progressivement, en suivant
les voies d'une *dialectique*. Toute position se caractérise par une
altérité: un terme posé implique essentiellement, en vertu de sa
constitution, un rapport d'opposition à un autre terme et par
conséquent il appelle ce dernier; dès lors, c'est de soi que les
deux termes s'unissent dans l'harmonie d'une synthèse. L'exemple typique de cette dialectique se trouve dans notre esprit lui-
même, qui est un sujet se rapportant de soi à un objet et qui ne
peut donc être pleinement chez soi (bei-sich-selbst-sein) qu'au
sein d'une synthèse, dans laquelle les deux termes, loin de se
juxtaposer sans plus, se fusionnent en une unité supérieure.

Dans l'ordre de la Logique, le processus dialectique conduit à
établir la hiérarchie des catégories fondamentales en remontant
de synthèse en synthèse (de «Begriff» en «Begriff»), à partir de
l'idée la plus indéterminée jusqu'à l'Idée absolue. Ainsi, par
exemple, l'idée d'«être» sans aucune ajoute, sans contenu dé-

terminé, suscite le terme opposé, l'idée de «non-être» sans plus, pour se fondre en lui: c'est dans ce passage de l'un à l'autre qu'ils se synthétisent, à savoir dans l'idée du «mouvement» comme tel. Mais l'idée d'un mouvement quelconque ne se conçoit que par référence à celle d'une direction déterminée: ce qui conduit à l'idée d'«être déterminé». Par ailleurs, comme tout être tel implique celle d'un autre dont il lui est essentiel de se distinguer, c'est par définition qu'il se trouve uni à celui-ci, comme du fini à du fini, dans une synthèse. D'une façon générale, le fini et l'infini sont essentiellement corrélatifs et donc indissolublement unis; et ceci s'applique à n'importe quelle totalité, qu'elle soit relative ou absolue.

S'il est vrai que le monde matériel s'oppose profondément à l'esprit, ils n'en sont pas moins corrélatifs. C'est pourquoi l'esprit cherche à se retrouver dans le cosmos et à découvrir le sens des oppositions qu'il recèle: «La décision de l'Idée pure (de l'idée logique) de se déterminer comme idée extérieure (comme nature) n'est que le moyen par lequel la saisie intellectuelle s'élève à une existence libre», c'est-à-dire à une existence qui s'appuie à l'extérieur, mais pour s'en dégager tout en y tenant, et pour rentrer en soi-même. En effet, c'est par la médiation des choses dispersées dans l'espace que l'esprit réussit à se conquérir dans une conscience claire et à s'établir au niveau de la liberté.

L'esprit lucide, à savoir l'Idée qui s'est dégagée de la nature en y retrouvant un ordre rationnel et en s'y retrouvant donc elle-même, présente une face psychologique, l'«esprit subjectif», et une autre, l'«esprit objectif», qui s'exprime notamment dans le droit, la moralité, la société, l'État. Cet esprit objectif, où se manifeste le facteur social, a fait spécialement l'objet des recherches de Hegel et c'est par là surtout que ce philosophe a exercé une profonde influence. Sa dialectique du maître et de l'esclave est célèbre: elle conclut à la reconnaissance de l'homme par l'homme, c'est-à-dire que, comme esprit, chacun des deux trouve son image dans l'autre, s'y reconnaît et s'y attache. Cette dialectique s'applique à tout groupement humain et à toute société, notamment à la famille, à la patrie, ainsi qu'à l'État, société suprême qui ne peut, en aucun cas, se dessaisir de ses pouvoirs.

L'esprit absolu, transcendant l'opposition du subjectif et de l'objectif, saisit son unité dans l'art (manifestation sensible de l'Idée, révélation de l'immanence de l'esprit aux choses), dans la religion (exposant sous une forme imagée l'identité de l'universel au particulier), enfin dans la philosophie (exprimant tout dans la pure clarté de l'idée).

Hegel applique sa dialectique au déroulement de l'histoire, pour y repérer les étapes de l'ascension spirituelle, celles de la marche continue de l'esprit vers la possession illimitée de soi, vers la suppression de toute entrave, vers la libération totale. Dans ce cadre immense, l'esprit de l'homme individuel apparaît comme un moment fugitif de l'évolution de l'Esprit.

Au sens de Hegel, ce système a valeur d'apriori, mais qui ne se manifeste à nous qu'au contact des données de l'expérience.

L'influence de Hegel fut considérable en philosophie, elle s'exerça également dans la théologie protestante, dans les sciences juridiques, sociales et politiques, dans l'historiographie, la littérature, etc. Après une éclipse, vers le milieu du dix-neuvième siècle, l'hégélianisme réapparut et, de nos jours, son influence est devenue plus étendue et plus profonde que jamais.

d) A cette même époque appartient Arthur *Schopenhauer* (1788-1860) ([1]), qui introduisit dans la philosophie contemporaine le volontarisme et le pessimisme. Il connut la célébrité à partir de 1850. Ce n'est point l'idée, prétend-il, mais le «vouloir» qui constitue le fond de la réalité. Cette volonté est foncièrement irrationnelle et il ne peut en résulter que le désordre et le mal.

e) A côté des grands systèmes idéalistes, le réalisme se retrouve dans la philosophie de Joh. Friedr. *Herbart* (1776-1841), qui

---

([1]) Son ouvrage principal est intitulé: *Die Welt als Wille und Vorstellung* (1819).

maintient l'existence de la «chose en soi» et prétend qu'on peut, dans une certaine mesure, la connaître. Il exerça une réelle influence en Allemagne et en Autriche, en particulier dans le domaine de la psychologie et de la pédagogie.

2. a) En France, après la Révolution, un groupe de philosophes «idéologues» se tourna vers les théories du sensualisme matérialiste, qui avaient été en vogue au siècle précédent, pour en présenter une défense bruyante.

b) Mais bientôt l'opposition se déclenche. Beaucoup rendent le rationalisme moderne responsable des méfaits de la Révolution [1]. Par une réaction excessive ils dénient à la raison humaine individuelle, abandonnée à ses seules forces, le pouvoir de découvrir la vérité. C'est à la tradition, déclarent-ils, qu'il faut se confier; elle transmet de génération en génération un lot de vérités qui fut, à l'origine, l'objet d'une révélation divine. Ce traditionalisme fut développé par le vicomte Louis *de Bonald* (1754-1840), et Félicité *de Lamennais* (1782-1854) s'en fit le brillant défenseur. L'ontologisme réapparut également à cette époque [2]. Sous une forme mitigée, parfois mêlée d'ontologisme, le traditionalisme se prolongea jusqu'en 1865 [3].

c) En même temps, on essaie de toutes parts d'établir par la seule raison une philosophie spiritualiste. L'auteur le plus intéressant est *Maine de Biran* (1766-1824), qui construisit une phi-

---

[1] Joseph DE MAISTRE (1753-1821) se rendit célèbre par son opposition à la philosophie des lumières. *Du Pape* (1819), *Les soirées de Saint-Pétersbourg* (posthume).

[2] Vinc. GIOBERTI (1801-1852) le défend. Le «psychologisme idéologique» de Ant. ROSMINI-SERBATI (1797-1855) s'en rapproche: il fonde toute vérité sur l'idée de l'être comme tel, infini, éternel, simple et immuable.

[3] Le traditionalisme se retrouve chez Aug. BONNETTY (1798-1879) et Gioacchino VENTURA (1792-1861). Le fidéisme est défendu par Louis BAUTAIN (1796-1876). Le semi-traditionalisme, combiné avec l'ontologisme, est enseigné à Louvain par G. C. UBAGHS (1800-1875), Arnold TITS (1807-1851) et d'autres, de 1834 à 1865.

losophie basée sur l'analyse psychologique de l'effort. Son influence ne se développa que plus tard; elle alla en s'accentuant et finit par acquérir, dans la philosophie française, une importance des plus considérables. Mais c'est *Victor Cousin* (1792-1867) qui connut le plus grand succès. Il préconisa l'éclectisme. En fait, son système est un spiritualisme assez vague et inconsistant, destiné à établir certaines vérités (telles que la liberté, la spiritualité de l'âme, l'existence de la divinité, les principes de morale, en particulier le droit de propriété), qui semblent être les fondements de l'ordre social. Cousin s'inspire quelque peu du romantisme allemand et tend parfois vers le monisme. Excellent orateur et bon écrivain, il fut aussi ministre de l'instruction publique sous la monarchie de Juillet, jusqu'en 1848. Ces circonstances contribuèrent à son succès. Le *spiritualisme éclectique,* qui se fit en particulier le défenseur de l'idée de liberté, eut des partisans jusqu'à la fin du dix-neuvième siècle ([1]).

§ 2. LE POSITIVISME ET LE MATÉRIALISME DU DIX-NEUVIÈME SIÈCLE

A partir du deuxième tiers du dix-neuvième siècle, une vague de positivisme et de matérialisme déferle sur l'Europe.

1. En Allemagne, à côté de l'hégélianisme orthodoxe ([2]), se constitue une aile droite et une aile gauche hégélienne. Tandis que la droite manifeste des tendances conservatrices assez prononcées ([3]), la gauche ne retenant de Hegel que la méthode dia-

---

([1]) Jules SIMON (1814-1896), Paul JANET (1823-1899), Ét. VACHEROT (1809-1897).

([2]) Il prétendit donner une explication et une interprétation purement rationnelle du christianisme et évolua vers le panthéisme et la négation de la survie personnelle de l'âme humaine.

([3]) Elle se tient à la règle du protestantisme orthodoxe et croit trouver dans Hegel les raisons d'admettre un Dieu personnel, la survie personnelle de l'âme et la divinité du Christ.

lectique, glisse vers les solutions radicales et préconise des doctrines subversives dans tous les domaines ([1]): le matérialisme le
plus épais ([2]), les théories anarchistes ([3]), socialistes et communis-
tes sont exposés suivant des méthodes scientifiques et abondamment répandues dans le public.

2. En France, certains mouvements de réforme sociale, issus
des principes de la Révolution, s'étaient orientés vers le socialisme ([5]). Aug. *Comte* (1798-1857), le «père du positivisme français» et qui se rattachait à ces tendances, s'était persuadé que,
pour préparer l'établissement d'un ordre social nouveau, il fal-
lait, au préalable, opérer une profonde réforme intellectuelle.
L'esprit humain, selon Comte, passe successivement par trois
stades, qui se retrouvent dans l'histoire de chaque science, comme dans la vie de chaque homme: le stade théologique explique
les faits par des agents surnaturels; le stade métaphysique s'attache à la recherche de raisons abstraites, qui ne sont que
des explications verbales; le stade «positif» s'en tient strictement
au donné réel, à l'ordre des causes et des effets dûment constatés.
L'époque contemporaine doit établir définitivement le règne de
la science «positive», non seulement dans le domaine de la
nature physique, mais aussi dans celui de la vie sociale: à côté
des sciences mathématiques, physiques et biologiques, il faut,

---

([1]) La critique scripturaire radicale s'y rattache. Elle essaye d'établir que
les sources du christianisme ne sont ni authentiques, ni historiques. David
Fr. STRAUSS (1808-1874) inaugura cette critique négative.

([2]) Ludwig FEUERBACH, 1804-1872; Jacob MOLESCHOT, 1822-1893; Carl VOGT,
1817-1895. Louis BÜCHNER, 1824-1899, fut le vulgarisateur de ces théories ma-
térialistes, et son manuel populaire, *Kraft und Stoff* (1854), traduit en beaucoup de langues, se répandit dans tous les pays d'Europe.

([3]) Max STIRNER (pseudonyme de Joh. Caspar Schmidt, 1806-1856), disciple
de Feuerbach.

([4]) Karl MARX (1818-1883), l'auteur de *Das Kapital* (1867); Friedr. ENGELS
(1820-1895); Ferd. LASSALLE (1825-1864), le fondateur de la «Sozial Demo-
kratie» allemande.

([5]) Ch. FOURIER (1772-1837); Claude-Henri, comte DE SAINT-SIMON (1760-
1825), Jos. PROUDHON (1809-1865).

dans le même esprit positiviste, fonder la science sociologique. Quant à une réalité qui serait située au-delà des faits observables, elle nous échappe entièrement, et en cette matière le positiviste doit se déclarer agnostique (¹).

Le positivisme ne cessa de se répandre dans tous les milieux. Hippolyte *Taine* (1828-1893), qui en fut un représentant éminent, l'a appliqué en psychologie, dans la critique littéraire et dans l'histoire politique. L'école sociologique, fondée par Émile *Durkheim* (1858-1917), est sortie du même courant d'idées.

3. En Angleterre, la philosophie du sens commun de l'École écossaise, qui s'est maintenue jusqu'au milieu du dix-neuvième siècle, s'infléchit et se rapprocha de l'empirisme de Hume (²). Il faut chercher là l'origine de l'utilitarisme (³) et du positivisme anglais.

C'est John Stuart *Mill* (1806-1873) qui fut le fondateur de ce positivisme. Il en appliqua les principes dans tous les domaines, y compris ceux de la logique, de la psychologie (⁴) et de la morale. A la fin de sa vie, son agnosticisme se mitigea et il inclina à admettre certaines considérations métaphysiques pouvant mener à reconnaître l'existence de Dieu.

Les hypothèses de Ch. *Darwin* (1809-1882) sur l'évolution des espèces vivantes, et en particulier de l'espèce humaine, eurent un profond retentissement, tant en philosophie qu'en sciences (⁵).

(¹) Émile LITTRÉ (1801-1881) et Pierre LAFFITTE (1823-1903) furent des disciples immédiats de Comte.

(²) Thomas BROWN (1778-1820). — William HAMILTON (1788-1856) s'inspire également des théories kantiennes.

(³) Jeremy BENTHAM (1748-1832) et son ami James MILL (1773-1836) en sont les chefs. Le principe de Bentham en morale et en droit est le suivant: «the greatest happiness of the greatest number».

(⁴) Alexandre BAIN (1818-1903) développe l'associationisme psychologique de J. St. Mill: la vie psychique se ramène à un ensemble d'éléments simples, qui s'associent suivant des lois déterminées, tout comme les corps se composent d'atomes simples, qui s'unissent conformément à des lois strictes.

(⁵) Son disciple Thomas HUXLEY (1825-1895) tenta de faire passer ces hypo-

Indépendamment de lui, Herbert *Spencer* (1820-1903) construisit un système positiviste complet, sur les bases du principe évolutioniste. Malgré son agnosticisme, il admet que, derrière les faits, il existe un Absolu, dont la nature nous demeure nécessairement inconnaissable, «the great Unknowable».

4. Le positivisme gagna tous les pays d'Europe, ainsi que les États-Unis, où il fut intimement lié à l'évolutionisme. Il pénétra dans l'Amérique latine et en Extrême-Orient, où il s'est maintenu depuis lors. Bien souvent il fut infidèle à ses principes et se mua en une métaphysique matérialiste ([1]), déniant toute possibilité d'existence à ce qui dépasserait la matière. Il prit parfois la forme d'un monisme teinté de religion ([2]).

5. Au cours de cette période, cependant, la philosophie spéculative n'avait pas complètement perdu ses droits, ni en France, où se maintenait l'éclectisme, ni en Allemagne, où certains auteurs essayaient de dépasser l'aspect mécaniste et atomiste que découvrent les sciences, pour en atteindre un autre, complémentaire du premier, un aspect spirituel ([3]), ou bien un aspect qui fût spécialement en harmonie avec la vie affective de l'homme ([4]). Ed. *von Hartmann* (1842-1906) rejette même radicalement les conceptions naturalistes et positivistes, et il élabore un système qui s'inspire à la fois du volontarisme pessimiste de Scho-

thèses au rang des certitudes scientifiques. C'est lui qui employa le mot *agnosticisme,* pour caractériser l'attitude positiviste à l'égard de ce qui dépasse les faits.

([1]) Il va sans dire qu'autre chose est le positivisme philosophique, qui est un agnosticisme, autre chose l'application légitime des méthodes positives dans le domaine des sciences naturelles.

([2]) Ernst HAECKEL (1834-1919) en fut le propagateur. En 1906, il fonda le *Deutscher Monistenbund.* La grande guerre arrêta ce mouvement.

([3]) C'est ce que fait Gust. Th. FECHNER (1801-1887), le fondateur de la psychophysique et de l'esthétique psychologique.

([4]) Hermann LOTZE (1817-1881) oppose le domaine des choses, qui sont, à celui des valeurs, qui s'imposent. Ces conceptions vont être reprises et développées abondamment plus tard.

penhauer, de l'idéalisme hégélien et de la philosophie de l'inconscient de Schelling. Son succès fut rapide, mais de courte durée.

§ 3. LES TENDANCES ACTUELLES DE LA PHILOSOPHIE

1. Le dernier tiers du dix-neuvième siècle annonce un renouveau philosophique.

Une période de néo-criticisme s'ouvre. Le problème de la connaissance devient le point principal, souvent unique, du programme. Le «Zurück zu Kant» retentit (¹) et l'écho s'en répercute dans beaucoup de pays.

Les écoles néo-kantiennes, nombreuses en Allemagne, suivent des voies fort divergentes. Elles préconisent une interprétation physiologique, transcendantale, relativiste, métaphysique, idéaliste, ou réaliste du kantisme. Il ne s'agit pas, d'ailleurs, de reprendre littéralement le système du philosophe de Kœnigsberg, mais plutôt de s'en inspirer (²). Les écoles les plus importantes sont celle de *Marbourg,* dont la «philosophie transcendantale» s'applique à déceler la structure formelle logique des sciences, et celle de *Bade,* dont le champ d'études est défini par la structure formelle de la valeur. L'une et l'autre sont idéalistes et demeurent enfermées dans le formalisme subjectiviste (³).

(¹) Depuis 1860/62, les études philosophiques et philologiques de Kuno Fischer (1824-1907) et d'Édouard Zeller (1814-1908) avaient fixé l'attention sur Kant. Friedr. Alb. Lange (1828-1875) et Otto Liebmann (1840-1912) se firent les hérauts d'un «retour à Kant».

(²) Les néo-criticistes rencontrent des adversaires, qui essaient de montrer, se plaçant sur le terrain de l'empirisme, que le problème critique est un pseudo-problème; c'est à quoi tendent l'Empiriocriticisme de Richard Avenarius (1843-1896) et de Ernst Mach (1838-1916), l'Immanenzphilosophie, idéalisme intégral, de Wilhelm Schuppe (1836-1913), l'Erkenntnistheoretischer Solipsismus de Richard von Schubert-Soldern (né 1852).

(³) L'école de Marbourg est représentée par Hermann Cohen (1842-1918), Paul Natorp (1854-1924), Ernst Cassirer (1874-1945), l'école de Bade par Wilh. Windelband (1848-1915), Heinrich Rickert (1863-1936), Émile Lask (1875-1915), Bruno Bauch (1877-1942), etc.

En France, Charles *Renouvier* (1815-1903) imprima au néo-criticisme une forme originale, en le fondant sur trois thèses, indépendantes les unes des autres, le finitisme, la liberté et l'idéalisme.

En Italie, à partir de 1880, le néo-kantisme se fait l'adversaire du déterminisme scientiste ([1]).

Depuis lors, la philosophie s'est puissamment développée partout dans le monde. Essayons d'esquisser quelques traits caractéristiques de cette dernière période.

1. Le problème de la connaissance demeure généralement à l'avant-plan. Cependant l'on ne cesse de s'intéresser toujours davantage aux autres problèmes philosophiques.

Durant le premier quart de siècle, la solution idéaliste conserve une prédominance marquée. C'est dans ce sens que s'orientent les écoles kantiennes de Marbourg et de Bade, ainsi que les courants de pensée hégélienne répandus dans de nombreux pays, notamment en Allemagne, en France, en Italie, en Angleterre, en Hollande ([2]). Il en est de même de bon nombre de penseurs, tels que Rudolphe *Eucken* (1846-1926), en Allemagne, André *Lalande* (1867-1963), Dominique *Parodi* (1870-1955), Éd. *Le-*

([1]) Carlo CANTONI (1840-1906), Giacomo BARZELLOTTI (1844-1917), etc.

([2]) Adolphe LASSON (1832-1917) fut en Allemagne, le protagoniste infatigable de l'hégélianisme, préconisé notamment par Th. HAERING (né 1884) et par Richard KRONER (né 1884). En Angleterre, le système de Hegel fut introduit par J. Hutcheson STIRLING (en 1865) et par Edward CAIRD (en 1876), et bientôt l'idéalisme critique s'en inspire abondamment: Thomas Hill GREEN (1836-1882), John CAIRD (1820-1897), R. B. HALDANE (Viscount of Cloan, 1865-1928) et surtout P. H. BRADLEY (1846-1924). En France, Octave HAMELIN (1856-1907), de même que Léon BRUNSCHVICG (1869-1944) et, actuellement, Jean HYPPOLITE (né en 1907) se rattachent à l'idéalisme hégélien. D'autre part, un mouvement matérialiste marxiste représenté entre autres par H. WALLON (né 1879), s'appuie sur la méthode dialectique de Hegel. En Italie, l'hégélianisme fut représenté par Augusto VERA (1813-1885) et Bertrando SPAVENTA (1817-1883); ensuite, après une période de néo-kantisme, le néo-hégélianisme trouva un représentant important dans Benedetto CROCE (1866-1952). En Hollande, le néo-hégélianisme a été prôné par G. J. P. J. BOLLAND (1854-1922).

Roy (1870-1954), en France, Giovanni *Gentile* (1875-1944), en Italie, les représentants de l'idéalisme critique en Angleterre, Josiah *Royce* (1855-1916) aux États-Unis, etc. Il est vrai que cet idéalisme est souvent mitigé, — dans l'hégélianisme l'attitude idéaliste et l'attitude réaliste tendant à se confondre, du moins au point de vue métaphysique, — et, dans la suite, il le deviendra de plus en plus, au point de se ramener, bien souvent, à l'affirmation de la primauté de l'esprit sur la matière, celle-ci n'ayant de sens, ni de réalité, qu'en dépendance totale par rapport à l'esprit: telle est la position de Louis *Lavelle* (1883-1951) et de René *Le Senne* (1882-1954) (¹).

Aux États-Unis, la réaction contre l'idéalisme absolu fait surgir le *pragmatisme*. Celui-ci renonce à fournir une solution uniquement théorique au problème de la connaissance et se borne à juger de la valeur des actes de connaître par les effets qu'ils exercent sur le cours de la vie. C. S. *Peirce* (1839-1914) a été le premier à parler d'une philosophie «pragmatique». William *James* (1842-1910) est le représentant le plus célèbre de ce courant de pensée. L'«instrumentalisme» de John *Dewey* (1859-1952), empiriste et matérialiste, s'inspire de vues analogues. En Europe, l'influence du pragmatisme ne fut guère profonde (²).

Entre-temps le réalisme ne cesse d'avoir des adeptes en France, en Angleterre, également en Allemagne (³), et ils vont devenir de plus en plus nombreux. Dans le domaine purement épistémo-

---

(¹) Une attitude semblable avait été prise au dix-neuvième siècle par les «transcendentalistes» américains, notamment par R. W. Emerson (1803-1882).

(²) Il faut rapprocher du pragmatisme l'«Humanisme» de Ferd. Canning Scott Schiller (1864-1937), d'Oxford, ainsi que la «Als-ob-Philosophie» de Hans Vaihinger (1852-1933). En Amérique, Irving Babbitt (1865-1933) et Paul Ellmer More (1864-1937) ont pris la tête d'un mouvement analogue d'«humanisme».

(³) En Angleterre, H. Hodgson (1832-1912), Robert Adamson (1852-1902), Samuel Alexander (1859-1938). En France, les systèmes de Maurice Blondel et de Henri Bergson s'orientent vers le réalisme. En Allemagne, Oswald Külpe (1862-1915), Aug. Messer (1867-1937), Gustav Störring (1860-1947), etc., défendent le réalisme critique.

logique, des mouvements de pensée néo-réalistes se constituent, tant en Angleterre qu'aux États-Unis (¹). Des poussées réalistes s'affirment énergiquement en Italie, tout le long du dernier quart de siècle (²) et elles se développent en particulier dans le groupe des «Filosofi Cristiani» (³). En Allemagne, des philosophes qui comptent parmi les plus importants se rallient au réalisme, par exemple Max *Scheler* (1875-1928) et Nicolaï *Hartmann* (1882-1950). Les courants existentialistes, qui se sont développés dans divers pays, se trouvent également orientés vers le réalisme. Les écoles scolastiques, notamment le thomisme, sont toutes demeurées fidèles à une philosophie réaliste.

2. Les exigences impérieuses de l'esprit critique ont provoqué l'examen approfondi des sciences, de leurs principes, méthodes et résultats (⁴). On abandonna la conception naïve d'après laquelle les sciences seraient appelées à fournir une image adéquate de la réalité. On en vint à se demander si la science n'est pas une construction subjective, commode et utile, mais totalement dépourvue de vérité. On fut bientôt d'accord pour admettre, au moins, que l'élément subjectif n'est guère négligeable dans les constructions scientifiques.

(¹) Cfr René Kremer, *Le néo-réalisme américain,* Louvain, 1920. Id., *La théorie de la connaissance chez les néo-réalistes anglais,* Louvain, 1928.

(²) Le fait s'est produit notamment au «Convegno antiidealista» de Rome, 14-15 juin 1933, sous la présidence de Giorgio Prosperi. Au huitième Congrès national de Philosophie de Rome, 24-28 octobre 1933, la critique de l'idéalisme fut présentée, de diverses façons, par le président du congrès, Carmelo Ottaviano (né 1906), et par différents membres.

(³) Cfr les actes publiés chaque année, depuis 1941, après les réunions annuelles du *Convegno di Studi Filosofici Cristiani tra Professori Universitari* à Gallarate. Dans ce groupe, notons: Felice Battaglia (né 1902), Augusto Guzzo (né 1894), Umberto Padovani (né 1894), Michele Sciacca (né 1908), Luigi Stefanini (1891-1956), Carlo Giacon (né 1900).

(⁴) Émile Boutroux (1845-1921), Henri Poincaré (1845-1912), Pierre Duhem (1861-1916), Éd. Le Roy (1870-1954), Ém. Meyerson (1859-1933); Ernst Mach (1838-1916), Hans Vaihinger (1852-1933); F. H. Bradley (1846-1924); Benedetto Croce (1866-1952).

Le progrès scientifique et l'attention critique qu'on y portait firent remarquer que les sciences peuvent être de types très différents: il serait fâcheux de confondre les sciences de l'esprit (Geisteswissenschaften) et celles de la nature ([1]); les sciences biologiques révèlent des structures, qu'on ne peut aisément réduire à de simples combinaisons physico-chimiques ([2]); les études psychologiques se heurtent au caractère original de la vie psychique ([3]); les recherches concernant les valeurs, surtout les valeurs supérieures (religieuses, éthiques, esthétiques, se meuvent en un domaine qui paraît foncièrement différent de celui des constatations de fait ([4]). On fut donc amené à abandonner le scientisme simpliste, qui prétendait tout niveler par le bas et tout expliquer par des lois expérimentales physico-chimiques. La réalité apparut, de nouveau, infiniment riche et variée.

3. Sous la forme qu'il avait prise au dix-neuvième siècle, le positivisme ne put guère se maintenir au-delà de la première guerre mondiale. Mais il parvint à se renouveler dans le *mouvement néo-positiviste* de Vienne. Celui-ci, qui n'est pas une école au sens étroit du mot, se rattache au *Tractatus Logico-Philosophicus* publié, en 1921, par L. *Wittgenstein* (1889-1951), et c'est ainsi qu'il prolonge d'une certaine manière la tradition positiviste solidement établie à Vienne jadis par l'enseignement

---

[1] Wilh. DILTHEY (1833-1912).

[2] Le néo-vitalisme réagit vigoureusement contre la conception mécaniste de la vie. Il est représenté surtout par Hans DRIESCH (1867-1940).

[3] L'opposition à l'ancien associationisme psychologique est marquée chez Jules LACHELIER (1832-1918), Henri BERGSON (1859-1941), Henri DELACROIX (1873-1937), les représentants de l'idéalisme critique anglais, Ben. CROCE (1866-1952), les fondateurs de la psychologie de la forme (Gestaltpsychologie: M. WERTHEIMER, W. KÖHLER, K. KOFFKA), etc.

[4] La philosophie des valeurs a pris une grande importance en Allemagne. Elle se rattache à H. LOTZE (1817-1881) et est représentée surtout par Christian von EHRENFELS (1850-1932), l'École de Bade, Max SCHELER (1875-1928), Nicolaï HARTMANN (1882-1950), William STERN (1871-1938), qui, par ailleurs, suivent des directions divergentes.

de Ludwig *Boltzmann* (1844-1908) et de Ernst *Mach* (1838-1916) ([1]).

Le but que poursuit avant tout le positivisme viennois est de constituer une méthodologie de la science. A vrai dire ce but est double, ou du moins il présente une double face, positive et négative: il s'agit de fournir à la science un fondement solide et, également, de prouver que tout appel à la métaphysique est vain au point de vue scientifique et dénué de sens à tout point de vue.

C'est par une analyse logique rigoureuse appliquée au langage, à savoir aux termes et aux propositions dont le langage se constitue, que ce but doit être atteint. Selon les conceptions néo-positivistes, toute proposition, dès lors qu'elle se rapporte à une réalité existante, se réfère exclusivement à des données empiriques et, par conséquent, elle n'est pas susceptible de recevoir un sens métaphysique. Aussi bien, la vérité des propositions est-elle conditionnée par leur vérifiabilité intersubjective et elle entraîne la possibilité d'être traduit en des formules scientifiques, principalement en des formules du type qui caractérise les sciences physiques.

Peu d'années avant la deuxième guerre mondiale, les circonstances politiques provoquèrent la dispersion du «Cercle de Vienne» ([2]). Depuis lors, le néo-positivisme s'est largement répandu, surtout en Angleterre, où il est représenté entre autres par Karl *Popper* (né 1902) et A. J. *Ayer* (né 1910), et aux États-Unis.

Si le néo-positivisme s'est dégagé du psychologisme, c'est avant tout aux efforts de Moritz *Schlick* (1882-1936) et Rudolf *Carnap* (né 1891) et, dans la suite, à ceux de Karl *Popper* qu'il le doit.

Durant cette même période, l'on entreprit de constituer progressivement une nouvelle science: la *logistique* ou *logique sym-*

---

[1] Ernst Mach, de son propre aveu, s'inspire de David Hume.

[2] Au «Cercle viennois» appartenaient Hans HAHN († 1934), Moritz SCHLICK (1882-1936), Otto NEURATH (1882-1945), Rudolf CARNAP (né 1891), Philipp FRANCK (né 1884). D'autres s'y rattachèrent, notamment Hans REICHENBACH (1891-1953), Ch. W. MORRIS (né 1901), Richard von MISES (né 1883), Jörgen JÖRGENSEN (né 1894), etc.

bolique. Sans doute les premiers essais remontent-ils plus haut ([1]); cependant ce n'est qu'après la publication, en Angleterre en 1910, des *Principia Mathematica* de Bertrand *Russell* (né 1872) et A. N. *Whitehead* (1861-1947) qu'on entra définitivement dans la voie des réalisations ([2]).

S'il est vrai de prétendre que la logistique est une science positive, c'est une erreur de croire que le sort de la logistique se trouve lié à celui du néo-positivisme. Il suffit de faire remarquer que A. N. Whitehead est un métaphysicien, que B. Russell, après s'être rapproché du néo-positivisme, refuse catégoriquement d'y souscrire, que parmi les membres du «Cercle viennois» il n'en est guère, en dehors de Carnap, qui se soient spécialisés en logistique. D'ailleurs, les progrès faits en logistique, durant les dernières années, montrent que la logistique, science positive, n'implique pas le positivisme philosophique, sous quelque forme que ce soit.

4. Dans la seconde moitié du dix-neuvième siècle, période de positivisme et de néo-criticisme, la métaphysique avait perdu de son crédit dans la plupart des milieux scientifiques et philosophiques ([3]). Cependant un redressement se dessina vers la fin

---

([1]) L'idée d'exprimer les rapports logiques par des symboles et de concevoir les opérations de l'esprit comme une mathématique fondamentale, remonte très haut. Descartes et Leibniz se sont engagés dans cette voie. Les formes actuelles de la logique symbolique viennent de Gottlob Frege (1848-1925), Giuseppe Peano (1858-1932), Bertrand Russell (né 1872), A. N. Whitehead (1861-1947).

([2]) Parmi les représentants principaux de la logique, citons: Bertrand Russell (né 1872), Rudolf Carnap (né 1891), Alonzo Church (né 1905), Kurt Gödel (né 1906), Jan Tukasiewicz (1878-1956), Robert Feys (1889-1961), Joseph Dopp (né 1901), Willard V. Quine (né 1908), Alfred Tarski (né 1901), I. M. Bochenski (né 1902).

([3]) En dehors des milieux scolastiques, la métaphysique se trouve représentée, en Allemagne, par le réalisme critique de Hermann Helmholtz (1821-1894) et de Aloïs Riehl (1844-1925) et par le réalisme transcendantal de Edw. von Hartmann (1842-1906); en Angleterre, par Shadworth H. Hodgson (1832-1912), Robert Adamson (1852-1902), Samuel Alexander (1859-1958); en France, par l'École éclectique.

du siècle. Différents faits en témoignent, notamment la fondation de la *Revue de Métaphysique et de Morale,* en 1893, et le succès croissant du bergsonisme ([1]), en France; en Allemagne, vers 1900, les discussions autour de la question de savoir si les *Critiques* de Kant contiennent une métaphysique ([2]), ainsi que l'intérêt que se mirent à porter à la métaphysique plusieurs représentants des courants néo-kantiens ([3]).

5. Le renouveau philosophique, en particulier celui de la métaphysique, souleva le problème de la méthode à suivre. Si la science empirique s'appuie aux données et les décrit intégralement et avec exactitude, quelle méthode la philosophie peut-elle mettre en œuvre pour aboutir à des résultats qui soient d'une nature différente de celle des résultats scientifiques?

Ce problème, d'importance primordiale, fit l'objet de nombreuses études. C'est ainsi que Rudolphe Eucken préconise l'emploi de la méthode «noologique» pour pénétrer jusqu'à la réalité transempirique que recèlent les données d'expérience; Jules Lachelier se fonde sur la finalité de la pensée pour accéder à la métaphysique; H. Bergson fait appel à l'«intuition», méthode

---

([1]) C'est bien une explication métaphysique que Bergson entend présenter. Il écrit ce qui suit: «Cela revient à dire que le *stream of thought* (de William James) est de nature essentiellement psychologique et que ma *durée* est plus métaphysique. J'entends par là qu'elle est à la racine de toute réalité, qu'elle est commune à nous et aux choses... L'analogie entre les vues de James et les miennes, quoique réelle, est donc moins grande ici qu'on le croirait d'abord, et elle recouvre une différence fondamentale». *Lettre du 23 août 1923,* dans *Études Bergoniennes. Hommage à Henri Bergson (1859-1941),* Paris, 1942 (nouveau tirage du numéro spécial de la *Revue Philosophique,* août 1942), Floris DELATTRE, *Les dernières années d'Henri Bergson,* p. 10.

([2]) Friedrich PAULSEN (1846-1940) répondit positivement à cette question, tandis que Hans VAIHINGER (1852-1933) (*Kant - ein Metaphysiker?,* 1900) donna une réponse négative.

([3]) Dans les écoles néo-kantiennes, Paul NATORP (1854-1924) et, vers 1925, Arthur LIEBERT (1878-1946) s'orientent vers des problèmes métaphysiques. Déjà en 1920, Peter WUST (1884-1940) put éditer un ouvrage intitulé *Die Auferstehung der Metaphysik.* En 1931, Paul MENZER donna un aperçu des différentes tendances métaphysiques de cette époque dans *Deutsche Metaphysik der Gegenwart,* Berlin, 108 pp.

foncièrement différente de l'introspection scientifique, pour atteindre la réalité profonde dont est fait l'élan vital; Maurice Blondel se tourne vers la dialectique impliquée dans l'action humaine pour dépasser le simple enregistrement des faits et de leur régularité. Mais, sans doute, est-ce Edmund Husserl (1859-1938) qui mit le plus de soin et d'opiniâtreté à étudier le problème de la méthode: il est le père de la «phénoménologie», qui en peu de temps subit bien des métamorphoses, mais dont les représentants se rencontrent aujourd'hui partout dans le monde de la philosophie.

Husserl s'inscrit en faux contre le psychologisme, parce que, selon lui, la conscience se caractérise par l'«intentionalité»: de soi l'acte se rapporte à un objet correspondant, il y a une corrélation étroite entre l'acte et l'objet.

La recherche philosophique porte sur la structure essentielle tant de l'acte que de l'objet, c'est-à-dire de tout ce qui s'offre à la conscience. Dans sa forme originelle, la saisie de cette structure n'est nullement le résultat d'un procédé d'induction (ni d'un procédé de déduction), elle est immédiate. Les choses parlent à la conscience, elles disent ce qu'elles sont, elles révèlent leur «signification»: en opérant une «réduction phénoméologique», qui consiste à «mettre entre parenthèses» l'existence des choses, nous sommes à même de les intelliger, de saisir les traits structurels fondamentaux sans lesquels elles ne pourraient être ce qu'elles sont.

Dans la suite, Husserl préconisa une autre «réduction». La conception commune, tout comme la conception scientifique que l'homme se fait des choses, est une conception très élaborée, construite à partir d'une saisie originelle, «préjudicative», qui en est la base et comme le sol nourricier. C'est celle-ci qu'il s'agit de dégager par voie d'analyse, si l'on veut dévoiler la signification fondamentale des données.

La méthode phénoménologique fut interprétée et appliquée de bien des manières. Husserl lui-même l'employa dans l'étude du domaine intellectuel. Max *Scheler* (1875-1928) la transposa dans le domaine des valeurs et l'appliqua principalement aux valeurs éthiques et religieuses: indépendamment de l'intellection, qui est un acte orienté vers son objet, nous «sentons» tout aussi objectivement les valeurs et leur ordre hiérarchique (ce «sentir» doit donc être distingué fondamentalement de tout sentiment subjectif). De son côté, Nicolaï *Hartmann* (1882-1950), formé à l'école de Marbourg, se tourna vers la phénoménologie pour saisir l'essence des choses, ainsi que l'ordre des valeurs, irréductible à l'ordre de l'être. Par ailleurs, les existentialistes, et tout d'abord Martin *Heidegger* (né 1883), appliquèrent la méthode à l'être humain, considéré précisément dans son existence réelle.

Il faut soigneusement éviter de confondre phénoménologie et phénoménisme. Le phénoménisme n'admet que les phénomènes, entendus au sens de faits empiriques. Les phénoménologues appellent phénomènes, tout ce qui apparaît, tout ce qui se dévoile à la conscience, de quelque manière que ce soit: le phénomène peut donc être un objet logique, un objet mathématique, ou un objet réel, il peut être une structure essentielle aussi bien qu'un aspect accidentel, une signification fondamentale aussi bien qu'une signification superficielle et accessoire.

6. A notre époque, les doctrines philosophiques sont extrêmement nombreuses et divergentes. Cette divergence se trouve liée au fait que le problème fondamental à partir duquel s'organise le déroulement de la pensée varie d'un système à l'autre. En effet, le problème de base qui commande le mouvement de la réflexion philosophique est tantôt celui de la conscience, tantôt celui de la vie, particulièrement de la vie et de l'activité humaine; ou bien c'est celui de la valeur, ou celui de l'être, ou encore celui de l'«existence».

a) C'est la *conscience* qui se trouve au centre de l'intérêt dans les philosophies idéalistes. On y insiste sur la nature constructive de l'activité de connaître.

Si l'on pose en principe que la pensée construit intégralement son contenu, il devient contradictoire d'affirmer encore autre chose: toute réalité se trouve identifiée à la pensée. Aussi bien, l'École de Marbourg réduit-elle tout à l'apriori de la raison théorique et l'École de Bade ramène tout à l'apriori subjectif du «devoir être»; Octave *Hamelin* (1856-1907), considérant l'idée comme relation, s'efforce de tout construire dans la pensée elle-même en procédant par synthèses progressives; de son côté Léon *Brunschvicg* (1869-1944) s'attache à comprendre l'activité de l'esprit en réfléchissant sur les produits de l'esprit, en particulier sur la science qui s'est constituée progressivement au cours de l'histoire. Dans les écoles hégéliennes, la vie de l'esprit est considérée dans toute sa richesse et dans toute la variété de ses activités en vue de découvrir le rythme de l'évolution réelle, ainsi que la source et la destinée de toute réalité: en fin de compte, c'est d'une métaphysique qu'il s'agit.

b) Si la pensée philosophique a pu se dégager de l'étau du scientisme, vers la fin du dix-neuvième siècle, c'est, en grande partie, parce qu'elle s'est montrée fort attentive au problème de la *vie,* principalement de la vie humaine et des exigences qu'elle implique.

L'idéalisme critique anglais s'est tourné, dès la dernière décade du siècle dernier, contre le naturalisme scientiste ([1]), tout comme l'idéalisme américain s'est fait le défenseur de l'esprit et de la personnalité humaine, contre l'évolutionnisme qui ne voyait dans l'homme qu'un moment de l'évolution cosmique ([2]).

En Allemagne Rudolph *Eucken* (1846-1926) constate l'insuffisance de la science moderne pour la vie humaine et il essaie de découvrir, par l'analyse de l'action humaine totale, le passage vers un monde spirituel, sphère objective idéale, qui dé-

---

([1]) Cet idéalisme, tourné également contre le libéralisme, manifeste au début une tendance moniste très accusée, qui va s'atténuant à mesure que la valeur de la personne apparaît plus clairement.

([2]) John Trumbell LADD (1834-1916), Borden BOWNE (1847-1910), Josiah ROYCE (1855-1916), — ce dernier va évoluer vers le volontarisme et accorder plus d'importance à l'empirisme, sous l'influence de William James, — J. E. CREIGHTON (1861-1925), W. E. HOCKING (né 1873), etc.

passe le concept, mais répond aux tendances de l'homme et lui confère un sens élevé.

De son côté Fr. *Nietzsche* (1844-1900) dénonce avec passion la vanité des constructions scientifiques, étrangères à la vie. Il ne veut reconnaître ni loi, ni valeur, en dehors de la libre expansion et du plein épanouissement de la force vitale ([1]).

C'est dans la perspective du problème de la vie que doivent se poser les questions. Quoi qu'il en soit de la valeur philosophique du *pragmatisme* anglo-saxon, celui-ci a le mérite de souligner le caractère vital de la fonction de connaître: la connaissance est au service de la vie.

Plus que tout autre, la philosophie française s'est tournée vers la vie, telle qu'elle se manifeste dans l'homme ([2]). Elle a trouvé son expression la plus adéquate dans le système d'Henri *Bergson* (1859-1941). La réalité foncière est l'élan vital, jaillissement constant, qui s'enrichit et se développe dans la durée. La matière résulte d'une détente de la vie. La spontanéité de l'élan acquiert dans l'homme sa pleine liberté. Dans son activité la plus élevée, elle se dégage de la contrainte de la matière, elle prend pleinement conscience de soi dans l'intuition vitale et s'oriente vers

---

([1]) NIETZSCHE se fit le prophète d'une morale basée sur la force, qui doit préparer l'avènement d'une «culture aristocratique», à laquelle le surhomme (Übermensch), synthèse à venir des forces encore dispersées, pourra atteindre.

En France, à la même époque, Jean Marie GUYAU (1854-1888) posait également les bases d'une philosophie fondée sur l'élan vital spontané; la vie la plus intensive est aussi la plus extensive; l'égoïsme et l'altruisme s'y établissent en un équilibre parfait.

([2]) Félix RAVAISSON (1813-1900), s'inspirant d'Aristote et de Maine de Biran, ainsi que du romantisme allemand, développe un spiritualisme basé sur la finalité et l'effort. Émile BOUTROUX (1845-1921) voit partout de la contingence, même dans la nature physique; c'est dans la perspective de l'homme, où se manifeste la vraie liberté, qu'on peut établir la hiérarchie des formes de l'être. Léon OLLÉ-LAPRUNE (1839-1899) étudie le sens et le prix de la vie. Maurice BLONDEL (1861-1949) cherche à édifier une philosophie générale de la réalité, en procédant à une analyse minutieuse des conditions de l'action humaine intégrale.

une union mystérieuse avec la source divine de toute réalité ([1]).

C'est l'action humaine que Maurice *Blondel* (1861-1949) prend comme objet de ses réflexions: l'action dans sa totalité indivisible, mais considérée principalement dans ses fonctions les plus élevées, celles de connaître et de vouloir. En dégageant la dialectique naturelle impliquée dans l'action, Blondel en découvre le fondement métaphysique et, en fin de compte, le principe explicatif de toute réalité.

Le courant de pensée marxiste, de tendance matérialiste, s'affirme avec vigueur, en particulier en France et en Italie. Il s'attache à l'étude de la vie et de l'activité humaine, qu'il considère comme dominées par le facteur économique.

c) Pour échapper à l'empirisme et ouvrir la voie à la métaphysique, des philosophes ont trouvé utile de donner l'importance principale au problème des *valeurs*.

Sans doute certains croient-ils qu'il suffit d'une explication empirique pour rendre pleinement compte de l'origine et de la nature des valeurs ([2]); mais la plupart des philosophes se montrent d'un avis différent.

Le formalisme subjectiviste de l'école néo-kantienne de Bade n'a pas davantage paru suffisant. A l'apriori kantien, forme vide et unique, Max *Scheler* (1875-1928) oppose la gamme infiniment

---

([1]) L'intelligence, selon H. Bergson, est l'artisan de la science. Elle épouse le mouvement de la matière pour s'y adapter, construire des instruments et dominer le monde matériel. Sa fonction est pratique et non spéculative. Pour saisir le fond des choses, il faut remonter la pente en se plongeant dans l'«intuition» et en communiant ainsi à l'élan vital. C'est en ce sens que Bergson est anti-intellectualiste.

([2]) C'est le cas des représentants du courant psychologique, d'inspiration empirique. Ils identifient la valeur et le sentiment de la valeur ou bien l'objet qui provoque ce sentiment: Wilh. Schuppe (1836-1913), Théod. Lipps (1851-1914), A. von Meinong (1853-1931), Christian von Ehrenfels (1850-1932), Théod. L. Haering (né 1884), W. Gruen, etc. Le philosophe belge Eug. Dupréel (né 1879) cherche la solution du problème des valeurs dans une perspective sociologique.

variée des valeurs objectives, saisies directement, en elles-mêmes et dans leur ordre hiérarchique, non pas par une connaissance sensible ou intellectuelle, c'est-à-dire à contenu représentatif, mais par une autre manière de connaître, tout aussi objective, qui fait «sentir» la présence de ces valeurs.

D'ailleurs, cette dernière activité, qui s'appuie sur l'élément constitutif de la personnalité, à savoir l'amour, est plus fondamentale que les autres formes de connaître et elle est foncièrement indépendante de celles-ci. Quant à l'amour lui-même, il s'ouvre sur l'Absolu de la valeur.

Scheler ne nie pas la portée métaphysique de l'intelligence, ni la légitimité d'une ontologie, qui s'élèverait jusqu'à la connaissance de la plénitude de l'Être. Mais il soutient que l'axiologie demeure indépendante de cette ontologie (que malheureusement il ne trouva pas l'occasion de développer). Cependant il affirme que l'Absolu de la valeur s'identifie avec la plénitude de l'Être.

Nicolaï *Hartmann* (1882-1950) admet, lui aussi, que par une activité émotionnelle objective nous découvrons une sphère des valeurs, qui se manifestent à nous comme des en-soi et dont les catégories sont irréductibles à celles de l'être. L'axiologie et l'ontologie demeurent donc séparées.

Selon René *Le Senne* (1882-1954), la valeur est comme l'âme et la loi de l'être et c'est sur elle que doit être centrée l'activité philosophique. Sans doute, le philosophe n'atteint-il la valeur que par une dialectique: mais celle-ci se déroule à même l'expérience, à l'intérieur des données, dont elle ne peut jamais se séparer. Le «devoir être» qui caractérise les valeurs, recèle un dynamisme dont il suffit de saisir le sens pour remarquer que les structures axiologiques, multiples et compliquées, convergent, en fin de compte, vers la Valeur qui fait valoir toute valeur, l'Absolu divin qui fonde le moi et stimule l'essor de sa liberté, la Source où s'alimente toute vie de l'esprit.

Le philosophe belge, Edg. *De Bruyne* (1898-1959), applique, d'une manière personnelle, la méthode phénoménologique aux valeurs, particulièrement dans le domaine de la morale et dans celui de l'esthétique. Il estime que l'axiologie rejoint l'ontologie et, finalement, s'y fonde.

d) Depuis une quarantaine d'années, le sens du problème *ontologique* s'est réveillé et progressivement affiné chez les philosophes, sans nuire en rien à leur sens critique. Nicolaï *Hartmann* (1882-1950) a été l'un des premiers ([1]) à insister sur l'importance capitale des problèmes de l'être, tels qu'ils se sont développés au cours des siècles, depuis Aristote jusqu'à Christian Wolff. Il les reprend et les étudie avec soin. Mais il croit que dans le secteur de l'être, comme dans tous les autres domaines de la philosophie, la recherche conduit finalement à une couche de difficultés (qu'il appelle «métaphysiques») qui s'avèrent insolubles.

Dans le courant phénoménologique, maint philosophe allemand s'est orienté vers l'ontologie, par exemple Gunther *Jacoby* (né 1881), Hedwig *Conrad-Martius* (né 1888), Edith *Stein* (1891-1942), etc.

Par le détour de l'«action», Maurice *Blondel* (1861-1949) rejoignit le problème de l'être et en traita largement. Louis *Lavelle* (1883-1951) aborda de front le même problème et développa ses théories sur l'être qui est «acte», sur la présence totale et la participation.

Les thomistes de tous pays n'ont cessé de considérer l'ontologie comme la «philosophie première». Au cours du dernier quart de siècle, ils visèrent à renouveler les problèmes traditionnels et c'est pourquoi ils s'attachèrent à en préciser les termes à la lumière d'une étude plus approfondie du point de départ de la métaphysique.

L'activité dans le domaine de l'être fut singulièrement intensifiée sous l'influence des courants existentialistes.

([1]) Il signale l'influence exercée par les écrits de Hans PICHER (1882-1958), parus en 1909 et 1910, qui traitent de l'ontologie et aussi du rôle joué (au dix-huitième siècle) par Christian Wolff en cette matière.

e) Au cours des dernières décades, un nouveau centre de perspective a été choisi par bon nombre de philosophes, celui de l'«existence». En l'occurrence, ce terme ne désigne pas formellement ce qui caractérise une réalité en tant que réelle et, par conséquent, ce qui est commun à toute réalité, — en ce sens, les hommes «existent» et sont «réels» tout comme «existent» et sont «réels» les animaux, les plantes, les minéraux, les ustensiles, les œuvres d'art, — mais pour désigner la réalité proprement «humaine», le *mode* d'être qui caractérise l'*homme* réel et qui le distingue de toute autre réalité.

Or, une description phénoménologique du comportement humain dévoile que le propre de l'homme c'est son ambiguïté ontologique: il est une «*subjectivité-dans-le-monde*». Sans doute est-il un «sujet réel conscient», «pour soi», c'est-à-dire libre et personnel (une «subjectivité»), mais, en même temps, par sa réalité tout entière, par toute son activité personnelle, il appartient au «monde», en particulier à l'humanité, et s'y trouve essentiellement lié. Ce sujet est conscient et libre, il demeure tourné vers soi; mais de plus, ce même sujet «ex-siste», c'est-à-dire qu'il s'étend hors de soi, qu'il se trouve tourné et se porte vers un «autre» que soi, vers le monde et singulièrement vers les hommes, au point de faire partie de cet autre et, par définition même, d'y tenir, d'en subir la loi. Aussi bien, cette existence porte-t-elle la marque de la «temporalité»: tout en se trouvant dans le présent, il lui est essentiel de s'étendre dans le passé et dans l'avenir, de n'agir dans le moment actuel que sous l'inspiration de «pro-jets» (d'avenir) qui ne se forment et ne se maintiennent qu'en s'appuyant à l'expérience (passée).

Si tels sont les rapports de l'homme et de l'«autre», tout processus humain implique et exige un dialogue constant avec l'autre. Dès lors aussi, l'existence humaine, qui est à base de liberté, ne peut avoir un déroulement purement mécanique: elle est marquée d'«historicité»; car, même la «situation» dans laquelle l'homme «existe» ne se définit pleinement qu'en fonction et à la suite de la libre intervention humaine et, par conséquent, elle comporte des facteurs imprévisibles.

Ainsi donc, l'«intentionalité» telle que la concevait Husserl, ne se limite pas à la sphère de la connaissance; bien au contraire, il faut la considérer comme l'étoffe de l'«existence» réelle tout entière.

L'existentialisme est en réaction contre le scientisme: il défend les droits spécifiques de la philosophie. Il réagit contre l'idéalisme: l'esprit ne construit pas la vérité, il la dévoile. Dans sa conception de l'homme, il est en opposition radicale avec le dualisme exagéré, en particulier avec la philosophie dite classique, celle qui découle de Descartes, selon laquelle l'homme doit se concevoir comme la conjonction de deux substances, la pensée et l'étendue.

La philosophie de l'«existence» se réclame de l'œuvre du penseur danois, Sören *Kierkegaard* (1813-1855). Celui-ci réagit fortement contre le rationalisme hégélien et il développa ses conceptions dans une perspective religieuse, car l'«autre» qu'il considère est, avant tout, Dieu.

Dans leurs écrits, les existentialistes tiennent à ne pas isoler la connaissance, mais à décrire le comportement humain dans son ensemble, où connaissance, tendance, sentiment, se fondent en une unité indivisible (¹). La différence entre les doctrines existentialistes s'en trouve fortement accusée, parce qu'elle ne s'exprime pas seulement dans le déroulement de pures idées, mais aussi dans l'atmosphère sentimentale qui les baigne.

Les situations humaines que décrivent ces auteurs et auxquelles ils rattachent leurs doctrines diffèrent beaucoup les unes des autres. Il est vrai que chaque situation contient tout l'homme et doit permettre de retrouver les lignes essentielles que comprend la structure humaine; cependant, que la situation choisie comme base doctrinale se colore d'angoisse ou d'espoir, de confiance ou d'hostilité, etc., l'orientation doctrinale s'en trouvera

---

(¹) C'est ce qui a permis aux penseurs existentialistes de présenter leurs idées, non seulement d'une façon technique dans des ouvrages de philosophie, mais également d'une façon littéraire dans des pièces de théâtre et des romans (G. Marcel, J.-P. Sartre, Simone de Beauvoir, Alfred Camus, etc.).

affectée différemment. De fait, les problèmes traditionnels se retrouvent chez les philosophes de l'existence, encore que ce soit sous un nouvel éclairage, et les solutions, bien divergentes, ne sont pas sans rappeler certaines oppositions classiques.

A partir de l'existence de l'homme, Martin *Heidegger* (né 1883) se propose de construire une philosophie «existentiale», destinée à fournir une doctrine de l'être comme tel. Karl *Jaspers* (né 1883) ne croit pas que ce soit possible et il se contente d'une philosophie «existentielle», qui demeure liée aux conditions concrètes et individuelles de l'existence humaine.

Jean-Paul *Sartre* (né 1906) préconise une doctrine matérialiste et, par ailleurs, il exagère l'opposition de «l'être en soi», la matière brute, et de «l'être pour soi», celui du sujet conscient. Maurice *Merleau-Ponty* (1908-1961) a le souci de se garder de pareil dualisme, mais peut-être sacrifie-t-il des traits qui sont essentiels à la conscience, notamment sa portée métaphysique.

Karl Jaspers, qui subit fortement l'influence des idées kantiennes, n'arrive à affirmer l'existence de Dieu qu'en se fondant sur une «foi» philosophique; cette évasion de l'existence dans l'absolu n'appartient plus au domaine du rationnel (¹). Le problème de Dieu ne paraissait pas trouver place, au début, dans la doctrine de Heidegger; plus tard il s'est imposé, semble-t-il, en même temps que s'ouvrait une route vers une philosophie générale de l'être. J.-P. Sartre déclare que la notion même de Dieu (qu'il conçoit comme l'identité de l'«en soi» et du «pour soi») est manifestement contradictoire. Maurice Merleau-Ponty a tendance à le suivre dans cette voie. Gabriel *Marcel* (né 1886) qui fut le premier, en France, à se diriger vers une philosophie de l'existence (²), préconise des conceptions spiritualistes et religieuses. Paul *Ricœur* (né 1913), qui s'est fait connaître notam-

---

(¹) En Italie, les doctrines de Nicola Abbagnano (né 1901) se rapprochent de celles de Jaspers.

(²) G. Marcel ne veut pas être appelé existentialiste, pour ne pas être confondu avec le groupe des existentialistes «de gauche». Il préférerait, à la rigueur, appeler sa doctrine un «socratisme chrétien».

ment par sa phénoménologie de la volonté, est également spiritualiste et de tendance religieuse.

7. La pensée contemporaine porte la marque profonde des études historiques qui ont accompagné et fécondé son développement ([1]). D'après les principes hégéliens, l'évolution de l'esprit forme l'élément essentiel du devenir de la réalité et son explication doit constituer la pièce maîtresse du système philosophique. Cette conception s'est imposée à beaucoup d'auteurs. Elle a poussé à une reconstruction historiquement exacte des systèmes et de leur filiation ([2]). Elle a également fait envisager toute théorie comme relative, puisqu'elle est fonction du moment transitoire où elle apparaît.

Certains ont exagéré cette relativité, au point de verser dans le scepticisme ([3]). D'autres, tout en attribuant une valeur objective aux théories philosophiques, n'y voient qu'une étape du développement de la pensée. Le souci d'actualité, joint au respect de la «philosophia perennis», qui lentement se constitue, est caractéristique de notre époque ([4]). En philosophie, on s'attache au passé non pour le ressusciter, mais pour s'en inspirer et en poursuivre les efforts.

([1]) Le dix-neuvième siècle a été le siècle de l'histoire. L'époque romantique s'est intéressée passionnément à tout le passé. Après Hegel, de grandes synthèses historiques ont vu le jour dans tous les domaines. En philosophie aussi on s'est livré à des recherches, à des éditions de textes, etc.

([2]) Il va de soi que le principe même de l'éclectisme devait pousser également V. Cousin et son école à cultiver l'histoire de la philosophie.

([3]) Wilh. DILTHEY (1833-1912), passé maître dans l'art de fournir un exposé vivant des systèmes, les considère comme autant de réactions subjectives de leurs auteurs, des «Weltanschauungen», sans valeur objective et universelle. Il les ramène à quelques formes typiques, qui nous renseignent sur le développement historique de l'esprit de l'homme.

([4]) Cette conviction que la philosophie est une entreprise longue et ardue, qui demande la collaboration d'un grand nombre de travailleurs, porte également les philosophes à entrer de plus en plus en contact les uns avec les autres, par la circulation intense des écrits, la constitution de sociétés, l'organisation de congrès, etc.

C'est à Kant et aux romantiques allemands qu'on est allé de préférence. A côté du néo-criticisme, s'est répandu dans la plupart des pays un idéalisme néo-hégélien. On s'inspire également de Fichte et de Schelling. La philosophie française, fidèle à une tradition qui remonte au *Cogito* cartésien, manifeste une prédilection pour l'analyse psychologique et l'affirmation de la liberté humaine ([1]).

L'idéalisme contemporain cherche à rentrer dans la tradition platonicienne. Lorsqu'il tend au monisme, il se tourne vers Plotin, les mystiques de la Renaissance, Spinoza. Pour éviter le monisme, l'on s'inspire souvent de la monadologie de Leibniz ([2]).

L'influence d'Aristote s'est fait sentir à plusieurs reprises depuis le milieu du dix-neuvième siècle ([3]) pour faire reconnaître soit la valeur logique du contenu de la connaissance (contre le psychologisme), soit la place de la finalité dans l'ordre naturel (contre le mécanisme exagéré), ou bien encore la nécessité de l'ontologie.

On renoua également avec les théories du moyen âge, et il se dessina un courant néo-scolastique ([4]). Ce mouvement, qui s'est développé dans les milieux catholiques aux environs de 1850, prit une réelle ampleur à partir de la dernière décade du dix-

---

([1]) Les éclectiques se font les défenseurs de la liberté. Alfred FOUILLÉE (1838-1912) essaie de justifier la liberté dans son système positiviste. Fél. RAVAISSON, Ém. BOUTROUX, M. BLONDEL, H. BERGSON, le néo-criticiste Ch. RENOUVIER, le néo-hégélien Oct. HAMELIN, tous accordent une importance primordiale à la liberté.

([2]) Par exemple H. LOTZE, plusieurs représentants de l'idéalisme anglais et américain, Ch. RENOUVIER, William JAMES.

([3]) Fél. RAVAISSON fait connaître Aristote en France, à partir de 1837, et Adolphe TRENDELENBURG (1802-1872) en Allemagne. Bern. BOLZANO (1781-1848) et, plus tard, Franz BRENTANO (1838-1917) représentent une tendance aristotélicienne dans leurs études sur la connaissance; Edm. HUSSERL en a subi l'influence. H. DRIESCH reprend des théories d'Aristote dans son néo-vitalisme. Nicolaï HARTMANN s'inspire du Stagirite dans la problématique de son ontologie. La philosophie néo-scolastique attache une importance considérable aux principes et aux théories péripatéticiennes.

([4]) Au dix-huitième siècle, les courants scolastiques avaient presque totalement disparu. Il restait l'un ou l'autre centre suarézien en Espagne et en

neuvième siècle (¹). Répandu bientôt dans le monde entier (²),
il n'a pas exercé une influence correspondante parce qu'il s'est
trop souvent isolé. De divers côtés cependant des efforts sérieux
ont été faits pour entrer en contact avec les représentants de la
philosophie contemporaine: ce fut, en particulier, le souci constant du Cardinal *Mercier,* le fondateur de l'Institut Supérieur
de Philosophie à l'Université Catholique de Louvain (³). L'intérêt pour les études médiévales est devenu très grand dans le
monde savant et l'on n'ignore plus la réelle valeur de beaucoup
de travaux néo-scolastiques. Le mouvement néo-scolastique lui-
même s'est rénové au contact de la pensée moderne en même
temps qu'il s'est enrichi par une étude plus directe des sources
médiévales (⁴). Il s'est différencié et présente des tendances di-

---

Italie. Les seuls auteurs thomistes à signaler sont le théologien BILLUART, O.P.
(1685-1757) et Salv. ROSELLI, O.P., professeur de philosophie à Rome (1777-
1783), auteur d'une *Summa philosophica ad mentem Angelici Doctoris.*

(¹) Le mouvement néo-scolastique s'amorce en Italie, à Plaisance (le chanoine Vinc. BUZZETTI, 1777-1824), à Turin, Naples et Rome (les jésuites: Sera-
fino SORDI, 1793-1865, et son frère Domenico SORDI, Math. LIBERATORE, 1820-
1872, TONGIORGI, 1820-1865, PALMIERI, 1829-1909, J. M. CORNOLDI, 1822-1892, le
chanoine napolitain Cajetano SANSEVERINO, 1811-1865, le cardinal Thom.
ZIGLIARA, O.P., 1893). En Espagne, le cardinal Zefirino GONZALEZ, O.P., 1831-
1894. En Allemagne, Jos. KLEUTGEN, S. J., 1811-1883, et Alb. STOECKL, 1823-1875.
L'encyclique «Aeterni Patris», promulguée le 4 août 1879 par le Pape
LÉON XIII, donna l'élan décisif.

(²) En Italie, Espagne, Allemagne, Belgique, France, Hollande, Suisse, Autriche, Angleterre et Irlande, Canada, États-Unis, Colombie, etc.

(³) Mgr Dés.-Jos. MERCIER (1851-1926) inaugura une chaire de philosophie
de saint Thomas à l'Université de Louvain en 1882. Il fut chargé en 1889 par
les Évêques de Belgique, à la demande de Léon XIII, de fonder un Institut
Supérieur de Philosophie à la même Université. Ses premiers collaborateurs
y furent ses propres disciples, Désiré NYS (1859-1926), Maurice DE WULF (1867-
1947), Arm. THIÉRY (1868-1955), Simon DEPLOIGE (1868-1927). Mgr Deploige
devint Président de l'Institut en 1906, lorsque Mgr Mercier fut nommé archevêque de Malines. Mgr Léon NOËL (1878-1953) lui succéda en 1928 et demeura
président jusqu'en 1948.

(⁴) Parmi les historiens du moyen âge, il faut signaler Clem. BAEUMKER,
le Card. Fr. EHRLE, Maur. DE WULF, Aug. PELZER, Martin GRABMANN, P. MAN-
DONNET, Ét. GILSON, etc.

verses. Saint Thomas d'Aquin demeure le maître par excellence, mais on ne néglige point les autres scolastiques. La pensée de saint Augustin est accueillie avec faveur. Les problèmes et les théories modernes sont étudiés avec sympathie et l'on n'hésite pas à les reprendre, si c'est possible, ou à s'en inspirer (¹).

(¹) A côté de l'école thomiste, l'école suarézienne est demeurée puissante. La tradition franciscaine s'est raffermie. Les études augustiniennes se multiplient. C'est surtout sur le terrain de l'épistémologie et de la critique que les scolastiques rencontrent la philosophie moderne. Ils s'attachent également à la défense et à l'organisation de la métaphysique, ainsi qu'à une rénovation de la psychologie et de la cosmologie, en tenant compte des données expérimentales nouvelles et de la critique des sciences.

INITIATION A LA VIE PHILOSOPHIQUE

LA PREMIÈRE FORMATION PHILOSOPHIQUE

§ 1. LE CHOIX D'UNE ÉCOLE

1. Depuis vingt-cinq siècles les hommes n'ont point cessé de se livrer aux spéculations philosophiques. Ce serait une faute de négliger l'immense effort de réflexion fourni durant cette longue période. Il serait présomptueux et téméraire de briser avec le passé et de se fier à ses seules forces pour tout rebâtir à nouveau frais. Au surplus, s'il n'y avait rien à retenir des idées de nos prédécesseurs, la cause de la philosophie serait entendue et il faudrait conclure que l'homme est incapable d'atteindre à quelque résultat positif durable dans ce domaine; de nouveaux essais paraîtraient entièrement superflus.

Il convient donc de garder le contact avec le passé. D'ailleurs, et quoi que certains aient pu en dire, telle a été l'attitude constante des philosophes. Ils n'ignorent jamais complètement les œuvres de leurs devanciers et ils s'en inspirent. Leurs travaux viennent s'amorcer à des points que d'autres ont atteints et s'y rattachent.

Ceci ne veut pas dire, assurément, que le développement de la philosophie se soit effectué dans un sens uniforme. La continuité du courant philosophique est un fait indéniable, mais ce courant s'est constamment diversifié et scindé en de nombreuses ramifications.

La question du contact qu'il convient de garder avec le passé s'en trouve beaucoup compliquée. Si certaines attitudes philosophiques sont inconciliables et s'il faut faire un choix parmi elles, lesquelles faut-il préférer ?

Une méthode paraît s'imposer: c'est de s'appliquer à l'étude de l'histoire et de comparer les systèmes et les théories, pour en dégager ce qui mérite d'être retenu. On serait à même d'établir de la sorte une base doctrinale capable de fournir un appui ferme pour de nouvelles recherches.

2. Cependant l'application de cette méthode offre de grandes difficultés. Un tel travail de comparaison et de discernement ne peut être fourni par un débutant; il y faut un esprit solidement formé. Mais cette formation, comment l'acquérir ?

On doit ici se souvenir que l'homme est un être «enseigné». Normalement, il se met à l'école d'un maître, pour «recevoir» une première formation. Il n'en va pas autrement en philosophie. L'initiation philosophique ne sera point fructueuse, si elle est livrée au hasard des rencontres: elle doit être méthodique. De plus et surtout, elle doit être doctrinale: seule l'assimilation patiente d'un système défini, — ensemble cohérent de théories embrassant les différentes branches philosophiques, — peut normalement conférer à l'esprit la fermeté requise pour porter un jugement personnel en matière de philosophie; rien n'est moins formatif, au contraire que de papillonner en dilettante et de voltiger sans cesse de système en système, pour les effleurer tous sans en approfondir aucun. Il faut choisir un maître; il **faut suivre** l'enseignement d'une école.

3. Il peut sembler malaisé de justifier en cette matière un choix quelconque. Le nombre des philosophes éminents est con-

sidérable; les divergences doctrinales qui les séparent sont fondamentales. Pourquoi arrêter son choix sur l'un plutôt que sur l'autre ?

Cependant, si l'on envisage uniquement la question qui nous occupe, — la recherche d'une école à laquelle on puisse confier sa première formation philosophique, — le tableau si embrouillé que nous livre l'histoire de la philosophie se simplifie: on voit la plupart des lignes s'estomper, d'autres, en très petit nombre, saillir.

Le temps, en effet, soumet doctrines et écoles à une rude épreuve et bien rares sont celles qui résistent de façon durable. Le plus grand nombre des philosophes n'ont eu qu'une influence restreinte et passagère; d'autres ont exercé une action décisive sur l'orientation des idées, sans que leur système, dans son ensemble, ait gardé longtemps sa vitalité. Nous pouvons, ici, les négliger. Il s'agirait de découvrir un enseignement philosophique qui ait subi l'épreuve du temps sans perdre de sa valeur et de sa souplesse.

C'est un fait notable que, de toutes les écoles constituées avant l'époque contemporaine, seules certaines écoles issues du moyen âge aient pu se maintenir jusqu'à nos jours et garder intactes la vigueur féconde de leurs principes traditionnels. Elles sont nées dans le climat intellectuel très favorable du treizième siècle. L'aristotélisme, point culminant de la philosophie grecque, leur a fourni une solide armature, mais elles n'ont pas dédaigné de puiser également dans les riches traditions néo-platoniciennes. Cette sagesse antique a été vivifiée et transfigurée au contact de la pensée chrétienne élaborée durant de longs siècles. A l'âge d'or de la pensée scolastique, les fervents de la philosophie étaient fort nombreux et les écoles se combattaient vivement; il en est résulté des exposés méthodiques, où les doctrines sont examinées et discutées à fond dans toutes leurs parties et poussées logiquement jusqu'aux conclusions les plus lointaines.

Parmi les diverses écoles issues du moyen âge, celle de saint *Thomas d'Aquin* est sans contredit la plus importante. Le «Docteur Angélique» est reconnu comme le prince de la Scolastique;

son école est marquée par une grande fidélité à la doctrine du Maître. Tout autant que par le nombre de ses tenants. Les écrits de saint Thomas furent commentés sans cesse, ses théories exposées systématiquement et défendues avec vigueur. La tradition thomiste représente un corps de doctrines nettement définies et solidement organisées.

Le thomisme, comme tout ce qui est humain, a connu des fortunes diverses, des succès et des revers. Il est remarquable que, tant au seizième siècle qu'au dix-neuvième, le réveil de la Scolastique, après une période de décadence, se fit sous le signe du retour à saint Thomas. Le vingtième siècle est particulièrement favorable au thomisme. On ne conteste plus guère la valeur hautement scientifique de beaucoup d'ouvrages d'inspiration thomiste. Le fait qu'elle ait réussi à s'adapter aux exigences sévères de la science contemporaine prouve de façon éclatante la valeur intrinsèque de cette doctrine, vieille de six siècles et qui demeure toujours actuelle.

On ne trouve, de nos jours, en dehors de la Scolastique, et spécialement du thomisme, aucune école dont la tradition remonte si haut et qui ait subi avec le même succès l'épreuve du temps, aucune qui ait pu, durant tant de siècles, examiner patiemment et définir avec précision sa doctrine, la confronter avec les nombreux systèmes qui successivement ont surgi à l'époque moderne et contemporaine, s'enrichir sans cesse à ce contact. De plus, un enseignement plusieurs fois séculaire a développé à un haut degré, dans l'école thomiste, des qualités de méthode et de clarté fort précieuses dans le domaine des idées.

On ne nie aucunement que certaines écoles, issues au dix-neuvième siècle du courant kantien, ne puissent fournir une initiation philosophique suffisante. Quoiqu'il en soit, à juger sur l'apparence, il semble bien que, plus qu'aucune autre, l'école thomiste présente des garanties solides, tant au point de vue pédagogique qu'au point de vue doctrinal. On peut donc s'adresser à elle de confiance, pour s'initier à la réflexion philosophique.

§ 2. L'AUTORITÉ DE SAINT THOMAS

1. Il est incontestable que si l'école thomiste est demeurée puissante, elle le doit en grande partie à l'appui de l'Église catholique. Saint Thomas d'Aquin était surtout théologien. Ses principaux écrits, en particulier sa *Summa theologica,* sont des ouvrages de théologie. On comprend que l'Église s'intéresse à sa doctrine.

Thomas d'Aquin, *canonisé* par le pape Jean XXII le 18 juiljet 1323, proclamé *Docteur de l'Église* par saint Pie V le 11 avril 1567, fut déclaré *Protecteur de toutes les écoles catholiques* par Léon XIII, le 4 août 1880. Dans le Consistoire de 1318, Jean XXII disait déjà: «Ipse (Thomas) plus illuminavit Ecclesiam quam omnes alii Doctores; in cujus libris plus proficit homo uno anno, quam in aliorum doctrinis toto tempore vitae suae» ! Depuis lors, l'autorité de saint Thomas n'a fait que croître dans l'Église et sa doctrine fut recommandée avec beaucoup d'insistance par les Souverains Pontifes ([1]), en particulier à l'époque de la Contre-Réforme, ainsi qu'au cours du dernier siècle. Léon XIII proclame que saint Thomas est le maître par excellence: «omnium princeps et magister longe eminet Thomas Aquinas: qui, uti Cajetanus animadvertit, veteres doctores sacros quia «summe veneratus est, ideo intellectum omnium quodammodo sortitus est» ([2]). Pie X écrit: «Post beatum exitum sancti Doctoris nullum habitum est ab Ecclesia Concilium in qua non ipse cum doctrinae suae opibus interfuerit» ([3]). Pie XI proclame: «Nos vero haec tanta divinissimo tributa praeconia sic probamus, ut non modo An-

---

([1]) Cfr J. J. BERTHIER, O.P., *Sanctus Thomas Aquinas «Doctor Communis Ecclesiae»,* vol. I, *Testimonia Ecclesiae.* Rome, 1914, LXVII-703 pp. — Jacques MARITAIN, *Le Docteur Angélique* (Bibliothèque française de Philosophie. Nouvelle série). Paris, 1930, pp. 197-281. — *Enchiridion Clericorum. Documenta Ecclesiae Sacrorum alumnis instituendis* (Sacra Congregatio de Seminariis et Studiorum Universitatibus). Rome, 1938, passim.

([2]) *Litterae Encyclicae «Aeterni Patris», de philosophia scholastica ad mentem Sancti Thomae Aquinatis in scholis catholicis instauranda, die 4 Aug. 1879.*

([3]) *Motu Proprio «Doctoris Angelici», pro Italia et insulis adjacentibus, de*

gelicum sed etiam *Communem* seu universalem Ecclesiae Doctorem appellandum putemus Thomam, cujus doctrinam, ut quam
plurimis in omni genere litterarum monumentis testata est,
suam Ecclesia fecerit» (¹). A son tour Pie XII proclame: «Varia
doctrinarum systemata, quae Ecclesia teneri sinit. omnino con-
veniant oportet cum omnibus iis, quae philosophiae et antiquae
et christianae ab ejusdem Ecclesiae exordiis perspecta erant.
Haec vero a nullo alio doctore tam lucide, tam perspicue, tam
perfecte proposita sunt sive singularum mutus consentio par-
tium ob oculos habetur, sive cum veritatibus fidei consideran-
tur conjunctio et harum spendidissima cohaerentia, a nullo tam
apta solidaque structura una simul composita sunt quemadmo-
dum a Sancto Thoma Aquinate» (²). Le Pape Jean XXIII s'y rallie
complètement: «Cupimus vehementer eorum numerum augeri
in dies, qui sibi de Angelici Doctoris operibus lumen et erudi-
tionem hauriant; eosque non solum e sacerdotibus vel e viris
recondita doctrina ornatis, sed etiam e bonarum artium studiis
communiter deditis: quibus crebriores ascribi praesertim veli-
mus iuvenes, in Catholicae Actionis ordines allectos, studiorum-
que laurea donatos. Valde deinde expetimus divi Thomae praeceptorum veluti thesaurum, summo cum rei christianae emo-
lumento, cotidie largius effodi, atque adeo eius scripta latissime

---

*studio doctrinae S. Thomae Aquinatis in scholis catholicis promovendo, die
29 Junii 1914.*

(¹) *Litterae Encyclicae «Studiorum ducem», die 29 sept. 1923.*

(²) Discours prononcé à l'occasion du quatrième centenaire de l'Université
Grégorienne, le 17 octobre 1953. Cfr *L'Osservatore Romano,* 19-20 octobre
1953 (XCIIIᵉ année, num. 243), p. 1, col. 4. — «Nous n'hésitons pas à dire
que la célèbre encyclique *Aeterni Patris* (du 4 août 1879), par laquelle Notre
immortel prédécesseur Léon XIII rappela les intelligences catholiques à l'unité de doctrine dans l'enseignement de S. Thomas, conserve toute sa valeur.
Sans difficulté Nous faisons Nôtres ces graves paroles de l'insigne Pontife:
«Discedere inconsulte ac temere a sapientia Doctoris angelici, res aliena est
a voluntate Nostra eademque plena periculi» (*Ep. ad Ministrum Gen. Ordinis
Fratrum Min., die 25 Nov. 1898 - Leonis XIII Acta,* vol. 18, pag. 188).» Discours
de Sa Sainteté le Pape Pie XII à l'inauguration du IVᵉ Congrès Thomiste
International tenu à Rome, le mercredi 14 septembre 1955. Cfr *L'Osservatore
Romano,* 15 septembre 1955 (XCVᵉ année, num. 214), p. 1, col. 1.

in vulgus edi, sive instituendi ratione, sive dicendi genere a nostrorum dierum ingenio et indole nulla ex parte discrepantibus» (¹).

2. Certaines déclarations de l'autorité pontificale ne visent pas seulement la théologie de saint Thomas, mais également sa philosophie, et il est nécessaire d'en préciser le sens pour en mesurer exactement la portée.

a) Les principaux documents en la matière sont les suivants: l'encyclique «Aeterni Patris» (4 août 1879) de *Léon XIII;* le Motu proprio «Doctoris Angelici» (29 juin 1914) de *Pie X;* les XXIV thèses publiées par la Congrégation des Études le 27 juillet 1914 et la réponse faite par la même Congrégation le 7 mars 1916; les canons 589, § 1, et 1366, § 2, du code de Droit canonique, promulgué par *Benoît XV* (27 mai 1917); l'encyclique «Studiorum ducem» (29 septembre 1923) et la constitution apostolique «Deus scientiarum» (24 mai 1931) de *Pie XI.* Il faut y ajouter des documents intéressant spécialement certains ordres religieux: la réponse donnée par Benoît XV (9 mars 1915) à une question du R. P. Wlodomir Ledóchowski, général de la Société de Jésus, et une lettre de Benoît XV au R. P. Ledóchowski (19 mars 1917); la règle 277 des Constitutions générales des Frères Mineurs, approuvées par la Congrégation des religieux le 26 août 1921.

Il faut remarquer que ces documents s'occupent, en ordre principal, de l'*enseignement* à donner dans les *écoles catholiques* et tout spécialement dans les écoles *ecclésiastiques.* En particulier les lois et ordonnances ne portent pas sur autre chose. Nul ne contestera à l'Église le droit et le devoir de veiller à l'organisation de cet enseignement.

b) *Léon XIII,* dans son encyclique «Aeterni Patris», dénonce

---

(¹) *Voti e speranze del supremo Pastore per il V Congresso Tomistico Internazionale,* dans *L'Osservatore Romano,* Domenica 18 settembre 1960 (C° année, n° 218), p. 1, col. 3.

les erreurs de la pensée moderne, dans lesquelles il voit la source capitale des maux dont souffrait la société. Il importe, dit-il, de redresser ces erreurs en revenant à une saine philosophie. La foi, l'ordre social, les arts et les sciences en profiteront grandement. Comment opérer ce redressement philosophique ? En renouant avec la tradition scolastique, qui s'est presque totalement perdue depuis le dix-huitième siècle. L'âge d'or de la chrétienté, le treizième siècle, a vu l'efflorescence d'une vie intellectuelle étonnamment féconde, qui s'est prolongée au cours des siècles suivants. C'est dans les œuvres des grands docteurs médiévaux, (tels que saint Bonaventure et saint Thomas d'Aquin), qu'il faut puiser les principes directeurs du renouveau philosophique. Saint Thomas, en particulier, est le représentant le plus éminent de la Scolastique. Il a distingué, comme il faut, la philosophie de la théologie, tout en les ramenant à l'unité harmonieuse d'une synthèse (¹). Il a créé un système de philosophie complet, clair et solide. Qu'on étudie sa doctrine, pour l'adapter aux exigences modernes et l'enrichir des découvertes de la science, et qu'on l'enseigne dans les écoles catholiques (²).

Au début du vingtième siècle, alors que se répand l'hérésie moderniste, *Pie X* exige énergiquement que maîtres et élèves s'attachent à l'étude des théories philosophiques de saint Thomas, pour mettre en valeur les vérités fondamentales sur la connaissance humaine, sur Dieu, le monde, l'ordre moral et la fin dernière, et pour être en état de réfuter le matérialisme, le mo-

---

(¹) «Praeterea rationem, ut par est, a fide apprime distinguens, utramque tamen amice consocians, utriusque tum jura conservavit, tum dignitati consuluit, ita quidem ut ratio ad humanum fastigium Thomae pennis evecta, jam fere nequeat sublimius assurgere neque fides a ratione fere possit plura aut validiora adjumenta praestolari, quam quae jam est per Thomam consecuta...». Encycl. «*Aeterni Patris*» *de philosophia scholastica ad mentem Sancti Thomae Aquinatis in scholis catholicis instauranda.*

(²) «Ceterum, doctrinam Thomae Aquinatis studeant magistri, a vobis intelligenter lecti, in discipulorum animos insinuare; ejusque prae ceteris soliditatem atque excellentiam in perspicuo ponant. Eamdem Academiae a vobis institutae aut instituendae illustrent ac tueantur, et ad grassantium errorum refutationem adhibeant». *Ibid.*

nisme, le panthéisme, le socialisme et les différentes erreurs du modernisme ([1]).

Enfin le code de Droit canonique, préparé sous *Pie X* et promulgué par *Benoît XV*, contient l'article suivant, qui impose, dans les séminaires et dans les maisons d'études religieuses, tant en philosophie qu'en théologie, l'enseignement de la doctrine de saint Thomas: «Philosophiae rationalis ac theologiae studia et alumnorum in his disciplinis institutionem professores omnino pertractent ad Angelici Doctoris rationem, doctrinam et principia, eaque sancte teneant» ([2]).

La même règle est développée par *Pie XI* dans la constitution apostolique «Deus scientiarum», sur l'organisation des études dans les facultés et universités: «In facultate theologica... veritatibus fidei expositis et ex sacra Scriptura et Traditione demonstratis, earum veritatum natura et intima ratio ad principia et doctrinam S. Thomae Aquinatis investigentur et illustrentur. — In facultate philosophica, philosophia scholastica tradatur eaque ita ut auditores plena cohaerentique synthesi doctrinae ad methodum et principia S. Thomae Aquinatis instituantur. Ex hac

---

([1]) Planum est, cum praecipuum scholasticae philosophiae ducem daremus Thomam, Nos de ejus principiis maxime hoc intelligi voluisse, quibus tamquam fundamentis ipsa nititur...». «Eo vel magis quod si catholica veritatis valido hoc praesidio semel destituta fuerit, frustra ad eam defendendam quis adminiculum petat ab ea philosophia, cujus principia cum Materialismi, Monismi, Pantheismi, Socialismi, variisque Modernismi erroribus aut communia sunt aut certe non repugnant. Nam quae in philosophia sancti Thomae sunt capita non ea haberi debent in opinionum genere, de quibus in utramque partem disputare licet, sed velut fundamenta in quibus omnis naturalium divinarumque rerum scientia consistit: quibus submotis aut quoquo modo depravatis, illud etiam necessario consequitur, ut sacrarum disciplinarum alumni ne ipsam quidem percipiant significationem verborum, quibus revelata divinitus dogmata ab Ecclesiae magisterio proponuntur». *Motu proprio pro Italia et Insulis adjacentibus «Doctoris Angelici», de studio doctrinae S. Thomae Aquinatis in scholis catholicis promovendo.*

([2]) Canon 1366, § 2. Cfr canon 589, § 1.

autem doctrina diversa philosophorum systemata examinentur et dijudicentur» (¹).

Saint Thomas est donc le maître par excellence, «omnium princeps et magister» (Léon XIII), «praecipuus dux» (Pie X). «Ita omnes se gerant, écrit Pie XI, ut eum ipsi suum vere possint appellare magistrum» (²). Sa doctrine doit constituer la base de l'enseignement dans les écoles ecclésiastiques. On ne peut, par conséquent, se dispenser d'étudier sérieusement saint Thomas; bien au contraire, il faut s'attacher à cette étude avec assiduité et ferveur, avec respect et amour. Pie XI y insiste: «Iidem vero (scil. ii praesertim quicumque in clericorum scholis majorum disciplinarum magisteria obtinent) sibi persuadeant tum se suo officio satisfacturos itemque exspectationem Nostram expleturos esse, si cum Doctorem Aquinatem, scripta ejus diu multumque volutando, adamare coeperint, amoris hujus flagrantiam cum alumnis disciplinae suae, ipsum Doctorem interpretando, communicent, idoneosque eos reddant ad simile studium in aliis excitandum» (³).

Le contact prolongé avec l'œuvre du Docteur Angélique ne peut manquer de communiquer aux disciples l'ardeur, la sincérité et la modestie dans la recherche du vrai, la pondération, l'équilibre et la clarté des idées, toutes qualités que le Maître possédait à un degré éminent, et qui sont caractéristiques de sa mentalité de philosophe, «amant de la sagesse».

De plus, l'étude patiente de la doctrine de saint Thomas permet d'approfondir un système de philosophie solidement organisé, qui contient toutes les positions requises, sur le plan de la raison, pour l'élaboration d'une théologie catholique. Pour le croyant qui veut se former aux disciplines philosophiques, saint Thomas, le prince de la Scolastique, est assurément le modèle idéal. Par ailleurs, en créant dans ses écoles une atmosphère commune, l'Église favorise la constitution d'un terrain d'entente philosophique et d'une large base de discussion.

(¹) Titul. III, *De ratione studiorum*, art. 29.

(²) Encycl. «*Studiorum ducem*».

(³) *Ibid.*

c) Mais l'Église, il faut le noter, n'impose pas le système de saint Thomas, ni aucune de ses théories, à l'assentiment des fidèles. Elle ne proclame en aucun point l'infaillibilité du Docteur Angélique. Elle ne déclare pas davantage que la période du progrès scientifique et philosophique a été définitivement close à la mort de l'Ange de l'École. Bien au contraire, Léon XIII recommande de faire soigneusement le départ entre ce qui paraît pouvoir être gardé des théories scolastiques et ce qui doit être déclaré faux et périmé: «edicimus libenti gratoque animo excipiendum esse quidquid sapienter dictum, quidquid utiliter fuerit a quopiam inventum atque excogitatum... Si quid enim est a doctoribus scholasticis vel nimia subtilitate quaesitum, vel parum considerate traditum, si quid cum exploratis posterioris aevi doctrinis minus cohaerens vel denique quoquo modo non probabile, id nullo in pacto animo est aetati nostrae ad imitandum proponi» ([1]).

D'ailleurs, si saint Thomas est considéré comme le maître par excellence, on ne méconnaît nullement la valeur et l'autorité philosophique d'autres auteurs scolastiques, de saint Bonaventure, par exemple, de Duns Scot ou de Suarez.

En 1914, à la suite du *Motu proprio* de Pie X qui ordonnait d'enseigner les théories de saint Thomas dans les écoles ecclésiastiques, la Congrégation des études formula XXIV thèses philosophiques empruntées à la doctrine du Maître ([2]). L'une de ces thèses affirme la distinction réelle entre l'essence et l'existence dans la créature. Or, à une question posée par le R. P. W. Ledóchowski, général de l'Ordre des Jésuites, Benoît XV répondit, le 9 mars 1915, que cette thèse pouvait, comme auparavant, être librement discutée dans la Société de Jésus.

L'année suivante, à la question: «utrum omnes viginti quatuor theses philosophicae... imponi debeant Scholis Catholicis tenendae», la Congrégation des études répondit, le 7 mars 1916: «Omnes illae *viginti quatuor theses* philosophicae germanam S.

([1]) Encycl. *«Aeterni Patris»*.

([2]) «(Postquam Pius X motu proprio «Doctoris Angelici») salubriter prae-

Thomae doctrinam exprimunt, eaeque proponantur veluti tutae normae directivae» (¹). On remarquera que la question porte les mots «imponere» et «theses tenendae», alors que la réponse emploie les termes «proponere» et «tutae normae directivae». C'est que la Congrégation, au lieu de se placer sur le plan de la vérité philosophique, qui était celui de la question, se tient sur celui de la «sécurité» de conscience de ceux qui *enseignent dans les écoles*. Elle ne s'enquiert pas du degré de vérité desdites thèses, mais elle garantit qu'en les prenant comme principes directeurs de l'enseignement philosophique, on suit une voie sûre, c'est-à-dire qui ne mène à aucun conflit sur le terrain dogmatique. Garantie précieuse, assurément, et qui n'est accordée à aucune autre doctrine philosophique; mais elle n'impose pas l'assentiment à la vérité des thèses et ne restreint point la liberté d'en discuter la valeur intrinsèque.

Une lettre de Benoît XV, datée du 19 mars 1917, et publiée en tête d'une circulaire du R. P. W. Ledóchowski adressée à l'Ordre des Jésuites, reprend une formule semblable, — «tutae ad dirigendum normae», — et maintient la même liberté, — «nullo scilicet omnium amplectendarum thesium imposito officio (²).

Ces explications ne peuvent être oubliées, semble-t-il, dans l'interprétation du canon 1366 du code, promulgué le 27 mai de cette même année 1917.

---

scripsit, ut in omnibus philosophiae scolis principia et majora Thomae Aquinatis pronuntiata sancte teneantur, nonnuli diversorum Institutorum magistri Sacrae Studiorum Congregationi theses aliquas (XXIV) proposuerunt examinandas, quas ipsi, tamquam ad praecipua sancti Praeceptoris in re presertim metaphysica exacta, tradere et propugnare consueverunt. Sacra haec Congregatio, supra dictis thesibus rite examinatis et sanctissimo Domino subjectis, de ejusdem Sanctitatis Suae mandato, respondit, eas plene continere sancti Doctoris principia et pronuntiata majora». Sacra Studiorum Congregatio, die 27 Julii 1914, in *Acta Apostolicae Sedis. Commentarium Officiale*, t. VI, 1914, p. 383.

(¹) *Act. Apost. Sed.*, t. VIII, 1916, p. 157.

(²) «...Quo quidem in judicio recte Nos te sensisse arbitramur, quum eos putasti Angelico Doctori satis adhaerere, qui universas de Thomae doctrina theses perinde proponendas censeant, ac tutas ad dirigendum normas, nullo scilicet omnium amplectendarum thesium imposito officio.

On peut, dès lors, comprendre sans grande difficulté le sens de la règle 277 des *Constitutions générales des Frères Mineurs,* approuvées par la Congrégation des religieux le 22 août 1921: «In doctrinis philosophicis et theologicis Scholae Franciscanae ex animo inhaerere studeant; ceteros Scholasticos, Angelicum praesertim Doctorem D. Thomam, catholicarum scholarum coelestem Patronum, magni faciant» (¹).

On saisit également la raison de l'insistance que met Pie XI à affirmer la *liberté des philosophes,* tout en appelant le Docteur Angélique le maître par excellence et en imposant l'*enseignement* de sa doctrine *dans les écoles ecclésiastiques.* Précisément après avoir rappelé le canon 1366, le Souverain Pontife ajoute: «Ad hanc normam ita se gerant ut eum ipsi suum vere possint appellare magistrum. At ne quid eo amplius alii ab aliis exigant, quam quod ab omnibus exigit omnium magistra et mater Ecclesia: neque enim in iis rebus, de quibus in scholis catholicis inter melioris notae auctores in contrarias partes disputari solet, quisquam prohibendus est eam sequi sententiam, quae sibi verisimilior videatur» (²).

Ejusmodi spectantes regulam, possunt Societatis alumni jure timorem deponere ne eo quo par est obsequio jussa non prosequantur Romanorum Pontificum, quorum ea constans sententia fuit, ducem ac magistrum in theologiae et philosophiae studiis Sanctum Thomam haberi opus esse, integro tamen cuique de iis in utramque partem disputare, de quibus possit soleatque.

Haec si fiant, illa certe summopere probanda consequentur bona, ut quum fratrum caritas ab offensione custodiatur, tum debita in Vicarium Christi observantia veneratioque vigeat; quae quidem, si nulli non praecepta christiano est, at vera peculiari quodam officio censenda est Societatem Jesu perstringere». Wlodomir Ledóchowski, Praepositus generalis Societatis Jesu, *Epistola de doctrina S. Thomae magismagisque in Societate fovenda,* 44 pp. Oniae, typis priv. Collegii, 1917 (vel etiam in *Zeitschrift für katholische Theologie,* t. XLII, 1918, pp. 207-253).

(¹) *Regula et Constitutiones generales Fratrum Minorum.* Ad claras aquas (Quaracchi), 1922, p. 48.

(²) Encycl. «*Studiorum ducem*». Cfr le Père Ledóchowski, la *lettre* citée plus haut. «Nimirum illas e thesibus supra dictis de quibus praestantes Aquinatis interpretes inter se discrepant nemini imponi volebat tenendas,

On ne peut qu'admirer la haute prudence et la fermeté de l'Église, qui veille à une solide formation philosophique en imposant l'étude approfondie des doctrines d'un maître dont l'autorité est incontestée, et en inculquant, en même temps, le souci de la recherche laborieuse et sincère de la vérité dans la liberté et le respect mutuel.

§ 3. LE ROLE DE L'ÉCOLE PHILOSOPHIQUE

1. La philosophie, d'après saint Thomas, vise à connaître scientifiquement, par des moyens purement naturels, les principes fondamentaux des choses.

a) Il s'agit, selon lui, de saisir des principes, de comprendre, de percevoir *personnellement* la valeur intrinsèque des explications. Une conviction est philosophique pour autant qu'elle se fonde sur cette intellection des raisons naturelles. Sous ce rapport elle n'implique aucun acte de foi. Sans doute, la tradition transmet un capital d'idées fort précieux, mais le philosophe doit s'efforcer de conquérir cet héritage en se l'assimilant intellectuellement. En matière scientifique, le Docteur Angélique repousse toute adhésion servile ou paresseuse à l'affirmation d'autrui; il déclare sans ambages qu'en ce domaine l'argument fondé sur l'autorité de l'homme est bien indigent: «locus ab auctoritate, quae fundatur supra ratione humana, est *infirmissimus*» (¹).

Le thomiste serait donc infidèle aux principes de son école, s'il prétendait établir formellement ses thèses philosophiques par un appel à l'*autorité*, fût-ce à celle de saint Thomas; et l'influence de l'école serait ruineuse, si en transmettant les formu-

---

sed liberae disquisitioni omnino permitti... Eo quod XXIV theses pronuntiatae fuerint tutae, non idcirco sententias contrarias habendas esse minus tutas, imo fieri posse ut sint tutiores.

(¹) *Summa theologica*, 1ᵃ, q. 1, a. 8, ad 2. Cfr Pie XII, le discours cité plus haut.

les de la doctrine elle étouffait l'esprit d'initiative ou le souci de la recherche et du travail personnel.

b) Cette activité personnelle doit toujours garder un caractère strictement *scientifique*.

Il ne suffit pas de se créer une «Weltanschauung», une vision du monde, qui soit simplement la projection théorique d'expériences profondément humaines, et qui énonce comment, de fait, l'on perçoit, apprécie et s'explique l'ensemble des données concrètes et variées qui remplissent la conscience. Ces exposés, bourrés de faits souvent très vivants et suggestifs, peuvent constituer des témoignages précieux et présenter le plus vif intérêt. Mais la philosophie, eu égard à son caractère scientifique, doit prendre une autre attitude.

Toute science tend à se libérer de l'impression subjective et à dépasser la cadre restreint de l'individu. Elle ne s'attache pas spécialement à l'élément pittoresque, ni au fait qui émeut. Elle recueille, examine, trie et classe méthodiquement les données quelles qu'elles soient, à l'effet d'établir patiemment, par des procédés dûment éprouvés, l'ordre objectif qui règle les faits et qui s'impose à quiconque les observe.

2. a) Sur ce terrain objectif, les efforts personnels des hommes se rencontrent et se conjuguent, pour réaliser progressivement la philosophie proprement dite, cette œuvre durable qui enrichit le patrimoine de l'humanité.

On saisit d'emblée toute la valeur que représente, en matière scientifique, la collaboration continue dans le travail. Or, précisément, l'«école philosophique» est appelée à être le lieu idéal où se mêlent harmonieusement l'élément *traditionnel* et l'effort *nouveau*. Sa devise est: progrès et tradition, *nova et vetera*.

Philosophie scolastique ne signifie donc pas philosophie figée. Tout au contraire, elle désigne une philosophie active et progressive, qui se maintient en se transformant sans cesse, comme tout organisme vivant, et qui se développe avec d'autant plus de vigueur qu'elle procède d'une source plus saine et plus riche.

b) L'«école» ne peut songer à faire revivre le passé; ce serait s'atteler à une tâche impossible. Il n'est pas question, par exemple, de reprendre un système du treizième siècle, — celui de saint Thomas, — pour l'introduire tel quel dans le courant de la pensée contemporaine. L'opération ne serait guère fructueuse. Car un système, tout en possédant une valeur *absolue* dans la mesure où il atteint la vérité, n'en présente pas moins un caractère *relatif*, en tant qu'il porte le sceau d'une époque qui passe. Depuis le moyen âge, la vie, y compris la vie de l'esprit, n'a subi aucun arrêt. L'assimilation des doctrines médiévales, pour être saine et profitable à notre époque, doit s'adapter au rythme de la pensée philosophique d'aujourd'hui. Pour faire revivre le système de saint Thomas au vingtième siècle, il faut le traiter comme le ferait le Docteur Angélique lui-même s'il revenait parmi nous.

De son temps Thomas ne s'est pas mis servilement à la remorque d'une tradition philosophique; mais il n'a pas davantage méprisé les leçons du passé. Il s'est attaché à l'étude des auteurs contemporains et anciens sans abdiquer ses droits d'observateur critique. D'autre part, l'idée ne lui est certes pas venue qu'il pût résoudre définitivement tous les problèmes et dispenser ses successeurs de tout effort ultérieur. Au vingtième siècle, le Docteur Angélique négligerait de soulever ou poserait autrement certaines des questions qu'il a examinées au treizième siècle; il étudierait des problèmes nouveaux; il ferait appel à des principes qui n'étaient pas formulés explicitement à son époque, et il appliquerait des méthodes de travail non encore pratiquées au moyen âge. En un mot, il serait de son temps.

Le «thomiste», qui a mission de garder et de servir l'idéal du Maître, ne peut être, par conséquent, qu'un «*néo*»-scolastique, un «*néo*»-thomiste. Son programme est large et audacieux. La lecture et la méditation assidue des œuvres du *Docteur Angélique* et l'interprétation de ses écrits à la lumière de l'étude historique de l'ambiance médiévale, doivent lui permettre de saisir sur le vif la pensée authentique de saint Thomas. L'étude des *commentaires* qui en furent faits et des développements que la doctrine du Docteur Angélique a reçus au cours des siècles, particulièrement chez les grands représentants de l'École, — un Cajetan, un François de Sylvestris de Ferrare, un Jean de Saint-Thomas, — doit lui révéler l'organisation solide et la fécondité du système thomiste. Il ne peut négliger de la confronter avec d'autres *systèmes scolastiques,* tels que le scotisme et le suarézisme. En même temps il voit la nécessité de se familiariser avec les *courants modernes* de la philosophie, d'en pénétrer le sens exact, de découvrir les besoins qui les travaillent. Les *philosophes contemporains* entrent tout spécialement en ligne de compte, car ils sont les témoins, en même temps que les porteurs de la philosophie vivante: ils attestent par leur attitude, de par les problèmes qu'ils formulent et les solutions qu'ils proposent, les exigences réelles de l'esprit contemporain, au même degré que ses ressources et ses déficiences.

Seul le contact réel s'établissant de la sorte entre les principes *traditionnels* et les besoins de la pensée *actuelle,* peut donner naissance à un *thomisme vivant.* Tel est bien le programme que proposait Léon XIII dans son encyclique *Aeterni Patris*: «*vetera novis augere*»; se pénétrer de la doctrine *thomiste* et en abandonner ce qui est périmé et sans valeur; accepter et s'assimiler tout ce qui dans les *doctrines modernes* possède une valeur véritable; réaliser ainsi une *synthèse,* qui soit une étape nouvelle et féconde de la *philosophia perennis.*

LE TRAVAIL PHILOSOPHIQUE

§ 1. LA VIE SCIENTIFIQUE EN GÉNÉRAL

Nulle science humaine n'est infuse; la moindre connaissance doit s'acquérir. Les hommes, à leur naissance, n'ont point de savoir; et comme ils diffèrent par les aptitudes, le travail et les circonstances de la vie, ils sont loin d'aboutir tous au même développement intellectuel.

Il en va de même des sociétés: elles diffèrent, à ce point de vue, les unes des autres, tout comme les individus. Un capital de connaissances pratiques et théoriques, fruit de l'expérience et des réflexions d'un grand nombre d'hommes, se constitue lentement et se transmet d'une génération à l'autre. Certains groupes l'enrichissent par de nouvelles découvertes; d'autres se contentent de le conserver; et d'autres ne parviennent même pas à le garder intact.

La connaissance scientifique a donc une histoire. Loin d'être un don gratuit de la nature, elle est le résultat d'inlassables recherches et de laborieux efforts. Pendant de longs siècles l'humanité en fut dépourvue. Et lorsqu'enfin la science commença à se constituer, dans le monde grec et hellénistique de l'antiquité, ses progrès furent lents et pénibles. A partir du moyen âge, l'Europe occidentale a été le principal foyer scientifique, et c'est de là que, finalement, à l'époque contemporaine, la science s'est répandue progressivement dans tous les pays du monde.

1. a) Il y a donc lieu de parler d'une «vie» scientifique. La science vit dans l'esprit individuel des personnes qui la cultivent. Mais grâce au symbolisme du langage écrit, elle peut être consignée dans des œuvres matérielles et y acquérir une existence quasi impersonnelle. Son caractère social s'en trouve considérablement affermi: ces ouvrages deviennent le patrimoine de la communauté, circulent de groupe en groupe, survivent aux individus. A des époques troublées, où l'activité scientifique ne peut guère s'exercer, les ouvrages de science conservent l'héritage du passé pour le transmettre à des générations plus heureuses. C'est ainsi que, durant le haut moyen âge, les trésors de la civilisation antique trouvèrent un refuge dans les bibliothèques des monastères, en attendant le moment où les peuples d'Occident seraient en état de les étudier et de reprendre la marche en avant. Grâce aux multiples moyens dont on dispose maintenant pour fixer graphiquement les résultats considérés comme acquis, il devient fort probable que l'humanité prise dans son ensemble, ne perdra plus le bénéfice des travaux scientifiques antérieurs.

b) La vie scientifique obéit aux lois générales de la vie humaine: elle se développe et se constitue progressivement; elle tend à une perfection toujours plus grande, sans jamais s'achever définitivement. Par conséquent, à côté de ce qui a été fait dans le passé et nous a été transmis, il faut considérer ce qui doit se faire dans le présent. Une époque qui se contente de jouir de l'héritage reçu, n'est pas digne d'être appelée scientifique; pour mériter ce titre, elle doit faire progresser la science.

C'est en ce sens qu'on distingue la science «faite» et celle qui «se fait». La première englobe le domaine dont la conquête paraît achevée et définitive: elle constitue l'objet de l'enseignement ordinaire et est mise à la portée de tous dans les manuels scientifiques et les travaux de vulgarisation. L'autre se tient aux postes de combat et s'occupe activement de reculer les frontières de nos connaissances: travail d'exploration, de recherche, de découverte, qui se poursuit dans les laboratoires et les institutions similaires, loin des regards du grand public.

c) Autrefois, les centres scientifiques étaient peu nombreux et il était relativement aisé d'en suivre les travaux. Il n'en est plus ainsi de nos jours. Les universités et les institutions scientifiques se sont multipliées dans tous les pays et les hommes de science sont devenus légion. Cette immense mobilisation de forces a permis de faire des progrès rapides et notables sur tous les fronts, dans tous les secteurs de la science. Mais il en est résulté certaines difficultés dans le travail scientifique lui-même.

Tout d'abord, la *spécialisation* est devenue une impérieuse nécessité. Il n'est plus possible à un homme d'embrasser tout le savoir humain, d'être une encyclopédie vivante. A peine peut-on s'informer régulièrement de ce qui intéresse un domaine particulier. Mais la spécialisation ne laisse pas d'entraîner la déformation professionnelle et elle fait interpréter faussement les données dès qu'elle néglige de tenir compte de toutes les conditions et de tous les points de vue à considérer. Une sérieuse culture *générale,* poussée dans tous les sens, devra parer à cet inconvénient, en faisant prendre contact avec des mentalités variées, adaptées aux matières les plus diverses des branches philosophiques, mathématiques, psychologiques, physiques, juridiques, historiques, etc.

Ensuite, l'organisation du travail scientifique s'est compliquée, à tel point que (abstraction faite des questions de méthode propres à chaque domaine) il faut mettre en œuvre une technique précise, pour insérer *l'effort personnel dans l'ensemble du mouvement scientifique.* La science est devenue un organisme immense, comme un «esprit objectif», dominant l'humanité entière. Dans tous les pays, des spécialistes s'occupent du secteur de travail qui leur est dévolu, pour y pousser activement leurs recherches. Par différents moyens une communication s'établit entre eux, et rien d'important ne se produit à un endroit, qui ne soit immédiatement signalé partout ailleurs et qui n'ait sa répercussion sur les autres centres d'activité. Désormais le travail isolé n'est plus guère productif; la coordination de tous les efforts est devenue la condition indispensable de toute action vraiment efficace.

Pour se livrer à l'activité scientifique, il faut donc se renseigner sur la vie réelle, passée et présente, de la science qu'on veut cultiver. S'agit-il d'un problème particulier à traiter, on doit, en premier lieu, établir l'*état de la question*: qu'a-t-on fait dans le passé ? Où en est-on pour le moment ? Que reste-t-il à chercher ?

Il faut, ensuite, connaître et utiliser les *instruments de travail* dont on dispose grâce à l'organisation actuelle de la recherche scientifique, dans le but de donner à ses efforts le maximum d'efficacité.

Si l'on obtient des résultats, il s'agit de savoir par quelles voies on peut les *communiquer* aux autres et, le cas échéant, il convient de se renseigner sur le jugement qui est porté sur ces publications.

§ 2. LA VIE PHILOSOPHIQUE. SON ORGANISATION

Dans le champ de l'activité scientifique contemporaine on peut considérer, entre autres, deux facteurs importants: le groupement des hommes de science dans les *institutions* d'enseignement et dans les sociétés savantes, et la circulation intense des *écrits* scientifiques.

I. LE GROUPEMENT DES PHILOSOPHES

1. *Les centres d'enseignement*

L'enseignement de la philosophie, commencé quelquefois dans la classe supérieure du degré secondaire, se donne surtout dans les universités, qui comprennent normalement une Faculté de philosophie et parfois, en outre, un Institut supérieur de philosophie. Dans les maisons d'études, ordinaires ou supérieures, des Congrégations et Ordres religieux, de même que dans les séminaires diocésains ou interdiocésains, on enseigne également la philosophie. Ces centres d'enseignement s'occupent souvent de la recherche et du travail scientifique proprement dit, qui sont, d'ailleurs, un des buts spécifiques de l'enseignement supérieur. L'organisation de l'enseignement entraîne donc déjà une certaine organisation du travail scientifique.

On trouve des indications utiles concernant l'enseignement supérieur (et concernant les institutions scientifiques et les sociétés savantes) de tous les pays, dans *Minerva. Jahrbuch der gelehrten Welt* (Gegründet von Dr. K. TRUEBNER und Dr. R. KUKULA), Berlin, Walter de Gruyter, prem. édit. 1901. — *Index generalis. Annuaire général des Universités et des grandes Écoles, Académies, Archives, Bibliothèques, Instituts Scientifiques, Jardins Botaniques et Zoologiques, Musées, Observatoires, Sociétés savantes* (publié sous la direction de R. DE MONTESSUS DE BALLORE), Paris, Éditions Spes, prem. édit. 1919. — *The World of Learning,* Londres, Europa Publications, prem. édit. 1947 ([1])([2]).

L'enseignement catholique comprend des universités, des facultés et des instituts supérieurs, des écoles ordinaires de tous les degrés. Signalons quelques institutions de recherche et d'enseignement supérieur.

([1]) Pour se rendre compte de l'importance de ces répertoires, il suffit de noter que *Minerva* (comprenant deux tomes: 1. *Universitäten und Fachhochschulen,* XXXIV-2202 pp. et 2. *Forschungsinstitute, Observatorien, Bibliotheken, Archive, Museen, Kommissionen, Gesellschaften*) se présente comme suit: dans la 34ᵉ édition, le tome I comprend deux volumes: le premier est consacré à l'Europe et le second aborde les autres pays; en tout XXII-LIV-2355 pp. Le second volume dans sa 32ᵉ édition, 1937, contient XII-1765 pp.

La 21ᵉ année de l'*Index Generalis,* 1954-1955, comprend XVI-1953 pp. et 63 pp. de supplément.

Dans sa 9ᵉ édition, *The World of Learning,* 1958-59, comprend XIV-1140 pp.

([2]) Lors d'une conférence internationale universitaire, tenue à Nice au mois de décembre 1950, fut fondé *The International Association of Universities — L'association internationale des Universités,* avec un secrétariat permanent à Paris (19, avenue Kléber, Paris XVIᵉ). Cette association convoque régu-

1. Les Universités qui font partie de la *Catholicarum Universitatum Foederatio* ([1]):

ARGENTINE. *Universidad Catolica Argentina Santa Maria* de Los Buenos Aires. 1910-1920, restaurée en 1959.
   Facultad de Filosofia. Fac. de Derecho y Ciencias Politicas. Fac. de Ciencias sociales y Economicas. Fac. de Letras. Fac. de Artes y Ciencias Musicales. Instituto de Ciencias Fisico-Matematicas e Ingenieria. Instituto de Ciencias Naturales.

BELGIQUE. *Université Catholique de Louvain — Katholieke Universiteit te Leuven,* fondée en 1426, restaurée en 1834. Université bilingue: français, néerlandais.
   Faculté de Théologie, 1432. Institut supérieur de Sciences religieuses, 1942.

lièrement ses congrès, publie des «cahiers», «recueils», rapports, etc., et, à partir de 1953, elle a eu soin de publier un *Bulletin* trimestriel, contenant un aperçu sur l'activité de l'Association, une chronique sur les faits divers universitaires et sur les problèmes touchant le plan international.

A l'initiative du Prof. Glaser de Wilna (Pologne), on a fondé à Londres, en 1942, l'*Association of Allied University Professors and Lecturers,* qui, à peine terminée la guerre, a été élargie en *International Association of University Professors and Lecturers,* disposant en 1958 de 26 sections et comptant environ 58.000 membres, parmi lesquelles la section belge (*Universitas Belgica, group of the I.A.U.P.L.,* fondée en 1946; secrétariat: Palais d'Egmont, Petit Sablon, 8, Bruxelles).

De même les recteurs des Universités, au moins dans l'Europe occidentale, se sont associés depuis 1953, et se rencontrent régulièrement dans la *Conférence of the Rectors of the Universities in Western Europe.*

La première *Conference of the European Universities Rectors and Vice-Chancellors* eut lieu à Cambridge du 20 au 27 juillet 1954. Il s'en suivit la fondation à Bruxelles, au mois de novembre 1955, d'un «Comité des Universités Européennes»; il travaille sous les auspices de l'Union de l'Europe occidentale, dont le sécrétariat général se trouve à Londres, 9, Grosvernor Place, London, S. W. 1. La seconde *Conférence* se tint à Dijon du 9 au 15 septembre 1959. La troisième *Conférence* doit avoir lieu à Göttingen, en 1964.

([1]) Des renseignements concernant les universités catholiques se trouvent dans l'*Annuaire général des Universités Catholiques 1927, publié pour la Fédération des Universités Catholiques* par les secrétaires Agostino GEMELLI et Joseph SCHRIJNEN, Nimègue-Utrecht, N. V. Dekker et van de Vegt et J. W. van Leeuwen, 1927, en 8°, 452 pp., et repris en 1954: *Annuarium* (Catholicarum Universitatum Foederatio, 1), Rome, 1954, 208 pp. *Catalogus Catholicarum Institutorum de Studiis superioribus.* Rome, Catholicarum Universitatum Foederatio, Via del Seminario 120, 1955, 232 pp.

Faculté de Droit canonique.

Institut supérieur de Philosopie (également, Faculté ecclésiastique de Philosophie), 1894.

Faculté de Droit, 1426. École de Criminologie, 1929.

Faculté de Médecine, 1426. École de Pharmacie. Institut supérieur d'Hygiène. Centre de Sciences hospitalières, 1960. Institut des Sciences familiales et sexologiques, 1961. Institut supérieur du Travail, 1951. Institut d'Éducation physique, 1940. Instituts d'Études paramédicales: École technique supérieure d'Assistants de Laboratoire clinique et de Gradués en Diététique, École technique supérieure d'Administration et d'Éducation sanitaire, École Sainte-Élisabeth pour accoucheuses et infirmières graduées.

Faculté de Philosophie et Lettres, 1426 (groupes Philosophie, Histoire ancienne et Histoire moderne. Philologie classique, Philologie romane, Philologie germanique, candidature préparatoire au Droit). Institut supérieur d'Archéologie et d'Histoire de l'Art, 1942. Institut orientaliste, 1936. Institut de Psychologie et de Pédagagie, 1923. Institut africaniste, 1953. Hoger Instituut voor algemene Literatuurwetenschap, 1953.

Faculté des Sciences, 1426 (groupes Sciences mathématiques et Sciences physiques, Sciences chimiques, Sciences géologiques et minéralogiques, Sciences biologiques, zoologiques, botaniques, Sciences géographiques, candidatures en Sciences naturelles et médicales, en Pharmacie, en Médecine vétérinaire). Institut agronomique, 1878.

Faculté des Sciences appliquées (École polytechnique, 1886), (Études d'«Ingénieur civil» des Mines, des Constructions, des Constructions navales, métallurgiste, chimiste, électricien, mécanicien, architecte, physicien, en Gestion industrielle, en Mathématiques appliquées). Institut d'Urbanisme et d'Aménagement du Territoire, 1960. Institut supérieur du Travail, 1951.

Faculté des Sciences économiques et sociales, comprenant l'École des Sciences politiques et sociales, 1892, l'École des Sciences économiques (à savoir: l'Institut des Sciences économiques, 1928, l'Institut des Sciences économiques appliquées ou Institut du Commerce, 1897, et l'Institut des Sciences actuarielles, 1941) et l'Institut des Recherches économiques, sociales et politiques, 1927, réorganisé en 1961. Institut d'Étude des Pays en Développement, 1961 ([1]).

([1]) Il existe en outre en Belgique:

Facultés du Collège de Notre-Dame de la Paix, S. J., Namur, 1833. Facultés de Philosophie et Lettres et des Sciences.

Brésil, *Pontificia Universidade Catolica do Rio Grande do Sul*, Pôrto Alegre. 1948. Faculdade de Ciências Politicas e Econômicas: Fac. de Direito; Fac. de Filosofia; Fac. de Odontologia; Escola de Serviço Social.

Pontificia Universidade Catolica do Rio de Janeiro. 1940. Faculdade de Filosofia, Ciências e Letras; Fac. de Direito; Escola Politécnica; Esc. de Serviço Social; Instituto Sociala; Esc. de Jornalismo; Esc. de Enfermagem.

Pontificia Universidade Catolica de Sâo Paulo. 1946. Incorporados: Faculdade Paulista de Direito, Fac. de Filosofia, Ciências e Letras de Sâo Bento. Agregadas: Faculdade de Filosofia, Ciências e Letras «Sedes Sapientiae»; Fac. de Filosofia, Ciências e Letras de Campinas; Fac. de Ciências Econômicas de Campinas; Fac. de Engenharia Industrial, Fac. de Estudos Econômicos do Liceu «Coraçâo de Jesus»; Fac. de Teologia Nossa Senhora da Assunção. Complementares: Escola de Serviço Social; Escola de Jornalismo «Casper Libero», anexa à Fac. de Filosofia, Ciências e Letras de Sâo Bento. Institutos organisados sob os auspicios e orientaçao da Universidade: Faculdade de Medicina e Escola de Enfermagem de Sorocaba, Fac. de Odontologia de Campinas.

Canada. *Université de Montréal,* prov. de Québec. 1878. Faculté de Théologie, Fac. de Droit, Fac. de Médecine, Fac. de Philosophie, Fac. des Lettres, Fac. des Sciences, Fac. de Chirurgie dentaire, Fac. des Sciences sociales, économiques et politiques, Fac. de Musique, Fac. de Pharmacie, Fac. des Arts, École d'Hygiène, Institut de Diététique et de Nutrition, École des Infirmières, Institut d'Études Médiévales, Institut de Psychologie. *Écoles affiliées*: École Polytechnique, École de Hautes Études Commerciales, École d'Optométrie, Institut Agricole d'Oka, École de Médecine vétérinaire de la Prov. de Québec, Institut Marguerite d'Youville, École Normale secondaire, Institut Pédagogique St Georges, Institut Pédagogique C.N.D., Institut de Pédagogie familiale.

Université d'Ottawa. Université bilingue (dir. Oblats de Marie-Immaculée). 1848. Faculté de Théologie, Fac. de Droit Canonique, Fac. de Philosophie, Fac. de Droit, Fac. de Médecine, Fac. des Arts, École des Gradués, École des Sciences politiques, économiques et sociales, École des Sciences appliquées (Génie), École d'Infir-

---

Faculté de l'Institut Saint-Louis, Bruxelles. 1858. Faculté de Philosophie et Lettres (1858); École des Sciences Philosophiques et Religieuses (1925); École supérieure de Commerce et de Finance (1925); Cours scientifique préparatoire à l'École Militaire et aux Écoles Spéciales des Universités.

mières, École de Bibliothécaires, École de Musique, École Normale, École d'Entraînement militaire, Institut de Psychologie, Institut d'Éducation physique, Institut de Géographie, Institut Est et Sud Européen, Institut de Missiologie.

Université Laval, Québec. 1852. École des Gradués, Faculté de Théologie, Fac. de Philosophie, Fac. de Droit, Fac. de Médecine, Fac. des Arts, Fac. des Lettres, Institut d'Histoire et de Géographie, Fac. des Sciences, École de Pharmacie, Fac. d'Agriculture, Fac. des Sciences sociales, Fac. d'Arpentage et de Génie forestier, Fac. de Commerce.

CHILI. *Universidad Católica de Chile,* Santiago. 1888. Facultad de Teología, Fac. de Derecho y Ciencias Politicas y Sociales, Fac. de Ciencias Fisicas y Matemáticas, con Escuela de Ingenieros civiles, de Ingenieros Electricistas, Actuarios y especializaciones de Química y Minas, Fac. de Comercio, Fac. de Filosofía y Humanidades, Fac. de Medicina y Farmacía, Escuela de Servicio Social.

Universidad Católica de Valparaiso. 1924. Facultad de Arquitectura y Urbanismo, Fac. de Ciencias Fisicas y Matemáticas, Escuela de Ingeniería Química, Fac. de Ciencias Jurídicas y Sociales, Escuela de Derecho, Fac. de Comercio y Ciencias Económicas, Fac. de Filosofía y Educación.

COLOMBIE. *Pontificia Universidad Católica Javerniana,* Bogotá. Fondée en 1622, restaurée en 1931. Facultad de Teología, Fac. de Filosofía, Fac. de Derecho Canónico, Fac. de Ciencias Económicas y Jurídicas (Derecho), Fac. de Medicina y Cirugía, Fac. de Filosofía, Letras y Pedagogía, Fac. de Arquitectura, Fac. de Ingeniería, Fac. de Odontología, Instituto de Derecho Laboral, Instituto de Periodismo y Radiodifusión. Facultades Femininas: Bacteriología, Arte y Decoración Arquitectónica, Escuela de Enfermería, Escuela de Dietética.

Universidad Pontificia Bolivariana, Medellin. 1936. Facultad de Derecho y Ciencias Políticas, Fac. de Arquitectura y Urbanismo, Fac. de Química Industrial, Fac. de Ingeniería Eléctrica, Fac. de Filosofía, Fac. de Arte y Decoración.

CONGO. *Université Lovanium.* 1954. Facultés de Théologie, de Droit, de Médecine, de Philosophie et Lettres, des Sciences, des Sciences politiques, sociales et économiques; Institut supérieur des sciences religieuses; Institut de Psychologie et de Pédagogie; Institut Polytechnique; Institut agronomique. Sections préuniversitaires (générale et scientifique); École d'infirmières.

ESPAGNE. *Pontificia Universidad de Salamanca.* Fondée en 1218, res-

taurée en 1940. Facultad de Teología, Fac. de Derecho Canónico,
Fac. de Filosofía, Fac. de Letras Clasicas, Centro de estudios de
Espiritualidad.

Université Catholique de Navarre. Fondée en 1952, établie à
Pampelune en 1960. Facultés de Droit et de Droit canonique, Faculté de Médecine, Faculté des Lettres (départ. de Philosophie,
d'Histoire, de Philologie anglaise, des Arts libéraux), Cours préparatoires pour les études de sciences et des études d'ingénieur,
École d'ingénieur civil (à Saint-Sébastien), Institut pour la Direc-
rection des Entreprises (à Barcelone), École d'infirmières.

États-Unis d'Amérique. *Boston College,* Chestnut Hill (Massachusetts).
S. J. 1863. College and Graduate School of Arts and Sciences, Col-
lege of Liberal Arts, School of Philosophy and Sciences, Law
School, School of Social Work, College of Business Administration,
School of Adult Education, School of Nursing, School of Edu-
cation.

University of Detroit (Michigan). S. J. 1877. College of Arts and
Sciences, College of Commerce and Finance, College of Engineering, School of Dentistry, School of Law, Graduate School.

Loyola University of Los Angeles (California). S. J. 1865. Col-
lege of Arts and Sciences, College of Business Administration,
College of Engineering, School of Law, Teacher Training Program,
Graduate School.

Marquette University, Milwaukee (Wisconsin). S. J. 1864. Col-
lege of Liberal Arts, Coll. of Business Administration, Coll. of
Engineering, Coll. of Journalism, Coll. of Nursing, School of
Speech, School of Dentistry, School of Law, School of Medicine,
Graduate School.

Fordham University, New York (New York). S. J. 1841. College
of Arts and Sciences, School of Law, College of Pharmacy, School
of Social Service, Graduate School of Arts and Sciences (compri-
sing 11 different Departments: of Classical Languages and Li-
teratures, Biology, Mathematics, English Language and Literature,
Philosophy, Political Philosophy and the Social Sciences, Psychology, History, Physics, Chemistry, Romance Languages and Li-
teratures); School of Education, School of Business.

University of Notre Dame du Lac, Notre Dame (Indiana). Holy
Cross Fathers. 1842. College of Arts and Letters, Coll. of Science,
Coll. of Commerce, Coll. of Engineering, Coll. of Law, Graduate
School, Medieval Institute, Lobund Institute (Laboratory of Bio-
logical Sciences).

Creighton University, Omaha (Nebraska). S. J. 1878. College of

Arts and Sciences, Coll. of Commerce, Coll. of Pharmacy, School of Law, School of Medicine, School of Dentistry, Graduate School.

Duquesne University, Pittsburgh (Pennsylvania). Holy Ghost Fathers. 1878. College of Arts and Sciences, School of Business Administration, School of Education, School of Pharmacy, School of Law, School of Music, School of Nursing, Graduate School.

Saint Louis University, Saint Louis (Missouri). S. J. 1818. College of Arts and Sciences, Graduate School, School of Social Service, Institute of Social Order, School of Medicine, School of Law, School of Commerce and Finance, School of Nursing, Institute of Technology, College of Philosophy and Letters, School of Divinity, School of Dentistry, Parks College of Aeronautical Technology.

University of San Francisco (California). S.J. 1855. Graduate Division, School of Law, College of Liberal Arts, College of Science, College of Business Administration.

Seattle University, Seattle (Washington). S. J. 1891. College of Arts and Sciences, School of Commerce and Finance, School of Education, School of Engineering, School of Nursing, Graduate School of Arts and Sciences.

Catholic University of America, Washington (D.C.) (Hierarchy of the United States, 1887). School of Theology, School of Canon Law, School of Philosophy, School of Law, School of Arts and Sciences, School of Nursing Education, School of Social Sciences, School of Social Work, School of Engineering and Architecture.

Georgetown University, Washington (D. C.). S. J. 1789. College of Arts and Sciences, Graduate School, School of Medicine, School of Law, School of Dentistry, School of Nursing, School of Foreign Service, Institute of Languages and Linguistics ([1]).

FRANCE. *Université Catholique de l'Ouest,* Angers (Maine-et-Loire).

([1]) Il existe aux États-Unis d'Amérique bon nombre d'autres «universités catholiques», établissements d'enseignement des lettres et des sciences, comprenant un nombre variable d'écoles et de facultés et où se font également, à des degrés divers, des cours de philosophie, notamment: *University of Santa Clara,* California (S. J. 1851); *Fairfield University,* Connecticut (S. J. 1942); *De Paul University,* Chicago, Illinois (Vincentian Fathers, 1898); *Loyola University,* Chicago Illinois (S. J. 1870); *Loyola University of the South,* New Orleans, Louisiana (Sisters of the Blessed Sacrament, 1925); *Seton Hall University,* South Orange (Diocesan Clergy, 1956); *Niagara University,* Niagara Falls, New York (Vincentian Fathers, 1856); *St. Bonaventure University,* St. Bonaventure, New York (Franciscan Fathers, 1856); *St. John's University,* Brooklyn, New York (Vincentian Fathers, 1870); *University of Dayton,* Ohio (Society of Mary, 1850); *John Carroll University,* Cleveland, Ohio

1875. Faculté de Théologie, Fac. de Droit, Fac. des Lettres, Fac. des Sciences, École Supérieure d'Agriculture, École Supérieure des Sciences Commerciales, École Normale Sociale, École Supérieure Agricole et Ménagère. École Supérieure de Chimie de l'Ouest. Centre d'Études Psycho-pédagogiques, Institut Grégorien, Centre Supérieur d'Enseignement Religieux, Préparation à l'École des Chartes, Cours de préparation aux Affaires.

Université Catholique de Lille. 1875. Faculté de Théologie, Fac. de Droit, Fac. de Médecine et de Pharmacie, Fac. des Lettres, Fac. des Sciences, École des Hautes Études Industrielles, École des Hautes Études Commerciales du Nord, Institut des Sciences Sociales et Politiques, École supérieure de Journalisme, École des Missionnaires du Travail, École d'Infirmières Hospitalières et de Puéricultrices, École de Sages-Femmes, École de Service Social. École de Pédagogie Infantile, École d'Éducatrices et Monitrices de l'Enfance.

Facultés Catholiques de Lyon, 1875. Faculté de Théologie, Fac. de Droit Canonique, Fac. de Droit, Fac. des Lettres, Fac. des Sciences, Institut de Pédagogie, Institut de Droit Commercial, Institut Social, École Sociale Industrielle, Institut de Linguistique Romane, Institut de Chimie Industrielle, École de Biochimie Pratique, Hôpital Saint-Joseph, Institut Saint-Grégoire-le-Grand.

Institut Catholique de Paris. 1875. Faculté de Théologie, Fac. de Droit Canonique, Fac. de Philosophie, Fac. de Droit, Fac. des Lettres, Fac. des Sciences, École Supérieure des Sciences Économiques et Commerciales, Institut d'Études Sociales, Institut de Pédagogie, École de Bibliothécaire, Institut Grégorien, Centre d'Études Ibéro-Américaines, Centre d'Études Slaves, École des Langues Orientales anciennes, École des Législations religieuses, Institut Agricole de Beauvais, Centre de préparation à la pratique du Droit et à la vie des Entreprises.

Institut Catholique de Toulouse (Haute-Garonne). 1877. Faculté de Théologie, Fac. de Droit Canonique, Fac. de Philosophie, Fac. des Lettres, École Supérieure des Sciences, École Supérieure d'Agriculture.

(S. J. 1886); *Xavier University,* Cincinnati, Ohio (S. J. 1831); *Portland University,* Oregon (Holy Cross Fathers, 1901); *St. Mary's University,* San Antonio, Texas (Society of Mary, 1852); *Gonzaga University,* Spokane, Washington (S. J. 1887).

Des renseignements au sujet de ces institutions se trouvent dans le *Catholic Schools and Colleges in the United States Directory,* publié, tous les deux ans, par «The National Catholic Welfare Conference», Washington, D. C.

IRLANDE. *St. Patrick's College,* Maynooth, County Kildare. 1795. In Universitate Pontificia: Facultas Theologiae, Fac. Philosophiae, Fac. Iuris Canonici. In Universitate Nationali: Facultas Philosophiae, Fac. Scientiae et Artium.

ITALIE. *Pontificia Universitas Gregoriana,* Rome. 1551. Facultas Theologiae, Fac. Iuris Canonici, Fac. Philosophiae, Fac. Historiae Ecclesiasticae, Fac. Missiologica, Fac. Biblica (in consociato Pontif. Instituto Biblico), Fac. Orientalium Studiorum (in consociato Pontif. Instituto Orient. Stud.), Institutum Scientiarum Socialium, Cursus Theologiae Seminaristicus, Schola Theologiae Ascetico-Mysticae, Schola Superior Litterarum Latinarum, Institutum Culturae Superioris Religiosae pro Laicis.

Pontificium Athenaeum Lateranense, Rome. 1565. Facultas Theologica, Fac. Philosophica, Institutum Utriusque Iuris cui pertinent Fac. Iuris Canonici et Fac. Iuris Civilis.

Pontificium Athenaeum Urbanianum «De propaganda Fide», Rome. 1627. Facultas Theologica, Fac. Philosophica, Institutum Missionale Scientificum, Cursus Seminaristicus.

Pontificium Athenaeum «Angelicum», Rome. 1577. Depuis le 7 mars 1963: *Pontificia Studiorum Universitas a S. Thoma Aquinate in Urbe.* Facultas Theologica, Fac. Iuris Canonici, Fac. Philosophica, Institutum Spiritualitatis, Institutum Scientiarum Socialium, Cursus Propaedeuticus Litterarum.

Pontificio Ateneo Salesiano. Fondé à Turin, 1936; transféré à Rome, 1959. Facoltà di Teologia, Fac. di Diritto Canonico, Fac. di Filosofia, con vari Istituti, Istituto Superiore di Pedagogia.

Università Cattolica del Sacro Cuore, Milan, 1920. Facoltà di Giurisprudenza, Fac. di Scienze Politiche, Fac. di Economia, Fac. di Lettere e Filosofia, Fac. di Magistero, Fac. di Agraria, Scuola di Statistica, Scuole di Perfezionamento (di Diritto romano e Storia del Diritto, di Diritto canonico, di Scienze politico-amministrative. di Economia e Diritto del lavoro, di Applicazione forense, di Filologia, Antichità classiche e Papirologia, di Filologia romanza e moderna, di Filosofia neoscolastica, di Psicologia, di Lingue e letterature orientali, di Storia e Civiltà del Cristianesimo).

JAPON. *Sophia University,* Tokyo. S. J. 1913. Schola Gradus (Graduate School): Sectio Theologica, Sect. Philosophica, Sect. Studiorum Culturae Occidentalis (i.e. Litterat. Anglica, Germanica, Historia), Sect. Oeconomica. Collegium (Undergraduate School): Facultas Litterarum, Fac. Oeconomica. Facultas Philosophiae canonice erecta.

LIBAN. *Université Saint-Joseph,* Beyrouth. S. J. français, 1875. Faculté de Théologie, Fac. de Médecine et de Pharmacie, Fac. de Droit. Institut de Sciences Politiques, École Supérieure d'Ingénieurs, Institut de Lettres Orientales, Observatoire.

MEXIQUE. *Universidad Iberoamericana,* Mexico. 1953 (auparavant: Centro Cultural Universitario, 1943). Administracion de Empresas. Antropologia. Arquitectura. Ciencias de la Comunicacion. Cinematografia. Derecho, Diseño Industrial. Filosofia. Historia. Historia del Arte. Ingenieria Civil. Ingenieria Electro-mecanic. Ingenieria Quimica. Letras Españoles. Psichologia. Quimica. Quimica Farmaco-Biologica. Relaciones Industriales. Talleres de Artes Plasticas.

PAYS-BAS. *Roomsch Katholieke Universiteit,* Nimègue. 1923. Faculté de Théologie, Fac. de Philosophie et Lettres, Fac. de Droit, Fac. de Médecine, Fac. des Sciences mathématiques et naturelles, Fac. combinées de Phil. et Lettres et des Sciences mathém. et naturelles pour l'étude de la géographie sociale, Fac. combinées de Philosophie et Lettres et de Médecine pour l'étude de la Psychologie et de la Pédagogie. Fac. combinées de Philosophie et Lettres et de Droit pour l'étude des Sciences Sociales et Politiques, Institut sociologique, Institut Missiologique, Institut catholique pour la Journalistique.

PÉROU. *Pontificia Universidad Católica del Peru,* Lima. 1917. Facultad de Letras, Filosofía e Historia, Fac. de Derecho y Ciencias Políticas, Fac. de Ciencias Económicas y Comerciales, Fac. de Ingenieria Civil, Fac. de Educación, Escuela de Pedagogía (Varones), Escuela Normal Urbana (Mujeres), Escuela de Periodismo, Escuela de Artes Plásticas.

PHILIPPINES. *Royal and Pontifical University of Santo Tomas,* Dir. O.P., Manille. 1611. Faculty of Sacred Theology, Fac. of Canon Law, «Facultas Philosophiae», Fac. of Civil Law, Fac. of Philosophy and Letters, Fac. of Medicine, Fac. of Pharmacy, Fac. of Engineering, College of Education, College of Liberal Arts, College of Commerce, College of Architecture, Conservatory of Music, School of Nursing, Graduate School.

POLOGNE. *Katolicki Uniwersytet Lubelski,* Lublin. 1918. Facultas Theologiae, Fac. Philosophiae, Fac. Iuris Canonici, Fac. Iuris Civilis et Scientiarum Soc. et Oeconomic., Fac. Philosophiae et Litterarum.

2. Les *Facultés de Théologie rattachées à des universités civiles*:

Une faculté de Théologie catholique et un Institut de Droit Canonique à l'Université de Strasbourg, en France; des facultés de Théologie catholique aux universités de Bonn, Fribourg en Brisgau (Bade), Munich, Munster, Tubingue, Braunsberg, Wurzbourg, en Allemagne; aux universités de Vienne, Graz, Innsbruck, en Autriche; à l'université de Budapest, en Hongrie; aux universités de Cracovie et de Varsovie, en Pologne; aux universités de Prague et d'Olomouc, en Tchécoslovaquie; à l'Université de Zagreb, en Yougoslavie.

3. Les *séminaires interdiocésains et diocésains,* dont plusieurs possèdent des facultés, notamment:

Baltimore, Md., St. Mary's University (1822); Buenos Aires (Argentine) (1944); Chicago, Ill., Archiepiscopal Seminary of Our Lady of the Lake (1929); Cagliari (Sardaigne) (1927); Milan (Italie), Séminaire archiépiscopal de Wenegono (1933); Naples (Italie), Séminaire archiépiscopal (1941) et Séminaire Pontifical de Campano (1918); Trèves (Allemagne), Séminaire archiépiscopal (1950).

4. Les *centres d'étude et de recherche scientifique des Ordres et des Congrégations religieuses.* En dehors de ceux qui ont déjà été indiqués, signalons:

Pour l'*Ordre des Dominicains,* les facultés de Philosophie et de Théologie du «Saulchoir», Etiolles (Paris); les maisons d'étude de Saint-Maximin (Var) en France, de Louvain en Belgique, d'Ottawa au Canada, etc.; la Commission Léonine, établie à Rome, chargée de l'édition critique des œuvres de S. Thomas d'Aquin ([1]); l'Institut d'Études médiévales Albert le Grand, établi à Montréal ([2]).

([1]) En 1879, le pape Léon XIII manifesta le désir de voir paraître une édition critique des œuvres de S. Thomas (Bref *Jam pridem considerando* du 15 octobre 1879). Le 10 janvier 1880, il confia à une commission de trois cardinaux la réalisation de ce désir. C'est à la mort du cardinal Zigliara, le dernier survivant des trois membres de ladite commission, que le Pape chargea l'Ordre des Dominicains de poursuivre l'œuvre entreprise (Bref *Quum certa* du 4 octobre 1893).

([2]) En 1930, fut fondé au collège des PP. Dominicains d'Ottawa l'*Institut d'Études Médiévales d'Ottawa*. Il fut déplacé, en 1942, et affilié à la Faculté

Pour la *Société de Jésus,* les facultés de Philosophie et de Théologie de Louvain (province belge), d'Enghien (Belgique) et Vals-Le-Puy (France) (province française), de Maastricht et de Nimègue (Pays-Bas) (province néerlandaise), de Weston (Massachusetts) et Woodstock (Maryland) (États-Unis d'Amérique), de Pullach près de Munich (Allemagne), d'Innsbruck (Autriche), de Kandy (India); l'Université Pontificiale de Comillas, Santander (Espagne); les maisons d'étude de Jersey, Stonyhurst (Angleterre), etc.

Pour l'*Ordre Bénédictin,* le Collegium Internationale S. Anselmi de Urbe, Rome, fondé en 1687, restauré en 1887, qui comprend les facultés de Théologie, de Droit Canon et de Philosophie.

Pour l'*Ordre Franciscain,* l'Athenaeum Antonianum de Urbe, Rome (1890), comprenant les facultés de Théologie, de Droit Canon et de Philosophie; le Collège Saint-Bonaventure de Quaracchi (Ad claras aquas) près de Florence (fondé par Ignace Jeiler, O.F.M., en 1877); le Collegium Sancti Laurentii Brundusii (fondé à Assise, en 1928, par Amédée Teetaert, O.F.M. Cap.), établi à Rome, depuis 1940; la Commissio scotistica (présidée par Charles Balic, depuis 1938), établie au Pontif. Athenaeum Antonianum à Rome; le Franciscan Institute of mediaeval Studies (fondé par Philothée Boehner, O.F.M., en 1941), établi à Saint Bonaventure College, Saint Bonaventure, N.Y., aux États-Unis d'Amérique.

Pour les *Basiliens,* St. Michaels College, Institute of Mediaeval Studies (1929), rattaché à l'University of Toronto, au Canada.

Dans toutes ces institutions, la philosophie est d'inspiration scolastique, du moins en ordre principal. Il en est de même dans les universités d'*Espagne*, dans la *National University of Ireland* (qui comprend les universités de Dublin, de Cork et de Gallway), dans l'Université cantonale de Fribourg-Freiburg i. Üchtlande Universität (1889), en Suisse.

2. *Les académies*

Au cours des temps modernes, on a institué des sociétés scientifiques, littéraires, artistiques, etc., appelées généralement «aca-

---

réorganisée de Philosophie de l'Université de Montréal, sous le nom de *Institut d'Études Médiévales Albert le Grand.*

démies», dans le but de développer de toutes manières, en premier lieu en encourageant les recherches et les travaux personnels des académiciens eux-mêmes, un domaine déterminé de la culture humaine. Le nombre des membres dont elles se composent est limité. Outre les membres effectifs, elles comptent des membres correspondants et des membres associés. Ces académies éditent les rapports de leurs séances (Bulletins, Mededelingen, Proceedings, Sitzungsberichte), ainsi que certains travaux admis à être publiés (Mémoires, Verhandelingen, Transactions, Abhandlungen) ([1]).

Beaucoup d'académies des sciences, et en particulier la plupart des académies nationales, comportent une classe de philosophie, ou du moins réservent une place à la philosophie. Telles sont, par exemple:

Académie Royale des Sciences, des Lettres et des Beaux-Arts de Belgique (1772).
Koninklijke Vlaamse Akademie voor Wetenschappen, Letteren en Schone Kunsten van België (1938).
Académie des sciences morales et politiques (l'une des cinq Compagnies dont se compose l'Institut de France) (1806).
Preussische Akademie der Wissenschaften. Berlin (1700).
Bayerische Akademie der Wissenschaften. Munich (1759).
Badische Gesellschaft der Wissenschaften. Heidelberg (1909).
Akademie der Wissenschaften. Vienne (1846).
Royal Society of London (1663).
British Academy (1902).
Royal Society of Scotland. Édimbourg (dérivée, en 1783, de la Philosophical Society).
American Philosophical Society. Philadelphie (1743).
Accademia dei Lincei. Rome (1603).
Accademia delle Scienze dell'Istituto di Bologna (1712).
Società Reale. Naples (1808).
Koninklijke Akademie van Wetenschappen. Amsterdam (1808).
Real Academia de Ciencias Morales y Politicas. Madrid (1857).

([1]) Il y a des Académies dans les pays suivants (dans quelques-uns même plusieurs): Allemagne, Argentine, Australie, Belgique, Brésil, Bulgarie, Canada, Chine, Cité du Vatican, Danemark, Écosse, Égypte, Espagne, Estland, États-Unis, Finlande, France, Grande-Bretagne, Grèce, Hongrie, India, Indo-

L'*Association Internationale des Académies,* fondée à Paris en 1900, avait pour but d'organiser les rapports scientifiques sur le plan international et de promouvoir les éditions académiques (p. ex. Corpus Inscriptionum Latinarum, Encyclopédie de l'Islam, etc.). Cette coopération prit fin au début de la guerre de 1914. En 1919 on institua, à Bruxelles, l'*Union Académique Internationale* (¹).

3. *Les sociétés philosophiques*

Tandis que les centres d'étude et de recherche se multiplient et que la spécialisation s'impose de plus en plus, les philosophes se groupent, à partir de la fin du dix-neuvième siècle, en des «sociétés philosophiques» (²). En 1947, elles se sont unies en une *Fédération Internationale des Sociétés de Philosophie* (³).

---

nésie, Irlande, Israël, Italie, Japon, Norvège, Pays-Bas, Pologne, Portugal, Roumanie, Russie, Suède, Tchécoslovaquie, Yougoslavie.

(¹) L'*Union Académique Internationale* groupe actuellement les pays suivants: Allemagne, Autriche, Belgique, Canada, Chine, Danemark, Espagne, États-Unis, Finlande, France, Grande-Bretagne, Grèce, Hongrie, India, Italie, Japon, Norvège, Pays-Bas, Portugal, Tchécoslovaquie, Yougoslavie. Cfr *Union Académique Internationale. Compte Rendu de la vingt-huitième session annuelle du Comité, du 15 au 19 juin 1954,* Bruxelles, 1954, pp. 76 et suiv. *Statuts et Règlement de l'Union Académique Internationale,* dans *Bulletin de la Classe des Lettres de l'Académie Royale de Belgique,* 5ᵉ série, t. XLV, 1959, 6-9, pp. 486-495.

(²) Il en a été de même dans toutes les sciences. — Au mois de juillet 1919 fut constitué, à Bruxelles, le *Conseil International des Recherches,* pour coordonner l'action des Unions scientifiques internationales. (Astronomie, Géodésie et Géophysique, Chimie Pure et Appliquée, Radio-Science, Physique Pure et Appliquée, Géographie, Sciences Biologiques, Cristallographie, Mécanique Théorique et Appliquée, Histoire des Sciences, Mathématiques, Sciences Physiologiques, Biochimie, Psychologie Scientifique, Bibliographie et Documentation). L'organisme centralisateur de l'activité de ces unions internationales a pris le nom de *Conseil International des Unions Scientifiques.*

(³) En 1962, la *Fédération* groupait plus de 100 sociétés nationales et régionales et 14 organisations internationales. Elles appartiennent aux pays suivants: Allemagne, Argentine, Australie, Autriche, Belgique, Bolivie, Canada, Chili, Cuba, Danemark, Espagne, États-Unis d'Amérique, Finlande,

Leur but est de susciter et de promouvoir l'activité philosophique par l'organisation de séances régulières pour les membres, l'édition de périodiques et de collections d'ouvrages, l'institution de concours, etc. Selon les cas, ces sociétés sont locales, régionales, nationales ou internationales. Certaines se rattachent à un courant ou à une école philosophique déterminée; d'autres sont accessibles à des représentants de toutes tendances. Les sociétés catholiques sont groupées dans une *Union Mondiale des Sociétés Catholiques de Philosophie - World Union of Catholic Societies of Philosophy,* fondée en 1949 (¹).

France, Grande-Bretagne, Grèce, Hongrie, India, Irlande, Israël, Italie, Japon, Mexique, Norvège, Pakistan, Pays-Bas, Roumanie, Suède, Suisse, Tchécoslovaquie, Uruguay. Le secrétariat de la Fédération est à Uccle-Bruxelles, 18 (Belgique), 32, rue de la Pêcherie.

En janvier 1949, fut fondé, sous les auspices de l'UNESCO, le *Conseil International de la Philosophie et des Sciences Humaines* (C.I.P.S.H.) - *International Council for Philosophy and Humanistic Studies.* En 1962, douze organisations internationales en sont membres: l'*Union Académique internationale* (U.A.I.), la *Fédération Internationale des Sociétés de Philosophie* (F.I.S.P.), le *Comité International des Sciences Historiques* (C.I.S.H.), le *Comité International permanent des Linguistes,* la *Fédération Internationale des Associations d'Études Classiques* (F.I.E.C.),l'*Union Internationale des Sciences anthropologiques et ethnologiques,* le *Comité International d'Histoire de l'Art* (C.I.H.A.), l'*Association Internationale pour l'Étude de l'Histoire des Religions* (I.A.S.H.R.), la *Fédération Internationale des Langues et Littératures modernes,* l'*Union Internationale des Orientalistes* (U.I.O.), la *Société Internationale de Musicologie* (S.I.M.), l'*Union Internationale des Sciences préhistoriques et protohistoriques.*

Depuis 1952, le *Conseil International de la Philosophie et des Sciences Humaines* publie une revue, *Diogène* (revue générale d'information sur les activités courantes dans le secteur des éditions) en allemand, anglais, arabe, espagnol, français et italien. Cfr les bulletins annuels (ou, parfois, couvrant plusieurs années) publiés par le C.I.P.S.H., Paris, Maison de l'UNESCO, notamment celui de 1962 (consacré aux années d'activité 1960 et 1961), qui fournit les Statuts du C.I.P.S.H. (p. 42), le Réglement intérieur de l'assemblée générale du C.I.P.S.H. (p. 46), la composition du bureau et du secrétariat du C.I.P.S.H. (p. 49), la composition des bureaux des organisations membres du C.I.P.S.H. (p. 51).

(¹) Cette *Union* groupe une trentaine de sociétés. Ses membres, qui se montent à plus de 1.400, appartiennent à 18 pays: Afrique du Sud, Allemagne,

ALLEMAGNE

Allgemeine Gesellschaft für Philosophie in Deutschland. Worms. 1950.

Philosophische Section der Goerresgesellschaft. Munich.

Philosophische Gesellschaft Baden-Baden, 1952.

Deutsche Gesellschaft für Ethische Kultur. Berlin. 1892.

Internationale Gesellschaft für Philosophie und Sozialwissenschaft. Marbourg.

Gesellschaft für Aesthetik und Allgemeine Kunstwissenschaft. Berlin. 1924.

Cusanus-Gesellschaft. Bernkastel-Kues, 1960.

Paracelsus-Gesellschaft. Munich. 1929.

Leibniz-Gesellschaft. Berlin. 1926.

Kantgesellschaft. Berlin, 1904.

Hegel-Commission der Deutschen Forschungsgemeinschaft. 1961.

Internationale Hegel-Gesellschaft. Heidelberg, 1962.

Schopenhauer-Gesellschaft. Frankfort 1911.

Neue Schopenhauer-Gesellschaft. Ulm. 1921.

Nietzsche-Gesellschaft. Munich. 1919.

Gesellschaft der Freunde des Nietzsche-Archivs. Weimar. 1926.

Keyserling-Gesellschaft für freie Philosophie. Darmstadt. 1947.

Max Scheler-Gesellschaft. Tubingue. 1948.

Hönigswald-Archiv, Wurzbourg. 1956.

ARGENTINE

Sociedad Argentina de Filosofía. Buenos-Aires.

Sociedad Tomista Argentina de Filosofía.

Instituto de Filosofía Juridica. Buenos-Aires.

AUSTRALIE

Australian Society of Philosophy. Melbourne.

Victorian Artists' Society. Melbourne.

AUTRICHE

Philosophische Gesellschaft, Vienne. 1954.

Die Blinker, Graz.

Gemeinschaft Katholischer Philosophen in Oesterreich.

Paracelsus-Gesellschaft. Villach. 1941.

Die Philosophische Gesellschaft in Steiermark, Graz.

Argentine, Autriche, Belgique, Canada, Cité du Vatican, Espagne, États-Unis d'Amérique, France, Hollande, Irlande, Italie, Japon, Mexique, Pologne, Portugal, Suisse.

BELGIQUE
Société Philosophique Internationale de Louvain. 1888.
Société Belge de Philosophie. Bruxelles. 1920.
Wijsgerig Gezelschap te Leuven. Louvain. 1943.
Archives Husserl à Louvain. 1939.
Société Belge de Logique et de Philosophie des Sciences. Bruxelles.
   1949.
Société Internationale pour l'étude de la Philosophie médiévale.
   Louvain, 1958.
Société de Symbolisme, Liège, Genève, Paris. 1962.

BOLIVIE
Sociedad Boliviana di Filosofía. La Paz.

BRASIL
Sociedade Brasileira de Philosophia. Rio de Janeiro.

CANADA
Société de Philosophie de Montréal. 1924.
Société Thomiste de l'Université d'Ottawa. 1929.
Académie Canadienne Saint-Thomas d'Aquin. Québec. 1930.
Société Philosophique de Québec (Université Laval). 1935.
Association Canadienne de Philosophie, Canadian Philosophical
   Association, 1958.

CHILI
Sociedad Chilena de Filosofía. Santiago de Chili.

CITÉ DU VATICAN
Academia Romana di S. Tommaso d'Aquino e di Religione Cattolica ([1]).

CORÉE
Société de Philosophie en Corée. Séoul.

([1]) L'*Académie romaine de saint Thomas* a été fondée en 1879 (elle édita
un périodique, *Accademia romana di S. Tommaso d'Aquino,* qui fusionna plus
tard avec une revue de l'Académie de Bologne et qui cessa de paraître en
1895). En 1934, elle fut réunie à l'*Academia Religionis catholicae,* fondée en
1801, et depuis 1935 elle publie les *Acta Pontificiae Academiae sancti Thomae Aquinatis et Religionis catholicae.*
En 1946, la *Pontificia Academia Romana di S. Tommaso* a été enrichie
d'une section juridique, qui est venue s'ajouter aux sections philosophique et
théologique déjà existantes.

Cuba

Sociedad Cubana de Filosofía. La Havane.

Danemark

Selskabet for Filosofi og Psykologi. Copenhague.

Espagne

Sociedad Española de Filosofía. Madrid.

États-Unis d'Amérique

American Philosophical Association. Yellow Springs, Ohio. 1909.
American Catholic Philosophical Association. Washington, D. C. 1925.
American Jesuit Philosophical Association.
Association for Symbolic Logic. 1935.
Duns Scotus Philosophical Association. Cleveland. 1936.
International Phenomenological Society. Buffalo, N. Y. 1939.
Society for Existential Philosophy and Phenomenology. 1962.
Metaphysical Society of America. Yale University. 1950.
American Society for Aesthetics. Cleveland, Ohio. 1944.
Philosophy of Science Association.
Society for Ancient Greek Philosophy. 1954.
The Medieval Academy of America. Cambridge, Mass. 1922.
Charles S. Pierce Society. Princeton University. 1946.
International Spinoza Foundation. New York.

Finlande

Filosofinen Yhdistys. Helsinki.

France

Société Française de Philosophie. Paris. 1901 (Fédération de la plupart des sociétés philosophiques de France).
Société Alpine de Philosophie. Grenoble.
Société Philosophique de Bordeaux.
Société Languedocienne de Philosophie. Montpellier.
Société Lilloise de Philosophie. Lille.
Cercle Philosophique Lorrain. Nancy.
Société Lyonnaise de Philosophie. Lyon.
Société d'Études Philosophiques du Sud-Est. Marseille.
Société Méditerranéenne d'Études Philosophiques et Psychologiques. Ollioules, Var.
Société de Philosophie de Strasbourg.

Société Toulousaine de Philosophie. Toulouse.
Société des Professeurs de Philosophie aux Universités Catholiques de France.
Société Thomiste. Paris. 1922.
Société des amis de Bergson. Paris. 1946.
Société des amis de Maurice Blondel, Aix-en-Provence. 1949.
Société Internationale de Psychologie des Peuples. Le Havre.
Société Internationale de Philosophie Politique. Paris.

GRANDE-BRETAGNE
Aristotelian Society. Londres. 1888 ([1]).
Mind Association. Oxford. 1900 ([1]).
The Royal Institute of Philosophy. Great Britain. Londres.
The Ethical Union. Middleton-on-Sea.
Philosophical Society. Londres.
Oxford Philosophical Society. Oxford.
Scots Philosophical Society. St. Andrews, Fife.
Aquinas Society. Londres.

GRÈCE
Ekjedeftikos Omilos. Athènes.

HONGRIE
Magyar Gyermektanulmányi Társaság. Budapest.
Aquinói Szent Tomás Társaság (Société Saint-Thomas d'Aquin). Temesvár. 1892.

INDIA
Indian Philosophical Congress. Bangalore.

IRLANDE
Irish Philosophical Club. Dublin et Belfast.
The Philosophical Society. Maynooth. 1950.

ISRAËL
Société Israélienne de Philosophie. Jérusalem.

([1]) *The Aristotelian Society* et *The Mind Association* sont l'une et l'autre ouvertes à des philosophes de toute opinion. Le nom de ces sociétés ne signifie aucunement qu'elles poursuivent un but philosophique restreint ou qu'elles s'attachent à une tradition particulière.

ITALIE

Società Filosofica Italiana. Bologne. 1953.
Istituto di Studi Filosofici. Rome. 1939.
Centro di Studi Filosofici Cristiani. Gallarate (Varese). 1945.
Società Italiana per gli Studi Filosofici e Religiosi. Milan.
Società Liguriana di Filosofia. Gênes.
Società Filosofica Rosminiana, Stresa, 1958.

JAPON

Sei Tomas Gakkai (Société Saint-Thomas). Tokio.
Philosophical Association of Japan. Tokio.

MEXIQUE

Sociedad Mexicana de Filosofía. Mexico.

NORVÈGE

Norsk Forening for Samfunnsforskning. Oslo.

PAKISTAN

Pakistan Philosophical Congress. Lahore.

PAYS-BAS

Algemene Nederlandse Vereniging voor Wijsbegeerte. Amster-
dam. 1934. (Fédération de la plupart des sociétés philosophi-
ques des Pays-Bas).
Amsterdamse Vereniging. Amsterdam.
Groningse Vereniging. Groningue.
Haagse Vereniging. La Haye.
Haarlemse Kennemerkring. Haarlem.
Rotterdamse Vereniging. Rotterdam.
Utrechtse Vereniging Plato. Utrecht.
Amersfoortse School. Amersfoort.
Genootschap voor Critische Philosophie. 1923.
Vereniging voor Thomistische Philosophie. Nijmegen. 1933.
Vereniging voor Calvinistische Wijsbegeerte. Amsterdam. 1936.
Vereniging «Het Spinozahuis». Rijnsburg lez-Leiden. 1897.
Societas Spinosana. La Haye. 1923.
Bolland-Genootschap voor Zuivere Rede. 1922.
Heymans-Genootschap. Groningue. 1944.
Hegelbund. La Haye. 1930.
Genootschap voor Wetenschappelijke Philosophie.

Nederlandse Vereniging voor Logica en Wijsbegeerte der exacte Wetenschappen.

PÉROU

Sociedad Peruana de Filosofía. Lima.

POLOGNE

Folskie Towarzystwo Filosoficzne. Varsovie.
Sekja Filozoficzna Towarzystwa Naukowego Katolickiego Uniwersytetu Lubelskiego. Lublin. 1932.

PORTUGAL

Sociedade Internacional Francisco Suarez. Coïmbra. 1948.

ROUMANIE

Societata Româna de Filosofie. Bucarest.
Societata Româna de Cercetari Psychologice. Bucarest.

RUSSIE

Institut Philosophique de l'Académie des Sciences en U.R.S.S. Moscou.

SUÈDE

Filosofiska Föreningen, Sueden. Upsala.
Filosofiska Föreningen i Lund.
Filosofiska Föreningen i Stockholm.

SUISSE

Société Suisse de Philosophie - Schweizerische Philosophische Gesellschaft. 1940 (Fédération des sociétés philosophiques de Suisse).
Société Romande de Philosophie (cercles de Genève, de Lausanne, de Neufchâtel).
Deutschschweizerische Philosophische Vereinigung (cercles de Bâle, de Berne, de Zurich).
Philosophische Gesellschaft Innerschweiz. Einsiedeln.
Groupement Philosophique de la Svizzera Italiana (canton du Tessin).
Société Internationale de Logique et de la Philosophie des Sciences. Zurich.

Schweizerische Geisteswissenschaftliche Gesellschaft — Société
Suisse des Sciences Morales. Genève. 1947.
C. G. Jung-Institut. Zurich. 1948.
Schweizerische Paracelsus-Gesellschaft — Société Suisse des amis
de Paracelse. Einsiedeln. 1942.

Tchécoslovaquie
Filosoficà Jednota. Prague.
Brentano-Gesellschaft. Prague. 1931.
Ceskoslovenska Akademie ved Kabinet pro Filosofi. Prague.

Uruguay
Sociedad Uruguana de Filosofia. Montevideo.

Yougoslavie
Société Yougoslave de Philosophie et Sociologie. Belgrade.

4. Les congrès philosophiques

En 1900, à l'initiative de Xavier Léon († 1936), se tint à Paris
un *congrès international* de philosophie. Depuis lors, de semblables réunions furent tenues à Genève (1904), Heidelberg
(1908), Bologne (1911), Naples (1924), Cambridge (Mass.) (1926),
Oxford (1930), Prague (1934), Paris (1937), Amsterdam (1948),
Bruxelles-Louvain (1953), Venise-Padoue (1958), Mexico
(1963) ([1]).

([1]) Lors du congrès à Bruxelles-Louvain en 1958, on a décidé pour des
raisons pratiques, d'organiser ces congrès mondiaux seulement tous les cinq
ans.
Bibliothèque du Congrès international de Philosophie, 4 vol. in-8°, 460-428-
688-530 pp. Paris, Colin, 1900-1903.
Congrès international de Philosophie tenu à Genève du 4 au 8 sept. 1904.
Rapports et comptes rendus (publ. par E. Claparède). 1 vol. in-8°. Genève,
Kündig, 1905.
Bericht über den III. internationalen Kongres für Philosophie zu Heidel-
berg von 1. bis 5. September 1908 (hg. v. Th. Elsenhans). 1 Bd. in-8°, XV-
1138 S., Heidelberg, Winter, 1909.

Ces congrès, outre les études et les échanges de vue qu'ils provoquent, ont surtout l'avantage d'établir un contact personnel entre les participants; ce qui peut favoriser l'estime et la compréhension mutuelles et conduire à une collaboration plus franche et plus féconde.

Certains congrès s'adressent aux philosophes d'un groupe de pays. Tels les congrès des sociétés de philosophie d'expression française (de Belgique, du Canada, de France, de Suisse), tenus à Marseille (1938), Lyon (1939), Bruxelles et Louvain (1947),

Atti del IV Congresso internazionale di Filosofia, Bologna 1911. 3 vol. gr. in-8°. Genova, Formiggini, s.d. (1912-1913-1916).

Atti del V Congresso internazionale di Filosofia. Napoli 5-8 Maggio 1924 (a cura del Prof. Guido della Valle). 1 vol. in-8°, LXXX-1184 pp. Napoli, Società anonima editrice Francesco Perella, 1925.

Proceedings of the Sixth International Congress of Philosophy. Harvard University. Cambridge-Massachusetts, United States of America. September 13-14-15-16-17, 1926 (ed. by Edgar Sheffield and Brightman). 1 vol. in-8°, LXXXVI-716 pp. New York-London, Longmans Green, 1927.

Proceedings of the Seventh International Congress of Philosophy held at Oxford, England, September 1-6, 1930 (ed. by Gilbert Ryle). 1 vol. in-8°, XXXVI-522 pp. Oxford, University Press, 1931.

Actes du huitième Congrès international de Philosophie à Prague. 2-7 septembre 1934. 1 vol. in-8°, LXXII-1104 pp. Prague, Orbis, 1936.

Travaux du IXe Congrès international de Philosophie (Congrès Descartes), publiés par Raym. Bayer. 12 vol. in-8° (Actualités scientifiques et industrielles n° 530-541), 182, 132, 148, 222, 176, 226, 172, 240, 184, 192, 144, 132 pp. Paris, Hermann, 1937.

Proceedings of the Tenth International Congress of Philosophy (Amsterdam, August 11-18, 1948) (ed. by E. W. Beth, H. J. Pos and J. H. A. Hollak). 2 vol. in-8°, 1260 pp. Amsterdam, North-Holland Comp., 1949.

Actes du XIe Congrès international de Philosophie (Bruxelles, 20-26 août 1953). 14 vol. in-8°, 168, 248, 194, 152, 226, 270, 272, 152, 232, 288, 140, 196, 272, 352 pp. Amsterdam, North-Holland Publishing Company, Louvain, E. Nauwelaerts, 1953.

Atti del XII Congresso Internazionale di Filosofia (Venezia, 12-18 Settembre 1958). Relazioni Introduttive. 1 vol. in-8°, 174 pp. Florence, G. C. Sansoni, 1958. Les onze autres volumes, 1960. Ensemble, VIII-4733 pp.

Memorias del XIII Congreso Internacional de Filosofía (Mexico, D. F., 7-14 de Septembre de 1963). Universidad Nacional Autónoma de Mexico, 1963.

Neuchâtel (1949), Bordeaux (1950), Strasbourg (1952), Grenoble (1954), Toulouse (1956), Aix-en-Provence (1957), Paris (1959), Montpellier (1961), Bruxelles-Louvain (1964).

Dans maints pays, des congrès *nationaux* se réunissent (en général une fois par an), organisés par les Sociétés nationales de philosophie.

Il va sans dire que l'on tient également des congrès (internationaux ou non) se rapportant à une *école* ou à *une tendance particulière*. C'est ainsi qu'il y eut des congrès internationaux spinozistes (le premier à La Haye, en 1927), hégéliens (le premier à La Haye, en 1930), thomistes, etc.

Les grands congrès *catholiques,* à la fin du dix-neuvième siècle, comprenaient régulièrement une importante section de philosophie, à Paris en 1888 et en 1891, à Bruxelles en 1894, à Fribourg (Suisse) en 1898, à Munich en 1900 (¹).

Le premier congrès *thomiste* international eut lieu à Rome en 1925; d'autres se réunirent dans la même ville, en 1936, 1950, 1955, 1960 (²). Au cours des dernières années, des congrès tho-

---

(¹) *Congrès scientifique international des catholiques tenu à Paris du 8 au 13 avril 1888.* Paris, Bureau des *Annales de Philosophie chrétienne,* 1889, t. I, pp. 179-450. Deuxième section: *sciences philosophiques.*

Compte rendu du Congrès scientifique international des catholiques tenu à Paris du 1ᵉʳ au 6 avril 1891. Paris, Alph. Picard, 1891. Troisième section: *sciences philosophiques.* 1 vol., 292 pp.

Compte rendu du troisième Congrès scientifique international des catholiques tenu à Bruxelles du 3 au 8 septembre 1894. Bruxelles, Société Belge de Librairie, 1895. Troisième section: *sciences philosophiques.* 1 vol., 332 pp.

Compte rendu du quatrième Congrès scientifique international des catholiques à Fribourg (Suisse) du 16 au 20 août 1897. Fribourg (Suisse), Imprimerie et librairie de l'Œuvre de Saint-Paul, 1898. Troisième section: *sciences philosophiques.* 1 vol., 720 pp.

Akten des fünften internationalen Kongresses Katholischer Gelehrten zu München vom 24. bis 28. September 1900. München, Kommissions-Verlag von Herder und Cᵒ, 1901. S. 175-234, II. Section: *Philosophie.*

(²) *Acti primi congressus thomistici internationalis invitante Academia romana Sancti Thomae Aquinatis Romae anno sancto MCMXXV a die XV ad XX Aprilis habiti.* Rome, Academia Sancti Thomae, 1925. In-8ᵒ, XVII-175-316 pp. — *Acti secundi Congressus Thomistici ...* Turin-Rome, Marietti, 1937. In-8ᵒ, 585 pp. Etc.

mistes, avec participation internationale, furent organisés à différents endroits, par exemple dans les pays de langue slave, à Prague (1932), Poznan (1934), etc. Des journées d'études thomistes internationales eurent lieu à Juvisy en 1932 et 1933, à Louvain en 1935, 1951, 1955.

Les professeurs franciscains de langue anglaise, allemande, française, néerlandaise, ainsi que ceux des provinces slaves de l'Ordre, organisent périodiquement des journées d'études, où ils se rencontrent ([1]).

En 1924, une «Semaine thomiste» avait été organisée à Rome. Cfr *Acta Hebdomadae thomisticae Romae celebratae 19-25 Novembris 1924 in laudem S. Thomae Aquinatis sexto labente saeculo ab honoribus sanctorum et decretis.* Rome, Academia S. Thomae Aquinatis, 1924. In-8°, XII-296 pp.

([1]) Depuis 1920, les lecteurs franciscains (Frères mineurs et Capucins) des États-Unis d'Amérique se réunissent tous les ans. Les actes de ces congrès ont été publiés jusqu'en 1940 sous le titre: *The Franciscan Educational Conference,* Washington, Office of the Secretary, Capuchins College, Brookland. Depuis 1940, ces actes paraissent, chaque année, dans le quatrième fascicule des *Franciscan Studies.*

Depuis 1921, les lecteurs franciscains de langue allemande se réunissent en congrès tous les deux ans, au mois d'août ou de septembre. (Il n'y eut pas de congrès en 1935 et le dernier se réunit en 1938). Les actes ont été édités par le *Sekretariat des Lektorenkonferenz.* Cloître Sigmaringen-Gorheim (Hohenzollern). Werl en Westfalie, Franziskus-Druckerei. Les congrès ont repris en 1949.

Les lecteurs franciscains de langue française se sont réunis en congrès tous les deux ans, au mois d'août, depuis 1928. Les actes des quatre premiers congrès (1928, 1930, 1932, 1934) ont été édités en tout ou en partie dans la revue *La France Franciscaine.* Le dernier congrès s'est réuni à Bruxelles, en 1938. Compte rendu de ce congrès et des congrès précédents, Éditions Franciscaines, Paris. Depuis 1947, ces congrès se sont réunis régulièrement.

Les lecteurs franciscains de langue néerlandaise se sont réunis à Gand en septembre 1933, à Katwijk en 1936. Quatre communications de ce second congrès ont été éditées par les *Collectanea Franciscana Neerlandica,* III, 7. Bois-le-Duc, Teurlings. 1937. In-4°, IV-110 pp.

Les lecteurs franciscains des onze provinces slaves de l'Ordre ont tenu des congrès, à Zagreb en septembre 1935 et à Cracovie en août 1937. Les actes du premier congrès ont paru dans *Collectanea Franciscana Slavica,* t. I. Sibenic (Yougoslavie), 1937. XXIV-624 pp. Ceux du second congrès ont été publiés dans *Collect. Franc. Slav.,* t. II, 1940, XIX-339 pp.

Certains congrès sont consacrés à des *branches philosophiques* spéciales, ou à des *domaines scientifiques voisins de la philosophie*: tels les congrès internationaux de philosophie du droit, de psychologie, d'histoire de la philosphie médiévale, d'histoire des sciences, des sciences historiques, d'esthétique et de science de l'art, des sciences sociales, le congrès international pour l'unité de la Science, etc.

II. LES ÉCRITS PHILOSOPHIQUES

A. LES DIFFÉRENTS GENRES DE PUBLICATIONS

L'activité scientifique s'exprime dans des écrits de genres très variés, dont il est utile de connaître la nature et la portée. Ces écrits sont des *livres* proprement dits ou des publications *périodiques*.

1. *Les livres*

L'ouvrage, édité sous forme de livre, paraît en un lieu et à une date normalement indiqués au début de l'ouvrage. Il peut avoir plusieurs éditions successives et y subir des retouches accessoires ou des remaniements plus importants. Un même ouvrage peut comprendre différentes parties qui, pour des raisons diverses, paraissent en volumes ou tomes distincts, soit en même temps, soit à des intervalles plus ou moins espacés. Le livre est écrit par un seul auteur, ou bien il est le résultat de la collaboration de plusieurs. On doit considérer toutes ces circonstances, lorsqu'il s'agit de porter un jugement de valeur.

Le livre est un *ouvrage proprement scientifique,* dans la mesure où la préoccupation de l'auteur est de communiquer aux spécialistes, dans la forme technique correspondant à la matière traitée, l'objet et le résultat de ses travaux scientifiques.

Lorsque le livre contient l'exposé suivi d'une matière et qu'il est rédigé avec des préoccupations pédagogiques, il est un *manuel*. Puisqu'il doit être adapté à quelque degré de l'enseignement, il présentera, selon les cas, un aspect plus technique ou plus élémentaire. Il est évident que, dans le choix de la matière traitée et dans la forme de l'exposé, il lui faut, dans une large mesure, tenir compte des programmes d'études, tout autant que des circonstances particulières dans lesquelles se fait l'enseignement auquel le manuel est destiné.

Si le livre s'adresse à un public qui n'est pas spécialisé dans la matière traitée, il constitue un *ouvrage de vulgarisation,* et le sujet traité, comme aussi la forme qu'on lui donne, seront commandés par le public, de haute ou de moyenne culture, auquel on l'adresse.

Eu égard au contenu du livre, on distingue les ouvrages *généraux* et les ouvrages *spéciaux*. Les premiers s'occupent d'un domaine scientifique pris dans son ensemble. Les autres étudient une section de ce domaine. Ainsi, il y a des ouvrages généraux et des ouvrages spéciaux de philosophie, de mathématiques, de physique, d'histoire, etc. La même distinction peut d'ailleurs, subsidiairement, être reprise pour chaque branche de ces domaines. Par exemple, en philosophie, on peut l'appliquer à la métaphysique, à la psychologie, à la morale, etc.

On appelle *monographie,* l'étude scientifique approfondie d'une question particulière.

Actuellement, beaucoup de livres paraissent dans des «collections» ou «bibliothèques». Un comité de direction établit un programme général de travail, essaie d'y intéresser des spécialistes qui pourraient aider à le réaliser et se charge de l'édition des ouvrages. Ce procédé permet de régler d'une façon efficace la collaboration, grâce à une judicieuse division du travail. Mais surtout, elle assure aux auteurs le moyen de se livrer à leur besogne, sans devoir se préoccuper des questions financières et autres ayant trait à l'impression et la diffusion de leurs œuvres.

2. Les périodiques

Les périodiques sont des imprimés paraissant en fascicules ou en tomes distincts, une fois ou plusieurs fois par an, irrégulièrement ou à date fixe.

Dans ce genre d'écrits les «revues» proprement dites doivent être signalées spécialement. En même temps qu'elle jouent un rôle important dans l'élaboration de la doctrine, elles sont le moyen d'information constant et régulier pour tout ce qui touche au domaine scientifique. La revue est donc un des organes les plus essentiels de la science vivante, c'est-à-dire de celle «qui se fait» (¹).

La revue comprend normalement des articles, des études critiques, comptes rendus et bulletins, une chronique, et parfois un répertoire de bibliographie courante.

Les *articles* sont des études généralement moins étendues que celles qui paraisent sous forme de livres. Une série d'articles, paraissant successivement, peut finir cependant par constituer une œuvre considérable. L'article est le moyen tout indiqué pour décrire les recherches en cours et en signaler les résultats, pour proposer une théorie, provoquer un échange de vues, etc.

Le *compte rendu* annonce un ouvrage récemment paru, en indique sommairement le contenu, en dit l'importance et fournit, en peu de mots, une appréciation motivée.

D'aucuns se font une conception inexacte de ce qu'est, à proprement parler, le compte rendu. Celui-ci est destiné à fournir, en quelques lignes (²), des renseignements sur la parution, le contenu, l'importance et la valeur d'un ouvrage. Pour ce qui

---

(¹) Pour se faire quelque idée du nombre de revues paraissant actuellement, cfr *Ulrich's Periodicals Directory*, 10ᵉ édition sous la direction générale de Eileen C. Graves: *A Classified Guide to a Selected List of Current Periodicals, Foreign and Domestic*. New York, Bowker Company, 1963, 28 × 21,5, XII-667 pp.

(²) C'est, en général, par la lecture des *comptes rendus* qu'on se tient au courant de la production littéraire en matière de philosophie et des sciences. S'ils étaient trop longs, leur lecture exigerait trop de temps et il deviendrait impossible d'obtenir, par ce moyen, une information suffisante.

regarde la *parution* de l'écrit, il convient d'indiquer le nom et les prénoms de l'auteur, le titre complet du livre (ainsi que le sous-titre, s'il y a lieu), le nom de la collection (au cas où l'ouvrage paraît dans une collection), l'édition (si ce n'est pas la première), l'endroit où le livre est édité, le nom de l'éditeur, l'année d'édition ([1]); bref, tout ce qui se trouve sur la page de titre, ou ce qui devrait s'y trouver ([2]), c'est-à-dire ce qu'il est utile de savoir pour identifier le livre sans difficulté. On y ajoute les renseignements suivants: les dimensions de l'ouvrage ([3]), le nom-

---

([1]) L'année d'*édition* d'un écrit ne se confond pas toujours avec celle de l'*impression,* moins encore avec celle où l'auteur aurait obtenu un *imprimatur.* Il peut se faire, par exemple, qu'après l'impression d'un ouvrage, la publication elle-même soit rendue impossible, ou qu'elle doive être différée, à la suite de circonstances de guerre. Il peut donc s'écouler plusieurs années entre l'impression et l'édition d'un écrit. Dans ce cas, l'*avant propos* du livre avertit parfois le lecteur de ce retard et des raisons qui l'ont occasionné. La date de la publication se trouve normalement sur la page de titre. Certains éditeurs négligent, à tort, de fournir ce renseignement. Bien entendu, il peut y avoir des motifs légitimes qui justifient cette omission. Par exemple, on comprend qu'en temps de guerre certains écrits paraissent sans qu'ils soient datés. Lorsque l'éditeur, à tort ou à raison, a omis d'indiquer la date d'édition du livre, on notera ce fait dans le compte rendu par les lettres *s.d.* (sine dato); si néanmoins l'on est parvenu à connaître cette date, on l'ajoutera entre parenthèses, à la suite des lettres *s. d.*

([2]) Nous disons bien *page de titre,* et non *page de couverture,* car celle-ci, qui sert à couvrir le livre pour le protéger, ne doit pas nécessairement reproduire la page de titre.

([3]) Le format du volume, c'est-à-dire ses dimensions en hauteur et en largeur, s'indique le plus souvent comme suit: in-plano, in-folio, in-4°, in-8°, in-16, in-32, etc. Les «feuilles» à imprimer peuvent être réunies telles quelles (in-plano) en volume; chacune présente deux faces à imprimer, deux «pages». On peut également les plier, une ou plusieurs fois, avant de les réunir en volume: dans ce cas chacune formera un «cahier» comptant un nombre de «feuillets» d'autant plus grand (et dont les dimensions seront d'autant plus petites) que la feuille imprimée aura été pliée un plus grand nombre de fois. Si on plie la feuille une, deux, trois, quatre ou cinq fois de suite, on obtiendra des cahiers de deux (in-folio), quatre (in-4°), huit (in-8°), seize (in-16), ou trente-deux (in-32) feuillets; et comme chaque feuillet comporte deux faces, cela fera quatre, huit, seize, trente-deux, ou soixante-quatre pages. Un livre comprend le plus souvent plusieurs de ces cahiers, reliés en volume.

bre de pages qu'il contient (¹) et le prix de vente (²). Pour ce qui
regarde le *contenu* de l'écrit, il convient d'indiquer brièvement
le sujet traité et la manière dont il est développé (³). Quant à
l'*importance* de l'ouvrage, il s'agit de situer exactement celui-ci
dans l'ensemble des études ayant trait au même sujet ou a des
sujets analogues, — ce qui n'est pas facile et requiert une information suffisante des écrits parus dans ce domaine, — et d'y
ajouter, en peu de mots, le jugement qu'on porte sur sa valeur (⁴).

Les comptes rendus prennent parfois la forme *d'études criti-*

Cependant ces indications ne sont pas très précises, parce que les «feuilles»
de papier d'imprimerie n'ont pas toutes les mêmes dimensions. C'est pourquoi, de plus en plus l'usage se répand d'indiquer la hauteur et la largeur
du volume en centimètres (on met alors en premier lieu le nombre le plus
grand): par exemple, un vol. 21×12.

(¹) Un même volume se compose parfois de pages formant des séries qui
sont numérotées de façons différentes: par exemple une première série dont
la pagination est indiquée en chiffres romains, une autre en chiffres arabes,
une troisième en chiffres arabes avec astérique. On les indiquera toutes: par
exemple, XXV-300-85 * pp.

(²) Par exemple, Louis DE RAEYMAEKER, *Introduction à la Philosophie* (Cours
publiés par l'Institut supérieur de Philosophie), 2ᵉ édition, Louvain-Bruxelles,
Éditions de l'Inst. sup. de Phil. - Les Éditions Universitaires, 1944; un vol.
in-8°, 23×15, de 272 pp. 80 frs belges.

(³) Il est donc inutile, — souvent insuffisant, — de copier la table des
matières. Mais on indiquera clairement le sujet, le point de vue que choisit
l'auteur, la méthode qu'il met en œuvre, les conclusions auxquelles il aboutit.

(⁴) Certains semblent croire que tout compte rendu doit, en ordre principal,
faire de la critique négative. Au contraire, ce qu'il est requis de fournir, c'est
une *brève appréciation générale,* qui signale en l'occurrence ce qui est à
louer, aussi bien que ce qui est moins bon et ce qui paraît inacceptable. Il
s'agit d'une appréciation *générale.* Il ne sert de rien de relever de-ci de-là
quelques fautes d'impression sans autre importance et il paraît peu indiqué,
à cet endroit, d'engager une discussion sur quelque point particulier. En
effet, cela risque fort d'occasionner une perte de temps au lecteur à qui le
compte rendu est destiné en premier lieu. Il n'est nullement interdit de rendre service à l'auteur en attirant son attention sur quelque point important
ou en lui communiquant rapidement un renseignement. Si les fautes d'impression (coquilles) sont par trop nombreuses, on ne manquera pas de men-
tionner cette négligence dans l'appréciation générale.

ques plus ou moins longues, où l'on s'étend sur l'analyse du contenu de l'ouvrage présenté et où l'on examine, d'une manière plus approfondie et plus détaillée, la valeur de la méthode mise en œuvre et des résultats obtenus.

Le *bulletin* passe en revue, en une étude suivie et d'une façon aussi complète que possible, les principaux travaux qui ont marqué l'activité dans une branche scientifique au cours des derniers mois écoulés; il fournit, par là même, une vue d'ensemble de l'état actuel de la branche étudiée (¹).

La *chronique* signale les événements de la vie scientifique courante: nominations et décès; congrès, institutions et sociétés savantes; prix et concours scientifiques; périodiques, publications collectives, instruments de travail, etc.

Le *répertoire de bibliographie courante* offre périodiquement le tableau systématique des livres et articles de revue récemment parus.

B. Renseignements bibliographiques

Il paraît un nombre considérable d'écrits philosophiques, livres et périodiques, de tout genre. Pour s'orienter dans cette production abondante, il est nécessaire de connaître certains ouvrages généraux, et en particulier ceux qui constituent d'utiles «instruments de travail».

1. *Introductions à la philosophie*

Une «introduction» a pour but d'initier les débutants à une

(¹) Les *bulletins* se bornent trop souvent à fournir un petit nombre de comptes rendus assez développés et, en outre, à signaler quelques autres écrits. De plus, l'auteur du bulletin néglige généralement de faire remarquer qu'il ne tient compte que d'une partie des ouvrages parus en la matière et qu'il omet de présenter une analyse, ou même de faire la moindre mention, de bien d'autres publications, peut-être fort importantes, en sorte que la vue d'ensemble qu'il prétend fournir devient franchement incomplète et qu'elle risque de produire une fausse impression.

science en leur en procurant une première connaissance sommaire.

Comme la philosophie peut être considérée soit au point de vue historique, soit au point de vue doctrinal, soit à celui de l'organisation du travail, et que chacun de ces aspects peut servir à la caractériser, il n'est nullement étonnant que les «introductions à la philosophie» aient été conçues de façons différentes: les unes développent un aperçu historique dans le but de montrer ce que la philosophie a toujours été; d'autres, plus doctrinales, passent en revue les principaux problèmes des branches philosophiques et les solutions les plus importantes qui ont été présentées pour y répondre; d'autres encore, peu nombreuses, traitent des questions de méthode et fournissent des renseignements techniques indispensables à qui voudrait s'engager sur le chantier de la philosophie. On peut comparer à ce sujet les introductions suivantes:

BAUDIN, Ém. *Introduction à la Philosophie*. I. *Qu'est-ce que la Philosophie ?* 3ᵉ édit. In-8°, VI-277 pp. Paris, J. de Gigord, 1939 (1ʳᵉ édit. 1927).

MARITAIN, Jacques. *Éléments de Philosophie*. I. *Introduction à la Philosophie*. 20ᵉ édit. In-8°, XII-228 pp. Paris, P. Téqui, 1946 (1ʳᵉ édit. 1920). *An Introduction to Philosophy*. Transl. by E. I. WATKIN, Londres, Longmans, 1930; New York, Sheed and Ward, 1933.

DE BRUYNE, Edg. *Inleiding tot de Wijsbegeerte* (Philosophische Bibliotheek). 6ᵉ édit. In-8°, 355 pp. Bruxelles, Standaard-Boekhandel. 1948.

HOOGVELD, J. N. E. J. *Inleiding tot de Wijsbegeerte* (Wijsgerige en Zielkundige Bibliotheek). 3ᵉ édit., préparée par Ferd. SASSEN. 1ʳᵉ édit. 1933).
I. *Beginselen der Wetenschapsleer*. 214 pp. II. *Wezen en Taak der Wijsbegeerte*. 416 pp. Bois-le-Duc, Malmberg, 1945 et 1949.

BOCHENSKI, I. M. *Wege zum philosophischen Denken* (Einf. i. d. Grunbegriffe). Herder-Bücherei, 62). 4. Aufl. Freiburg i. Br., Herder, 1962. In-8°, 126 pp.

DYROFF, A. *Einleitung in die Philosophie*. Herausgegeb. v. W. SEYLKARSKI. (Deus et Anima. Archiv für Christl. Philosophie und Dichtung. I). 21×14,5, 438 pp. Bonn, Schwippert, 1948.

ENDRES, Jos. Anton. *Einleitung in die Philosophie* (Die Philosophische

Handbibliothek. 1). 3ᵉ édit. In-8°, VII-195 pp. Munich, Kösel et Pustet, 1923.

HOLZAMER, Karl. *Einführung in die Philosophie.* 2ᵉ édit. In-8°, 64 pp. Mayence, F. Kupferberg, 1948. (1ʳᵉ édit. 1947).

LEISEGANG, Hans. *Einführung in die Philosophie* (Sammlung Göschen, n. 281). 4ᵉ édit. 145 pp. Berlin, Walter de Gruyter, 1960.

LENZ, Joseph. *Vorschule der Weisheit. Einleitung in eine wissenschaftliche Lebensphilosophie.* 2ᵉ édit. In-8°, XVI-552 pp. Wurzbourg, Rita-Verlag und -Druckerei der Augustiner, 1948. 1ʳᵉ édit. 1941).

MEYER, Hans. *Das Wesen der Philosophie und die Philosophischen Probleme. Zugleich eine Einführung in die Philosophie der Gegenwart.* (Die Philosophie. Ihre Geschichte und ihre Systematik. 5). Gr. in-8°, VIII-194 pp. Bonn, P. Hanstein, 1936.

MUELLER, Aloys. *Einleitung in die Philosophie* (Leitfaden der Philosophie). In-8°, 330 pp. Bonn, Dümmler, 1931.

PFEIL, Hans. *Einführung in die Philosophie* (Der Christ in der Welt. Reihe 3, Bd. 4). In-8°, 162 pp. Aschaffenburg, Pattloch, Zurich. Christiana-Verlag, 1960.

PIEPER, Josef. *Was heiszt Philosophieren ?* 3ᵉ éd. In-8°, 122 pp. Munich, Kösel, 1956. Trad. néerlandaise par J. H. VAN WEERSCH, Nimègue-Anvers, 1953.

THIEL, Matthias. *Philosophieren. Eine Anleitung.* In-8°, 100 pp. Freiburg (Schweiz), Paulus-Verlag, 1947.

WENZL, Aloys. *Philosophie. Weg, Stand und Aufgabe der Philosophie von heute.* Petit in-8°, 52 pp. Nuremberg, Glock und Lutz, 1946.

GLENN, Paul J. *An Introduction to Philosophy.* VIII-408 pp. St. Louis, Herder. 1944. Plusieurs réimpressions.

RYAN, James H. *An Introduction to Philosophy.* In-8°, XVIII-400 pp. New York, Macmillan, 1932.

SULLIVAN, Daniel James. *Introduction to Philosophy.* In-8°, 288 pp. Milwaukee, Bruce Publ. Co., 1957.

Parmi les introductions (non scolastiques) plus anciennes, on peut noter:

KÜLPE, Oswald. *Einleitung in die Philosophie.* 12ᵉ édit. In-8°, X-376 pp. Leipzig, Hirzel, 1928. (1ʳᵉ édit. 1895).

PAULSEN, Fr. *Einleitung in die Philosophie.* 28ᵉ édit. In-8°, XVIII-466 pp. Stuttgart, Cotta, 1916. (1ʳᵉ édit. 1892).

SIMMEL, Georg. *Hauptprobleme der Philosophie* (Samml. Göschen, 500). 7ᵉ édit. In-8°, 177 pp. Berlin, de Gruyter, 1950. (1ʳᵉ édit. 1910).

WINDELBAND, Wilh. *Praeludien, Aufsätse und Reden zur Einführung in die Philosophie.* 4ᵉ édit. 2 vol. In-8°, VIII-276 et 322 pp. Tubingue, Mohr, 1911. (1ʳᵉ édit. 1883). — *Einleitung in die Philosophie.* 3ᵉ édit. In-8°, XII-441 pp. Tubingue. Mohr, 1923.

WUNDT, Wilh. *Einleitung in die Philosophie.* 9ᵉ édit. In-8°, XVIII-448 pp. Leipzig, Alfr. Kroener, 1922. (1ʳᵉ édit. 1901).

JAMES, William. *Some Problems of Philosophy. A beginning of an Introduction to Philosophy.* In-8°, XII-237 pp. Londres, Longmans and Green, 1911.

PERRY, Ralph Barton. *The Approach to Philosophy.* New York, Scribners, 1905.

Quelques introductions récentes (de tendances diverses):

BRÉHIER, Emile. *Les thèmes actuels de la Philosophie* (Initiation philosophique). 4ᵉ éd. 17,5×11,5, 88 pp. Paris, Presses Universitaires de France, 1958.

DEVAUX, Philippe. *De Thalès à Bergson. Introduction historique à la Philosophie.* 2ᵉ éd. In-8°, 608 pp. Liège, Éditions Sciences et Lettres, 1955.

GEX, Maurice. *Initiation à la Philosophie.* 4ᵉ édit. Neuchâtel, Éditions du Griffon, 1960. (1ʳᵉ édit. 1944). *Einführung in die Philosophie,* trad. du français par Esther DE FOREST (Sammlung Dalp. II). 3ᵉ éd. 300 pp., Berne, Francke, 1959.

LE SENNE, René. *Introduction à la Philosophie* (Logos, Introduction aux Études Philosophiques), 3ᵉ édit. Paris, Presses Universitaires de France, 1949. In-8°, X-478 pp. (1ʳᵉ édit. 1939).

GUSDORF, Georges. *Mythe et Métaphysique. Introduction à la Philosophie* (Bibliothèque de Philosophie Scientifique). 19×13, 296 pp. Paris, Flammarion, 1953.

VIALATOUX, Joseph. *L'intention Philosophique* (Initiation Philosophique). 2ᵉ édit. In-8°, 100 pp. Paris, Presses Universitaires de France. 1954.

HARTMANN, Nicolai. *Einführung in die Philosophie.* (Vorlesungsnachschrift. Bearb. Karl AUERBACH). 3ᵉ édit. In-8°, 209 pp. Osnabruck, Hanckel, 1954.

JASPERS, Karl. *Einführung in die Philosophie.* In-8°, 164 pp. Munich, Piper Verlag, 1953. Trad. néerlandaise, Assen, Born. Trad. française, Paris, Plon. Trad. anglaise, Londres, V. Gallancz.

LANDGREBE, L. *Was bedeutet uns heute Philosophie? Eine Einführung.* 17×10, 50 pp. Hambourg, Marion, von Schröder, 1948.

LEISEGANG, Hans. *Einführung in die Philosophie.* 4. Aufl. 145 pp. (Sammlung Göschen, 281), Berlin, W. de Gruyter, 1960.

LITT, Theodor, *Einleitung in die Philosophie.* 2ᵉ édit. In-8°, VIII-271 pp. Stuttgart, Klett, 1949. (1ʳᵉ édit. Leipzig, 1933).
NOHL, Hermann. *Einführung in die Philosophie.* 5ᵉ édit. 112 pp. Frankfort-sur-le-Main, Gerh. Schulte-Bulmke, 1953.

BECK, Lewis White. *Philosophy Inquiry. An Introduction to Philosophy.* Londres, Bailey, 1955.
BRIGHTMAN, Edgar Sheffield. *An Introduction to Philosophy.* 2ᵉ édit. XVII-348 pp. Londres, Sir Isaac Pitman, 1953.
HOCKING, William Ernest and others. *Preface to Philosophy. Textbook.* 518 pp. New York, Macmillan, 1946.
HOOPLE, Ross Earle and others. *Preface to Philosophy. Book of Readings.* 525 pp. New York, Macmillan, 1946.
JOAD, C. E. M. *Guide to Philosophy.* 592 pp. Londres, V. Gallancz, 1938.
— *A Guide to modern Thought.* Londres, Faber and Faber, 1943. — *Philosophy.* 228 pp.
LEVI, Albert William. *Varieties of Experiences. Introduction to Philosophy.* In-8°, IX-525 pp. New York, The Ronald Press, 1957.
NICHOLSON, J. A. *An introductory Course in Philosophy.* New York. Macmillan, 1939. XIV-508 pp.
ROSENBERG, Max. *Introduction to Philosophy.* In-8°, 502 pp. New York, Philosophical Library, 1955.
SINCLAIR, W. A. *An introduction to Philosophy.* Londres, Oxford University Press, 1944, 128 pp.
VARMA, K. S. *Introduction to Philosophy* (Western and Indian). In-8°, 222 pp. Agra (India) 3, Shiva Lal Agarwala, 1953.
WHEELWRIGHT, Philip Ellis. *The Way of Philosophy. An introduction to Philosophy. Text and Readings.* In-8°, XV-617 pp. New York, Odyssey Press, 1954.

DELFGAAUW, B. *Waarom Philosophie ?* 68 pp. Amsterdam, van de Peer, 1953.
DE SOPPER, A. J. *Wat is Philosophie ?* (V. U. Bibliotheek, 2de reeks, 27). 246 pp. Haarlem, De Erven F. Bohn N.V., 1950.
LOEN, A. E. *Inleiding tot de Wijsbegeerte.* 3ᵉ éd. 191 pp., Bois-le-Duc, Boekencentrum, 1956.
POPMA, K. J. *Inleiding tot de Wijsbegeerte.* 149 pp., Kempen, J. A. Kok, 1956.
VAN PEURSEN, C. A. *Wegwijs in de Wijsbegeerte. Een aansporing tot zelf filosoferen.* 21×13,5, 150 pp. Amsterdam, H. J. Paris, 1956.
DE VOS, H. *Inleiding tot de Wijsbegeerte.* 237 pp. Nykerk, G. F. Callenbach, 1951. 2ᵉ éd. 1957, 240 pp.
LANGEVELD, M. J. *Op weg naar wijsgerig Denken* (V. U. Bibliotheek.

2de reeks, 14). 4ᵉ édit. In-8°, 230 pp. Haarlem, F. Bohn, 1954. (1ʳᵉ édit. 1933).

VLOEMANS, Antoon. *Voorbereiding tot de Wijsbegeerte.* 3ᵉ édit. In-8°. VIII-306 pp. La Haye, H. P. Leopold, 1944. (1ʳᵉ édit. 1927).

WOLF, Herman. *Inleiding tot de Wijsbegeerte.* 2ᵉ édit. In-8°, 258 pp. Leiden, Sythoff, 1939. (1ʳᵉ édit. 1931).

BETH, Evert W. *Inleiding tot de Wijsbegeerte der Wiskunde* (Philosophische Bibliotheek). 2ᵉ éd. 387 pp., Anvers-Nimègue, Standaard-Boekhandel, Dekker en van de Vogt, 1948. — *Inleiding tot de Wijsbegeerte der exacte Wetenschappen* (Philos. Bibl.) 144 pp., Anvers-Amsterdam, 1953.

Certaines «introductions» s'occupent d'un domaine restreint (par exemple, de la psychologie), ou bien d'un système ou d'une école particulière (par exemple, du thomisme).

Les introductions à l'étude de saint Thomas fournissent une première initiation à la vie de saint Thomas, à ses œuvres et à sa doctrine, et donnent une bibliographie choisie. Les introductions au thomisme ajoutent aux renseignements sur saint Thomas lui-même, des indications sur l'histoire de l'école thomiste et sur son état actuel; elles fournissent la bibliographie et les autres données pratiques qui s'y réfèrent.

BERNARD, A. *Introduction à la Philosophie Thomiste.* 22×14, 136 pp. Saint-Maximin, La Sainte-Baume (Var); Avignon, Aubanel, 1954.

DE BRUYNE, Edgard. *Saint Thomas d'Aquin. Le milieu, l'homme, la vision du monde.* In-8°, 348 pp. Paris, Beauchesne; Bruxelles, Éd. de la Cité Chrétienne, 1928.

DE WULF, Maurice. *Introduction à la Philosophie Néoscolastique.* In-8°, 350 pp. Louvain, Institut Supérieur de Philosophie; Paris, Alcan, 1904. Traduction anglaise par P. COFFEY, Dublin 1907. Nouvelle éd. In-8°, XVI-327 pp. New York, Dover Publications, 1956.
Initiation à la Philosophie Thomiste. 2ᵉ éd. 22×14, 198 pp., Louvain, Nauwelaerts, 1949 (1ʳᵉ édit. 1932).

CHENU, M.-D. *Introduction à l'étude de S. Thomas d'Aquin,* 25×16, 305 pp. Montréal, Institut d'Études Médiévales; Paris, Vrin, 1950.

GILSON, Étienne. *Le Thomisme. Introduction à la Philosophie de saint Thomas d'Aquin* (Études de Philosophie Médiévale, I). 5ᵉ édit. In-8°, 552 pp. Paris, J. Vrin, 1945; réimpression, 1948 (1ʳᵉ édit. 1919).
— *L'Esprit de la Philosophie Médiévale* (Études de Philosophie Médiévale, XXXIII), 2ᵉ édit. 2 vol. Paris, J. Vrin, 1944. Les 2 séries en un volume, 448 pp., 1948. (1ʳᵉ édit. 1932).

HOOGVELD, J. H. E. J. *Inleiding tot Leven en Leer van S. Thomas van Aquino.* 4ᵉ édit., prép. par I. J.-M. VAN DEN BERG. In-8°, 218 pp. Nimègue, Dekker en van de Vegt, 1946. (1ʳᵉ édit. 1914; 2ᵉ édit. entièrement refondue, 1929).

GRABMANN, Martin. *Thomas von Aquin. Eine Einführung in seine Persönlichkeit und Gedankenwelt.* 8ᵉ édit. 232 pp. Munich, J. Kösel-Fr. Pustet, 1949. (1ʳᵉ édit. 1912). — *Das Seelenleben des heiligen Thomas nach seinen Werken und den Heiligsprechungsakten dargestellt* (Der katholische Gedanke, VII). 3ᵉ édit. In-8°, 118 pp. Fribourg (Suisse), Paulusverlag, 1949. (1ʳᵉ édit. 1924). — *Die Kulturphilosophie des hl. Thomas von Aquin.* In-8°, 217 pp. Augsbourg, Benno Filser, 1925. — *Die Philosophie des hl. Thomas von Aquin* (Görres-Bibliothek, n. 12). In-8°, 52 pp. Nuremberg, Flock und Lutz, 1946.

MEYER, Hans. *Thomas von Aquin. Sein System und seine geistesgeschichtliche Stellung,* In-8°, XII-642 pp. Bonn, Hanstein, 1938.

PIEPER, Josef. *Über Thomas von Aquin.* 2ᵉ édit. 19×11,5, 94 pp. Olten, Summa-Verlag, 1948. (1ʳᵉ édit. Leipzig, 1940).

BENIGNUS, Bro. *Nature, Knowledge and God. An Introduction to Thomistic Philosophy.* 674 pp. Milwaukee, Bruce, 1947.

D'ARCY, Martin C., S. J. *Thomas Aquinas.* 2ᵉ édit. In-8°, XII-220 pp. Dublin, Clonmore and Reynolds, 1953. (1ʳᵉ édit. 1930).

PEGIS, Anton C. *Introduction to Saint Thomas Aquinas.* 18×12, XXX-690 pp. New York, Modern Library, 1949.

2. Biographies. Encyclopédies. Dictionnaires

Certains ouvrages d'information générale peuvent rendre des services, en particulier les biographies, les encyclopédies et les dictionnaires (¹).

Depuis le milieu du dix-huitième siècle, plusieurs *biographies universelles* ont paru en français, anglais, allemand, italien, etc. Telles sont par exemple:

GERRITS, G. Engelbert. *Biographisch handwoordenboek.* 2 vol. Amsterdam, 1848-1850.

MICHAUD, Jos. *Nouvelle biographie universelle ancienne et moderne.*

(¹) On consultera avec fruit Fr. CALOT et G. THOMAS, *Guide pratique de Bibliographie* (Bibliothèque des chercheurs et des curieux), 2ᵉ édition refondue avec le concours de Clém. DUVAL, Paris, Librairie Delagrave, 1950, 280 pp. — Cfr Gert A. ZISCHKA, *Index Lexicorum. Bibliographie der lexikalischen Nachschlagewerke.* In-8°, XLIV-290 pp., Vienne, Verlag Brüder Holliner, 1959.

Nouv. édit. 45 vol. Paris, 1843-1865. — Hoefer, J. Ch. F. *Nouvelle biographie générale*. 46 vol. Paris, 1855-1866.

Joecher, Chr. Gottl. *Allgemeines Gelehrten-Lexicon*. 4 vol. Leipzig, 1750-1751. Continué par Adelung, Jos. Chr.

Hyamson, Albert M. A. *A Dictionary of Universal Biography of all Ages and of all Peoples*. 2ᵉ éd. In-4°, 680 pp. Londres, 1951 (Première éd. 1916).

Des biographies *nationales et régionales* ont été éditées dans beaucoup de pays, Allemagne, Angleterre, Belgique, Chili, Danemark, Espagne, États-Unis, Italie, Norvège, Nouvelle Zélande, Pays-Bas, Pologne, Portugal, Suède, Suisse, etc. Telles sont par exemple :

Biographie nationale, publiée par l'Académie royale des sciences de Belgique. 27 vol. et 1 vol. de tables. Bruxelles, 1866-1944.
Dictionnaire des Écrivains Belges. Bio-bibliographie (Dir. Eug. De Seyn). In-4°, 2 vol. 2174 pp. Édit. «Exelsior», 1930-1931.
Dictionnaire biographique des Sciences, des Lettres et des Arts en Belgique (Dir. Eug. De Seyn). In-4°, 24 fasc., 1156 pp. (jusqu'à *Wambach*). Bruxelles, Édit. L'Avenir, 1935-1937.
Dictionnaire de biographie française. Paris, 1933 et suiv.
Allgemeine Deutsche Biographie. 56 vol. Leipzig, 1875-1912.
Neue Deutsche Biographie. Berlin, 1953 et suiv.
Biographisches Lexikon des Kaisertums Oesterreich. Herausg. C. von Wurzbach. 60 vol. Vienne, 1856-1891.
Historisch-biographisches Lexikon der Schweiz. 7 vol. et suppl. Neuenburg, 1921-1934.
Dictionary of national Biography. Londres, 1885-1901, 64 vol. — Édit. 1937-1938, 22 vol. (Suppl.).
Dictionary of American Biography. 20 vol. Londres-New York, 1928-1936.
Nieuw Nederlandsch Biographisch Woordenboek. 10 vol. Leiden, 1911-1937.
Jüdische National-Biographie. 7 vol. Cernauti, 1925-1936.

De plus, certains répertoires fournissent des indications biographiques sur des contemporains. *Le Livre Bleu* (Bruxelles). — *Who's Who in Belgium and Luxemburg* (Bruxelles). — — *Dictionnaire biographique français contemporain*. — *Who's Who in France ? Recueil de notices biographiques* (Paris). —

Who's Who ? (Londres). — *Who's Who in America* ? — *American Catholic Who's Who* ? — *Who's Who in Latin America* ? — *Who's Who in the United Nations* ? — *Who's Who in Philosophy* ? (¹) — *Wer ist Wer* ? — *Wer ist Wer in Oesterreich* ? — *Chi è* ? *Dizionario degli Italiani d'Oggi.* ... *Wie is dat* ? (La Haye). — *Wie is dat in Vlaanderen* ? (Brussel).

Au cours des temps modernes, un nombre relativement grand d'*encyclopédies* ont été publiées. Parmi les encyclopédies récentes, voici les plus importantes:

La Grande Encyclopédie. 31 vol. Paris, 1885-1902.
*Le Larousse du XX*ᵉ *siècle.* 6 vol. Paris, 1950.
Encylopédie Française (encycl. systémat.), 21 vol. Paris, 1937-1959. Depuis 1956 qq. ex. du premier volume furent éditées en seconde édition.
Der Große Brockhaus. 16ᵉ édit. Wiesbaden, 1952-1957. Volume suppl., 1958.
Der Große Herder. 5ᵉ édit. 9 vol. Fribourg en Brisgau. 1952-1956. 10ᵉ vol. *Der Mensch in seiner Welt, 1953. 2 Ergänzungsbände,* 1962.
Meyers Konversations-Lexikon. 7ᵉ édit. 15 vol. Leipzig et Vienne, 1924-1933.
Schweizer Lexikon. 7 vol. Zurich, 1945-1948.
Das neue Lexikon. Das Wissen der Menschheit in 3 Bänden. Zurich. 1946-1947.
Chamber's Encyclopedia. Nouv. éd., 15 vol. Londres, 1955, 3 suppl., 1957-1959.
Encyclopaedia Britannica. 16ᵉ édit. 24 vol. Chicago-Londres-Toronto. 1957. Suppl. annuel: *The Britannica Book of the Year* (1ʳᵉ éd. 1768).
The Encyclopedia Americana. Édit. 1946, 30 vol. New York. (Suppl.: *The annual Americana*).
The Catholic Encyclopedia. 16 vol. New York, 1907-1914. 1 vol. suppl., 1922. — Nouvelle édit. 1936-1941.
Enciclopedia Italiana. 36 vol. Milan-Rome, 1929-1939. Appendice I-III, 1938-1949.
Enciclopedia Cattolica. 12 vol. Città del Vaticano, 1949-1954.
Dizionario Ecclesiastico (Ang. MERCATI et Aug. PELZER). 3 vol. Turin. 1953-1958.

(¹) *Who's Who in Philosophy* ? Edit. Dagobert D. RUNES. Vol. one. *Anglo-American Philosophers.* New York, Philosophical Library, 1942, 294 pp.

Algemene Winkler Prins. 10 vol. 1956 et suiv., Amsterdam-Bruxelles — *Historische W. P. Encylopedie,* 3 vol. Amsterdam-Bruxelles 1957-1959.
De Katholieke Encyclopaedie. 2ᵉ édit. 25 vol. Amsterdam-Anvers, 1949-1955.
Christelijke Encyclopaedie voor het Nederlandsche Volk. 5 vol. Kampen, 1925-1931.
E.N.S.I.E. (Eerste Nederlandse systematisch ingerichte Encyclopedie). 10 vol. Amsterdam, 1946-1952.
Enciclopédia universal ilustrada europeo-americana. 70 vol. Bilbao-Madrid-Barcelone, 1906-1931. 10 vol. d'append. et 1 vol. suppl. annuel, 1931-1934.
Grande Enciclopédia Portuguesa a Brasileira. 37 vol. Lissabon-Rio de Janeiro, s.d. (1958). Vol. 38, suppl., s.d. (1959).

Sont à consulter également, les encyclopédies universelles des sciences religieuses, les dictionnaires de théologie et d'apologétique, tels que:

Dictionnaire de Théologie catholique (dir. A. VACANT, E. MANGENOT et E. AMANN). Paris, 1909-1947. 15 vol.
Dictionnaire Apologétique de la Foi catholique (dir. A. D'ALÈS), 4ᵉ éd. 4 vol. Paris, 1911-1928. Tables, 1931.
Dictionnaire pratique des connaissances religieuses (dir. J. BRICOURT, 6 vol. Paris, 1925-1928. 1 vol. de Suppléments, 1933.
Catholicisme. Hier, aujourd'hui, demain (G. JACQUEMET). Paris, 1948 et suiv.
Dictionnaire de spiritualité, ascétique et mystique. Doctrine et histoire (dir. M. VILLER, S.J.). Paris, 1932 et suiv.
Kirchenlexikon oder Encyclopädie der Katholischen Theologie. 2ᵉ éd. 12 vol. Fribourg en Brisgau, 1882-1903.
Kirchlisches Handlexikon. 2 vol. Fribourg en Br., 1907-1912. — Nouvelle édition sous le titre: *Lexikon für Theologie und Kirche.* 10 vol. Fribourg, 1919-1938. 2ᵉ éd. (Jos. HOEFER et Karl RAHNER) en 10 vol. 1957 et suiv.
Real-Encyclopädie für protestantische Theologie und Kirche. 3ᵉ édit. 23 vol. Leipzig, 1896-1913.
Die Religion in Geschichte und Gegenwart. Handwörterbuch für Theologie und Religionswissenschaft. 2ᵉ édit. 6 vol. Tubingue, 1927-1932. 3ᵉ éd. I-III, 1957 et suiv.
Encyclopaedia of Religion and Ethics (dir. James HASTINGS). 12 vol. Édimbourg, 1908-1921. Index, 1927.

Il faut y ajouter les dictionnaires d'histoire et de géographie ecclésiastiques ([1]), de l'antiquité classique ([2]), les encyclopédies juives ([3]), islamiques ([4]), etc.

Certains *dictionnaires* sont consacrés spécialement à la philosophie. Ils contiennent les termes philosophiques, disposés par ordre alphabétique et accompagnés d'explications historiques et doctrinales, et parfois de renseignements bibliographiques. Parmi les dictionnaires philosophiques récents, voici les principaux:

1. Dictionnaires philosophiques généraux:

BLANC, Abbé Élie, *Dictionnaire de Philosophie ancienne, moderne et contemporaine* (contenant environ 4000 articles disposés par ordre alphabétique). Paris, Lethielleux, 1906-1908. In-8°, 23×18. 1248 colonnes. — *Supplément au Dictionnaire de Philosophie,* années 1906, 1907, 1908. (154) col.

CUVILLIER, A. *Petit vocabulaire de la langue philosophique* (Cours de Philosophie). 13ᵉ édit. In-8°, 116 p. Paris, Colin, 1953. — *Nouveau vocabulaire philosophique.* 3ᵉ éd. 19,5 × 13,5. 204 pp. Paris, A. Colin, 1958.

([1]) *Dictionnaire d'Histoire et de Géographie ecclésiastiques* (dir. A. BAU-DRILLART, Alb. VOGT, U. ROUZIES. Depuis 1930 (vol. IV), dir. Alb. DE MEYER et Ét. VAN CAUWENBERGH; depuis 1957 (vol. XIV), dir. R. Aubert et Ét. Van Cauwenbergh). Paris, 1912 et suiv.

([2]) *Real-Encyklopädie der klassischen Altertumswissenschaft* (dir. A. PAULY). 6 vol. Stuttgart, 1832-1852. — Neue Bearbeitung begonnen v. G. WISSOWA, herausgegeben von Wilh. KROLL, vol. I-XXII, 1894-1954 (jusqu'à *Priscianus*). Suppl. 1903-1956, vol. I-VIII (jusqu'à *Valerius*) — Suppl. Zweite Reihe (R-Z) herausgegeben von W. KROLL und Kurt WITTE (t. I et II), von W. KROLL und Karl Mittelhaus (t. III et suiv.), 1914-1958, t. I-VIIIa (jusqu'à *Vindeleia*).

([3]) *The Jewish Encyclopaedia.* 12 vol. New York-Londres, 1901-1906. — *Jüdisches Lexikon.* 5 vol. Berlin, 1927-1930. — *Encyclopedia Judaica,* 10 vol. parus (*A-Lyra*). Berlin, 1928-1934. — *The Universal Jewish Encyclopedia.* 2ᵉ éd., 10 vol. et Index. New York, 1948.

([4]) *The Encyclopaedia of Islam* (dir. Th. HOUTSMA, etc.). 4 vol. Leyde-Londres, 1913, 1927, 1934 et 1936. 1 vol. de suppl., 1934-1938. Nouvelle édition, Leyde, 1954 et suiv.

FRANK, Ad. *Dictionnaire des Sciences Philosophiques.* 3ᵉ édit. In-8°. 26 × 16. X-1820 pp. Paris, Hachette, 1885, (1ʳᵉ édit. 6 vol. 1844-1852). Œuvre de collaboration de tendance éclecto-spiritualiste.

FOULQUIÉ, Paul, et SAINT-JEAN, Raymond. *Dictionnaire de la langue philosophique.* In-8° raisin, XVI-776 pp. Paris, Presses Universitaires de France, 1962.

GOBLOT, Edmond, *Le Vocabulaire Philosophique.* In-16, 518 pp. Paris, Colin, (1949).

JOLIVET, Régis. *Vocabulaire de la Philosophie. Suivi d'un tableau historique des Écoles de Philosophie.* 4ᵉ édit. 21×13,5, 220 pp. Lyon-Paris, Emmanuel Vitte, 1957. (1ʳᵉ édit. 1942).

LALANDE, André. *Vocabulaire technique et critique de la Philosophie.* 6ᵉ édit. 2 vol. 25×16, XXII-1303 pp. Paris, Presses Universitaires de France, 1951. 9ᵉ édit. 1962, XXIV-1324 pp. (1ᵉ édit., en fascicules, 1902-1923; 2ᵉ édit. 1926).

Encyclopédie Française (¹), Vol. XIX, 1ʳᵉ partie: *Philosophie.* Un vol. 24,5×19,5, 299 pp. Paris, Société nouvelle de l'Encyclopédie Française, Librairie Larousse, 1957.

Dictionnaire des Philosophes (Coll. «Seghers»), Paris, Seghers, 1962. In-16, 383 pp.

Encyclopedisch Handboek van het moderne Denken. Onder redactie van Dr. W. BANNING, Dr. C. J. VAN DER KLAAUW, Dr. H. A. KRAMERS, Dr. H. J. POS, Dr. K. F. PROOST, Dr. J. D. UBBISCH. 3ᵉ édit. Arnhem, van Loghum Slaterus, 1950. (1ʳᵉ édit. 1931).

GROOTEN, J. et STEENBERGEN, G. Jo. *Filosofisch Lexicon* (avec supplément sur la logique formalisée). Un vol. 24×15,5, 332 pp. Anvers-Amsterdam, Standaard-Boekhandel, 1958.

APEL, Max. *Philosophisches Wörterbuch* (Sammlung Göschen, 1031). 5ᵉ édit. de P. LUDZ. In-16, 15×10, 315 pp. Berlin, W. de Gruyter, 1958. (1ʳᵉ édit. 1930).

AUSTEDE, Franz. *Kleines Wörterbuch der Philosophie* (Humboldt Taschenbücher, 43). In-8°, 188 pp. Francfort-s.-M., Humboldt-Verlag, 1954.

BRUGGER, Walter, *Philosophisches Wörterbuch.* Unter Mitwirkung der Professoren des Berchmans-Kolleges in Pullach bei München u. a. hrsg. (Mensch, Welt, Gott. Erg. Bd.) 10ᵉ édit. In-8°, XXXIX-511 pp. Fribourg en Br., Herder, 1963. Trad. italienne, Turin, 1961.

DECURTINS, Carl. *Kleines Philosophenlexicon. Von den Vorsokratikern bis zur Gegenwart.* In-8°, XVI-312 pp. Affoltern, Aehren Verlag, 1952.

(¹) Cfr plus haut, p. 239.

EISLER, Rudolf. *Wörterbuch der philosophischen Begriffe historisch-quellenmässig bearbeitet.* 4ᵉ édit. 3 vol. (II et III achevés par Karl RORETZ). Gr. in-8°, 25×17, 893, 780, 906 pp. Berlin, Mittler und Sohn, 1927, 1929, 1930.

EISLER, Rudolf. *Handwörterbuch der Philosophie.* 2ᵉ édit. fournie par Richard MÜLLER-FREIENFELS. In-8°, 23×16, 786 pp. Berlin, Mittler und Sohn, 1922.

MÜLLER, Max, et HALDER, Alois. *Herders kleines philosophisches Wörterbuch* (Herder-Bücherei, 16). In-8°, 18×10,5, 181 pp. Fribourg en Br., Herder-Verlag, 1958. 3ᵉ édit. 206 pp. 1961.

HOFFMEISTER, Johannes. *Wörterbuch der philosophischen Begriffe* (Philosophische Bibliothek, Bd. 225). 2ᵉ édit. 21×15,5, VIII-688 pp. Hambourg, Fel. Meiner, 1955.

METZKE, Erwin, *Handlexicon der Philosophie* (Heidelberger Texte. Philos. Reihe, 1). 20×12, 457 pp. Heidelberg, Kerle, 1948, 2ᵉ édit., 1949.

RUSCHA, *Fächwörterbuch der Philosophie für Studium, Lektüre und Vortrag* (Fächwörterbücher der Wissenschaft, Technik und des Handwerks. Taschenausgabe, Bd. 10). 15×10, IV-VIII-147 pp. Zurich, R. Schaltegger, 1945.

SCHMIDT, Heinrich, *Philosophisches Wörterbuch* (Kröners Taschenausgabe, 13). 12ᵉ édit. (von Just STRELLER), 18×11, 658 pp. Stuttgart, A. Kröner, 1954, (1ʳᵉ édit. 1912). 14ᵉ édit. (par G. SCHISCHKOFF) VI-678 pp. 1957.

ZIEGENFUSS, Werner, und JUNG, Gertrud. *Philosophen-Lexikon. Handwörterbuch der Philosophie nach Personen.* 2ᵉ édit. 2 vol. 24,5× 17, VII-700, 958 pp. Berlin, Walter de Gruyter, 1949, 1950. (1ʳᵉ édit. 1937). Remplace EISLER, Rudolf, *Philosophen-Lexikon. Leben, Werke und Lehren der Denker.* 22×14, VI-889 pp. Berlin, Mittler und Sohn, 1912.

BALDWIN, James Mark. *Dictionary of Philosophy and Psychology.* 3 vol. Gr. in-8°, 26×19. T. I-II: *Partie expositive,* XXIV-644 et XVI-892 pp. T. III: *Bibliographie,* par B. RAND (en deux parties: 1. Bibliographie de l'histoire de la philosophie, XXIV-542 pp. 2. Bibliographie des diverses branches pilosophiques et des matières connexes, pp. 542-1192). New York, Macmillan, 1901, 1902, 1905. Deuxième édition du t. I, 1928; du t. II, 1925. Le t. II contient la terminologie grecque, latine, allemande, française et italienne. — Réimprimé en 2 vol. Gloucester (Mass.), Peter Smith, 1957, 644 et 892 pp.

Enciclopedia Filosofica (Centro di Studi Filosofici di Gallarate). Venise-Rome, Istituto per la Collaborazione Culturale, 1957-1958. 4 vol. 28,5×20, 1958, 1917, 1943, 1965 col.

BIRAGHI, A. *Dizionario di Filosofia.* In-8°, 787 pp. Milan, Communità, 1956.

LAMANNA, Eustachio Paolo, e ADORNO, Francesco. *Dizionario di termini filosofici* (Manualetti Le Monnier, 23). 7ᵉ éd. In-16, 107 pp. Florence, F. Le Monnier, 1958.

ZARAGÜETA, Juan. *Vocabulario filosófico.* In-8°, 22,5×15. 571 pp. Madrid. Espasa-Calpe, 1955.

FERRATER MORA, José. *Diccionario de Filosofía.* 4ᵉ édit. 26×19, 1481 pp. Buenos-Aires, Editorial sudamericana, 1958 (1ʳᵉ édit. 1941).

O'HUALLACHÁIN, Colman. *Foclóir Fealsaimh.* Dictionnaire philosophique irlandais, in-8°, 22×14,5, XVIII-172 pp. Dublin, An Clóchombar, 1958.

2. Dictionnaires philosophiques spéciaux:

SCHWARZ, Georg Theodor, *Philosophisches Lexikon zur griechischen Literatur.* (Dalp-Taschenbücher, 330). 18×11, 109 pp. Berne, A. Francke, 1956.

Die Fragmente der Vorsokratiker, von Hermann DIELS. 6. Aufl. herausgegeben von Walther KRANZ. Gr.-8°. Berlin, Weidmann, T. III, pp. 1-488: *Wortindex,* von W. KRANZ. 1952. 8ᵉ éd. 1956, 660 pp.

AST, Fred. (D. Fredericus ASTIUS). *Lexicon platonicum sive vocum platonicarum index.* Leipzig, Weidmann, 1835-1838. Édit. anastatique, Berlin, Herm. Barsdorf, 1908. 3 vol. In-8°, 24×16. VI-880, 502 et 592 pp. ([1]). Bonn, Habelt, 1956, 2 vol.

BONITZ, Herm. *Index aristotelicus.* VI-878 pp. du t. V, in-4°, 28×23, de l'édition des œuvres d'Aristote par l'Académie de Prusse. Berlin, G.Reimer, 1870. 2ᵉ éd. (anast.) Graz, Akademische Druck. u. Verlagsanstalt, 1955. Gr. in-8°, 23,5×18. VIII-886 pp.

Aristotelis opera omnia. Index nominum et rerum absolutissimus (Commencé par Cats BUSSEMAKER, achevé par Ém. HEITZ). Tome V de l'édition des œuvres d'Aristote. Paris, Firmin-Didot, 1874. In-4°, 26×18, 924 pp.

BRÉHIER, Émile. *Plotin. Index des mots grecs. Index analytique des matières.* Pages 200-297 de *Plotin. Ennéades,* t. VI². Texte établi et

---

([1]) Signalons également: Otto APELT, *Platon-Index als Gesamtregister zu der Übersetzung in der Philosophischen Bibliothek* (Die Philos. Bibliothek, Bd. 182). In-8°, 19×13. Leipzig, Fel. Meiner, 1920. 2ᵉ édit. 1922. VI-177 pp.

traduit par Ém. Bréhier. In-8°, 20×13. Paris, «Les Belles Lettres», 1938.

Van den Daele, S. J., *Indices Pseudo-Dionysiani* (Université de Louvain. Publications d'Histoire et de Philologie, 3ᵉ série, 3ᵉ partie). Louvain, Bibliothèque de l'Université, 1941. In-8°, 25,5×16,5. 156 pp.

Goichon, A.-M. *Lexique de la langue philosophique d'Ibn Sina (Avicenne).* Gr. in-8°, 25×21. Paris, Desclée de Brouwer, 1938. XIV-496 pp.

Hurter, H., S. J., *Nomenclator literarius theologiae catholicae, theologos exhibens aetate, natione, disciplinis distinctos.* 5 vol. In-8°. 22×15. Innsbruck, Wagner ([1]). T. I. Ab aerae christianae initiis

---

([1]) Il va sans dire que cet ouvrage renseigne aussi sur des «philosophes» catholiques. Pour beaucoup d'auteurs on peut consulter également les «bibliothèques» d'écrivains ecclésiastiques appartenant à un même ordre religieux, telles que:

J. F. Ossinger. *Bibliotheca augustiniana.* Ingolstadt, 1768. 2ᵉ éd. 1785 (sous le titre: *Biographia literatorum ex ordine augustiano*).

[Jean-François]. *Bibliothèque générale des écrivains de l'ordre de saint-Benoît.* 4 vol. Bouillon, 1777-78.

Charles De Visch. *Bibliotheca scriptorum sacri ordinis cisterciensis.* Douai, 1649. Cologne, 1656.

Cosme De Villiers, *Bibliotheca carmelitana.* 2 vol. Aurelianis, 1752. 2ᵉ éd. Rome, 1927.

Jacq. Quétif et Jacq. Échard. *Scriptores Ordinis Praedicatorum.* 2 vol. Paris, 1719-1721. 2ᵉ édit. revue et complétée par Remi Coulon. 8 fasc., 1909-1914.

L. Wadding. *Scriptores Ordinis Minorum.* Rome, 1650. (Réédition en 1906). — G. Sbaralea, *Supplementum et castigatio ad scriptores trium Ordinum sancti Francisci.* Rome, 1806. Réédition: 2 vol. par D. Attilio Nardecchia, Rome, 1908 et 1921; 3ᵉ vol., de R à Z, avec une *Continuatio Scriptorum trium Ordinum,* qui va de 1650 à 1800, par A. Chiappini, O. F. M., Rome, 1936.

Léon Goovaerts. *Écrivains, artistes et savants de l'ordre de Prémontré.* 4 vol. Bruxelles, 1899-1917.

Bibliothèque de la Compagnie de Jésus. Première partie: *Bibliographie,* par les Pères Augustin et Aloys De Backer; seconde partie: *Histoire,* par le Père Auguste Carayon. 7 vol. Liège, 1853-1861. — Nouvelle édition par Carlos Sommervogel, S. J. 9 vol. in-4°. Bruxelles, 1890-1900. Le 10ᵉ vol.: *Tables de la première partie,* par Pierre Bliard, 1909. *Corrections et additions. Supplément au «De Backer-Sommervogel»,* par Ern. M. Rivière, S. J. In-4°, 1292 colonnes. Toulouse, 1911-1930. Se réimprime à Louvain, avec des additions, en procédé photomécanique, 12 in-fol.

ad theologiae scholasticae exordia (1109). 3ᵉ édit. 1099-LXX pp.
1903. — T. II. Ab exordiis theologiae scholasticae usque ad celebratum concilium Tridentinum (1109-1563). 3ᵉ édit. 1591-CLXXXII
pp. 1906. — T. III. Post celebratum concilium Tridentinum (1564-
1663). 3ᵉ édit. 1223-CXXII pp. 1907. — T. IV. 1664-1763. 3ᵉ édit.
2063 pp. 1910. — T. V. 1ᵃ pars. Saeculum tertium post celebratum
concilium Tridentinum (1764-1869), et 2ᵃ pars, Aetas recens (1870-
1910). 3ᵉ édit. 1091-CCLX pp. 1913. — Cet ouvrage comprend des
tables chronologiques et une table alphabétique.

Dufresne du Cange, Charles. *Glossarium mediae et infimae latinitatis.*
Paris, 1678. — *Glossarium... cum supplementis,* digessit G. A. L.
Henschel. 7 vol. Gr. in-8°, 27×22. Paris, Didot, 1840-1850. —
Nouvelle édition (avec le Glossarium gallicum, des tables et des
dissertations), par Léopold Favre. 10 vol. Niort, L. Favre, 1883-
1887. Réimpression, Paris, Librairie des Sciences et des Arts, 1938.
Réimpression, Graz, 1954.

Diefenbach, Laur. *Glossarium latino-germanicum mediae et infimae
aetatis.* Francfort, 1857. (Supplément à Du Cange). — *Novum
glossarium latino-germanicum mediae et infimae aetatis.* Francfort, 1867. (Résumé du précédent).

Niermeyer, J. F. *Mediae Latinitatis Lexicon Minus.* Leyde, 1954 et suiv.

Signoriello, Nuntius. *Lexicon peripateticum philosophico-theologicum
in quo Scholasticorum distinctiones et effata praecipua expli-
cantur.* 5ᵉ éd. In-16, 21×13. Rome, Pustet, 1931. VIII-470 pp. (1ʳᵉ
éd. 1854).

Wuellner, Bernard, S. J. *Dictionary of Scholastic Philosophy.* Milwaukee, Bruce Publishing Cᵒ, 1956. XVI-138 pp.

Axters, Stephanus, O. P. *Scholastiek Lexicon. Latijn-Nederlandsch.* In-
8°, 22×15. Anvers, Geloofsverdediging, 1937. X-198*-334 pp.

Antonius Maria a Vicetia, O. F. M. et Joannes a Rubino, O. F. M. *Lexicon Bonaventurianum philosophico-theologicum in quo termini
theologici, distinctiones et effata praecipua scolasticorum a Sera-
phico Doctore declarantur.* Gr. in-8°, 27×18. Venise, 1880. 338 pp.

Schuetz, Ludwig. *Thomas-Lexikon. Sammlung. Übersetzung und Er-
klärung der in sämtlichen Werken des h. Thomas von Aquin vor-
kommenden Kunstausdrücke und wissenschaftlichen Aussprüche.*
2ᵉ édit. In-8°, 23×15. Paderborn, Ferd. Schöningh, 1895. X-890 pp.
(1ʳᵉ édit. 1881). Repr. photolithograph., New York, Musurgia publ.
1949. Reproduction photomécanique, Stuttgart, Fr. Frommann.

Ludwig Koch, S. J. *Jesuiten-Lexikon. Die Gesellschaft einst und jetzt.* Paderborn, 1934.

DEFERRARI, Roy J., BARRY, M. Inviolata, and McGUINESS, Ignatius O. P. *A Lexicon of St. Thomas Aquinas based on the Summa Theologica and selected pages of his other works.* In-4°, 5 fasc. Washington, Catholic University of America Press, 1949-1956.

Indices auctoritatum omniumque rerum notabilium occurrentium in Summa Theologiae et in Summa contra Gentiles S. Thomae de Aquino Doctoris Angelici. (Extractum ex Tomo XVI editionis Leoninae). Editio Leonina Manualis. In-8°, VIII-727 pp. Turin-Rome, Marietti, 1948.

SUERMONDT, Clem. Steph. *Tabulae schematicae cum introductione de principiis et compositione comparatis Summae Theologiae et Summae contre Gentiles S. Thomae Aquinatis.* In-8°, 52 pp. Rome, Marietti, 1943.

GARCIA, Marianus Fernandez, O. F. M. *Lexicon Scholasticum philosophico-theologicum in quo termini, definitiones, distinctiones et effata seu axiomaticae propositiones philosophiam ac theologiam spectantes a B. Joanne Duns Scoto exponuntur, declarantur.* Ad Claras Aquas (Quaracchi), Collegium S. Bonaventurae, 1910. Gr. in-8°, 30×20, LIV-1056 pp.

BAUDRY, Léon. *Lexique philosophique du Guillaume d'Ockham.* (Études de notions fondamentales). Paris, Lethielleux, 1958. In-8°. 25×16,5, 299 pp.

GILSON, Étienne. *Index scolastico-cartésien.* Paris, Fél. Alcan, 1913. In-8°, 22×13, 356 pp.

EISLER, Rudolf. *Kant-Lexikon. Nachschlagewerk zu Kants sämtlichen Schriften, Briefen und Handschriftlichem Nachlass* (Kantgesellschaft. Publicationen). Berlin, Mittler und Sohn, 1930. In-8°, 25×17. VIII-642 pp.

RATKE, Heinr. *Systematisches Handlexikon zu Kants Kritik der reinen Vernunft.* (Philosophische Bibliothek, 37 b). Leipzig, Fel. Meiner. 1929. In-8°, 19×13, VI-330 pp.

GLOCKNER, H. *Hegel-Lexikon* (en complément de l'édition de l'œuvre de Hegel, Jubiläumsausgabe). In-8°, 21×14. Stuttgart, Frommann. 1935 et suiv. Avant 1938 parurent: vol. I, comprenant 4 fascicules (A-Form) (Hegel, *Sämtliche Werke*, vol. 23, 1935, XXXII-640 pp.) et vol. II (Sämtl. Werke, vol. 24), fasc. 5 à 10. 2ᵉ éd. en caract. bibl. 2565 pp.

FRAUENSTÄDT, Jul. *Schopenhauer-Lexicon. Ein philosophischer Wörterbuch nach A. Schopenhauer sämtlichen Schriften und handschriftlichen Nachlass.* 2 vol. In-8°,VIII-382 et 508 pp. Leipzig, Brockhaus, 1871.

3. Ouvrages d'histoire de la philosophie

Un très grand nombre d'ouvrages traitent de l'histoire de la philosophie. Ils sont consacrés à l'histoire générale, à l'histoire d'une époque, d'un pays ou d'une région, ou bien à l'histoire d'une tradition, ou d'un philosophe en particulier. Bornons-nous à en signaler quelques-uns.

1. Histoire générale de la philosophie.

Un ouvrage fondamental est celui de Friedrich UEBERWEG ([1]), intitulé: *Grundriss der Geschichte der Philosophie,* dont la première édition, en trois volumes, parut en 1862, 1864 et 1866, et dont les dernières éditions, déjà anciennes, furent assurées par plusieurs spécialistes travaillant en collaboration. On y trouve les renseignements biographiques, doctrinaux et bibliographiques les plus abondants. Il comprend, à présent, les cinq volumes suivants, édités à Berlin, chez E. S. Mittler und Sohn [2]:

I. *Die Philosophie des Altertums.* 12. Aufl. Herausgegeben von Karl PRAECHTER, 1926. XX-924 pp. — 13ᵉ édit., reproduction de l'édit. précédente. Bâle, Benno Schwabe, 1953.

II. *Die patristische und scholastische Philosophie.* 11. Aufl. Herausgegeben von Bernhard GEYER, 1928. XVIII-827 pp. — 12ᵉ édit., reproduction de l'édit. précédente. Bâle, B. Schwabe, 1951.

III. *Die Philosophie der Neuzeit bis zum Ende des 18. Jahrhunderts.* 12. Aufl. Herausgegeben von Max FRISCHEISEN-KOEHLER und Willy MOOG, 1924. XV-811 pp. — 13ᵉ édit., reproduction de l'édit. précédente. Bâle, B. Schwabe, 1953.

IV. *Die deutsche Philosophie des neunzehnten Jahrhunderts und der Gegenwart.* 12. Aufl. Herausgegeben von Traugott Konstantin Österreich, 1923. XIV-734 pp. — 13ᵉ édit., reproduction de l'édit. précédente. Bâle, B. Schwabe, 1951.

V. *Die Philosophie des Auslandes vom Beginn des 19. Jahrhunderts bis auf die Gegenwart.* 12. Aufl. Herausgegeben von Traugott Konstantin ÖSTERREICH, 1928. XIX-XL-432 pp. — 13ᵉ édit., reproduction de l'édit. précédente. Bâle, B. Schwabe, 1953.

([1]) Fr. ÜBERWEG, né à Leichlingen en 1826, enseigna à Bonn et à Kœnigsberg, et mourut en 1871. La 1ʳᵉ édition était intitulée: *Grundriss der Geschichte der Philosophie vom Thales bis auf die Gegenwart.*

([2]) Une refonte de cet ouvrage est en préparation sous la direction de P. WILPERT. Cfr *Editionsbericht. Die Neugestaltung des «Ueberweg»,* dans *Archiv für Geschichte der Philosophie,* t. 45, 1961, pp. 85-99.

Quelques autres ouvrages:

BRÉHIER, Émile. *Histoire de la Philosophie*. In-8°, 23×14. Paris, Presses Universitaires de France. Premier Volume *L'Antiquité et le Moyen âge* (1ʳᵉ éd. 1926-1928): Fasc. 1: *Introduction. Période hellénistique.* 4ᵉ éd. 1942. Fasc. 2: *Période hellénistique et romaine.* 6ᵉ éd. 1955. 528 pp. Fasc. 3: *Le Moyen âge et la Renaissance.* 6ᵉ éd. 1951.
Second volume *La Philosophie moderne* (1ʳᵉ éd. 1929-1932): Fasc. 1: *Le Dix-Septième Siècle.* 4ᵉ éd. 1946. Fasc. 2: *Le Dix-Huitième Siècle.* 5ᵉ éd. 1950. 579 pp. Fasc. 3: *Le Dix-Neuvième siècle.* Période des Systèmes (1800-1850). 4ᵉ éd. 1957. 911 pp. Fasc. 4: *Le Dix-Neuvième Siècle après 1850. Le Vingtième Siècle.* Index. 5ᵉ éd. 1953. 1206 pp. — Fasc. supplém. MASSON-OURSEL, *La Philosophie en Orient* (1ʳᵉ éd. 1938). 3ᵉ éd. 1948. 188 pp. TATAKIS, *Philosophie Byzantine.* 1949.

RIVAUD, Albert, *Histoire de la Philosophie* (coll. Logos): I. *Des origines à la Scolastique,* 613 pp. 1948. 2ᵉ édit. du t. I par Gilbert VARET (Coll. Logos) XXIV-668 pp. 1961. II. *De la Scolastique à l'époque classique,* 448 pp. 1950. III. *L'Époque classique,* 584 pp. 1950. IV. *Philosophie française et philosophie anglaise de 1700 à 1830.* In-16°, XXIV-596 pp. Paris, 1962.

THONNARD, F.-J., A. A., *Précis d'histoire de la Philosophie;* Prem. éd. 1937. Nouv. éd. X-1012 pp., Paris, Desclée, 1952. Traduction anglaise par Edw. A. MAZIARZ, X-1074 pp. New York, Desclée, 1955. Traduction néerlandaise par E. VEEMAN, A. A., 1186 pp.

WEBER, Alfred, et HUISMAN, Denis. *Histoire de la Philosophie.* 15ᵉ éd. 2 vol. in-4°. Paris, Fischbacher, 1959. I: *La Philosophie antique et médiévale.* II: *Tableau de la Philosophie moderne de la Renaissance à 1850. — Tableau de la Philosophie contemporaine 1850-1955* (ouvrage de large collaboration). In-4°, 665 pp. 1957.

CASIMIR, R. *Beknopte Geschiedenis der Wijsbegeerte* (Wereldbibliotheek), 4ᵉ édit. 2 parties réunies en un volume in-8°, 364 et 284 pp. Amsterdam, Maatschappij tot verspreiding van goede en goedkope lectuur, 1932.

DURANT, W. *Van Sokrates tot Bergson, Hoofdfiguren uit de geschiedenis van het denken.* Traduit de l'anglais par C. Pos. 14ᵉ éd., 436 pp. Bois-le-Duc, L. J. C. Boucher, 1956.

DELFGAAUW, Bernard, *Beknopte Geschiedenis der Wijsbegeerte.* 3 vol. 19,5×12, Amsterdam, Het Wereldvenster.
I. *Oudheid en Middeleeuwen,* 3ᵉ édit. 160 pp. 1956. II. *De mo-*

derne Wijsbegeerte, 3° édit. 152 pp. 1960. III. *De hedendaagse Wijsbegeerte.* 123 pp. 1952.

Philosophia. *Beknopt Handboek tot de Geschiedenis van het Wijsgerig Denken.* Onder redactie van Prof. Dr. H. VAN OYEN. 2 vol. 23×15, VIII-246 et VIII-416 pp. Utrecht, W. de Haan, 1948 et 1949.

SASSEN, Ferd. *Geschiedenis van de Wijsbegeerte* (Philosophische Bibliotheek). 5 vol. in-8°. Bruxelles, Standaard-Boekhandel. (1ʳᵉ édit. 1928-1938).

I. *Wijsbegeerte der Grieken en Romeinen,* 4° édit. 208 pp. 1949. II. *Patristische en Middeleeuwse Wijsbegeerte.* 4° édit. 340 pp. 1950. III. *De nieuwere Wijsbegeerte tot Kant,* 2° édit. 307 pp. 1946. IV. *Van Kant tot Bergson,* 234 pp. 1952. V. *De Wijsbegeerte van onze tijd,* 3° édit. 296 pp. 1944, 4° éd. (B. DELFGAAUW), 376 pp. 1958.

WEBB, C. C. J. *Geschiedenis der Wijsbegeerte.* Adapté par W. H. ALTING VAN GEUSAU (Pallas-Reeks, 5). 18×13, 156 pp. Assen, Born, 1952. 2° éd. adapté par J. VAN SLOOTEN, 1957.

ASTER, Ernst von. *Geschichte der Philosophie* (Kröners Taschenausgabe, 108). 12° édit. In-8°, XXIII-504 pp. Stuttgart, Kröner, 1958.

FISCHL, J. *Geschichte der Philosophie* (Christliche Philosophie in Einzeldarstellungen). 5 vol. 20×13. I. *Altertum und Mittelalter,* 420 pp. 1947. II. *Renaissance und Barok. Neuzeit bis Leibniz,* XVI-283 pp. 1950. III. *Aufklärung und Deutsche Idealismus,* XII-360 pp. 1950. IV. *Materialismus und Positivismus der Gegenwart,* XI-387 pp. 1953. V. *Idealismus, Realismus und Existentialismus der Gegenwart,* XVI-420 pp. 1954. Graz-Vienne-Cologne.

GLOCKNER, Hermann. *Die europäische Philosophie von den Anfängen bis zur Gegenwart* (Reclams Universal-Bibliothek, 8233/46). In-8°, 1184 pp. Stuttgart, Reclam-Verlag, 1958.

HIRSCHBERGER, Johannes. *Geschichte der Philosophie.* 5° édit. 1961. 2 vol. in-8°. I. *Altertum und Mittelalter,* XXIV-584 pp. II. *Neuzeit und Gegenwart,* 4° édit. 1960. XVIII-624 pp. Fribourg en Br., Herder, 1957-1958. Traduction anglaise du vol. I par Anthony N. FUERST et du vol. II par le même auteur avec un «aperçu sur la pensée philosophique américaine et la tradition occidentale» par Donald A. GALLAGHER, 530 et 752 pp. Milwaukee, Bruce Publ. Co., 1958 et 1959. ID. *Kleine Philosophiegeschichte* (Herder-Bücherei, 103*). Fribourg en Br., Herder. 1961, 212 pp.

MICHELITSCH, Anton. *Illustrierte Geschichte der Philosophie.* 2 vol. petit in-8°, 696 et 130+36 pp. Graz, Styria, 1933.

MEYER, Hans. *Geschichte der Abendländischen Weltanschauung.* 5 vol.

23,5×16. I. *Die Weltanschauung des Altertums,* 2ᵉ édit. X-420 pp. 1953. (1ʳᵉ édit. 1947). II. *Von Urchristentum bis zu Augustin,* 2ᵉ édit. VIII-167 pp. 1953. (1ᵉ édit. 1947). III. *Die Weltanschauung des Mittelalters,* X-371 pp. 1948. IV. *Von der Renaissance bis zum deutschen Idealismus,* VIII-567 pp. 1950. V. *Die Weltanschauung der Gegenwart,* X-571 pp. 1949. — *Personen- und Sachregister zu Bd. I-V,* 32 pp. Wurtzbourg, Schöningh, 1950.

SCHILLING, Kurt. *Geschichte der Philosophie.* 2ᵉ édit. 2 vol. 23×15,5. I. *Die alte Welt. Das christlich-germanische Mittelalter,* 456 pp. II. *Die Neuzeit,* 688 pp. Munich-Bâle, Ernst Reinhardt Verlag, 1951-1953.

STOERIG, Hans, Joachim. *Kleine Weltgeschichte der Philosophie.* Mit 28 Bildabtr. 6ᵉ éd. In-8°, XV-551 pp. Stuttgart, Kohlhammer, 1958. Traduction néerlandaise par P. BROMMER (Prisma-Boeken, 409-410), 2 vol. 276 et 342 pp. Utrecht, Het Spectrum, 1959.

VORLÄNDER, Karl. *Geschichte der Philosophie.* 9ᵉ édit. 3 vol. (Philosophische Bibliothek, 105-106). I. *Altertum und Mittelalter* (neubearbeitet von Erwin METZKE), XV-433 pp. 1949. II. *Neuzeit bis einschließlich Kant* (neubearbeitet von H. KNITTERMEYER), XVI-493 pp. 1955. III. *Nachkantianer bis zum Gegenwart* (neubearbeitet von H. KNITTENMEYER), in Vorbereitung. Hambourg, F. Meiner.

WINDELBAND, Wilh. *Lehrbuch der Geschichte der Philosophie.* 12ᵉ édit. (prép. par E. ROTHACKER). 1 vol. gr. in-8°, XI-594 pp. Tubingue, Mohr, 1928. (1ʳᵉ édit. 1889): — Billige Ausgabe, 25×18, XXXIX-642 pp. Mit einem Schlusskapitel: *Die Philosophie im 20. Jahrhundert und einer Übersicht über den Stand der philosophiegeschichlichen Forschung* (par Heinz HEIMSOETH). Tubingue, Mohr, 1935. 15ᵉ éd. 1957, XLVI-634 pp. — Traduction anglaise (Harper Tashbooks, 38-39), New York, Harper, 1958.

CLARCK, Gordon, H. *Thales to Dewey. A History of Philosophy.* XII-548 pp. Boston, Houghton Mifflin, 1957.

COPLESTON, Frederick, S. J. *A History of Philosophy* (The Bellarmine Series. Heytrop College). 3 vol. parus, 14×22. I. *Greece and Rome,* X-521 pp. 1946. II. *Mediaeval Philosophy. Augustin to Scotus,* X-614 pp. 1950. III. *Ockham to Suarez,* IX-479 pp. 1953. Londres, Burns, Oates and Washbourne. Vol. III traduit par J. TAMINIAUX: *La Renaissance,* Tournai, Casterman, 1958. 516 pp. IV. *Descartes to Leibniz,* 370 pp. 1958. V: *Hobbes to Hume,* 440 pp. 1959. VI. *Wolff to Kant,* 509 pp. 1960. VII. *Fichte to Nietzsche,* 496 pp. 1963.

DURANT, Will. *The Story of Philosophy. The Lives and Opinions of the Greater Philosophers.* Nouvelle édit. Un vol. in-8°. XVI-412 pp. New York, Simon and Schuster, 1949. (1ʳᵉ édit. 1926). Trad.

française: *Vies et doctrines des Philosophes* (Bibliothèque Historique). In-8°, Paris, Payot, 1947.

GLENN, Paul J. *The History of Philosophy.* Un vol. 383 pp. St. Louis (Missouri), Herder, 1929. 13ᵉ réimpression, 1948.

FULLER, B. A. G. *A History of Philosophy.* Un vol. VIII-560 pp. New York, Holt, 1945.

MASCIA, Carmin et EDWARDS, Thomas. *History of Philosophy.* In-8°, 513 pp. Paterson (New Jersey), St. Anthony Guild Press, 1957.

MOORE, Charles A. *Philosophy East and West.* Un vol. 334 pp. Princeton University Press, 1944.

RUSSELL, Bertrand. *A History of Western Philosophy and its Connexion with Political and Social Circumstances from the Earliest Times to the Present Day.* Un vol. 895 pp. New York, Simon and Schuster, 1ʳᵉ éd. 1945. Traduction française par Hélène KERN, *Histoire de la Philosophie occidentale en relation avec les événements politiques et sociaux de l'Antiquité jusqu'à nos jours* (Bibliothèque des Idées). Un vol. 21×13,5, 912 pp. Paris, Gallimard, Hachette, 1953. Trad. néerl. par Robert LIMBURG. 2ᵉ éd. 22,5×16, 774 pp. La Haye, Servire, 1955.

RADHAKRISHNAN, S., WADIA, A. R., DATTA, D. M., KABIR, H. *History of Philosophy. Eastern and Western.* 2 vol. I. *Indian, Chinese and Japanese thought,* 617 pp. II. *Persian, Greek, Jewish, Mediaeval, Catholic and Islamic, Modern European and Contemporary Western Philosophy,* 462 pp. Londres, George Allan and Unwinn; New York, Macmillan, 1953.

GÉNY, Paul, S. J. *Historiae Philosophiae brevis conspectus ad usum seminariorum.* 4ᵉ édit. Un vol. in-8°, 442 pp. Rome, Université Grégorienne, 1932.

On peut signaler en outre: *Geschichte der Philosophie in Einzeldarstellungen,* coll. parue sous la direction de Gustave KAFKA. 30 vol. in-8°. Munich, Ernst Reinhardt, 1921-1933 ([1]).

([1]) La collection comprend: *Das Weltbild der Primitiven* (F. GRAEBNER, 173 pp. 1924), *Das Weltbild der Iranier* (O. G. VON WESENDONCK, 354 pp. 1933), *Indische Philosophie* (O. STRAUSZ, 286 pp. 1925), *Philosophie des Judentums* (J. GUTTMANN, 412 pp. 1933), *Die Philosophie des Islam* (Max HORTEN, 385 pp. 1924), *Chinesische Philosophie* (H. HACKMANN, 406 pp. 1927), *Die Vorsokratiker* (G. KAFKA, 164 pp. 1921), *Sokrates, Platon und der sokratische Kreiss* (G. KAFKA, 154 pp. 1921), *Aristoteles* (G. KAFKA, 203 pp. 1922), *Der Ausklang der antiken Philosophie und der Erwachen einer neuen Zeit* (G. KAFKA et Hans EIBL, 381 pp. 1928), *Augustin und die Patristik* (H. EIBL, 462 pp. 1923),

2. Histoire par époques.

Antiquité grecque:

CHEVALIER, Jacques. *Histoire de la Pensée*. I. *La pensée antique*. 21×
15, 762 pp. Paris, Flammarion, 1955. II. *La pensée chrétienne
des origines à la fin du XVI⁰ Siècle*. 846 pp. 1956.

GRENET, Paul Bernard. *Histoire de la Philosophie ancienne* (cours de
Philosophie thomiste). Paris, Beauchesne et ses fils, 1960. 324 pp.

RIVAUD, Albert. *Les grands courants de la pensée antique* (Collect.
Armand Colin. Section de Philosophie, 118). Paris, A. Colin, 1929,
4ᵉ édit. 1941. 220 pp.

ROBIN, Léon. *La pensée grecque et les origines de l'esprit scientifique*
(Bibliothèque de synthèse historique. L'évolution de l'humanité,
13). In-8°, 480 pp. Paris, La Renaissance du livre, 1923.

WERNER, Charles. *La philosophie grecque* (Bibliothèque scientifique).
2ᵉ édit. 22×14, IV-302 pp. Paris, Payot, 1946 (1ʳᵉ édit. 1938).

CAPELLE, Wilhelm. *Die Griechische Philosophie* (Sammlung Göschen,
857-859, 863. Geschichte der Philosophie, I-IV). 2ᵉ édit. 4 vol. 15,5×
10. 135, 144, 128, 131 pp. Berlin, Walter de Gruyter, 1953 et 1954.

JAEGER, Werner. *Paideia. Die Formung des Griechischen Menschen*.
3 vol. in-8°. T. I. 3ᵉ édit. IX-513 pp. T. II et T. III, 2ᵉ édit. VIII-418
et 462 pp. Berlin, de Gruyter, 1954.

GOMPERZ, Theodor. *Griechische Denker. Eine Geschichte der antiken
Philosophie*. I⁴, II⁴, III³. Gr. in-8°, VIII-472, VI-624, VIII-483 pp.

[*St. Thomas von Aquin und die Scholastik*: n'a pas paru], *Die philosophische
Mystik des Mittelalters* (Jos. BERNHART, 291 pp. 1922), *Die Philosophie der
Renaissance* (Aug. RIEKEL, 193 pp. 1925), *Descartes* (CAY VON BROCKDORFF, 227
pp. 1923), *Spinoza* (Bernhard ALEXANDER, 179 pp. 1923), *Leibniz* (G. STAMM-
LER, 183 pp. 1930), *Bacon* (Walter FROST, 504 pp. 1927), *Hobbes* (Rich. HOE-
NIGSWALD, 207 pp. 1924), *Locke, Berkeley, Hume* (Rob. REININGER, 213 pp.
1922), *Die englische Aufklärungsphilosophie* (CAY VON BROCKDORFF, 180 pp.
1924), *Die französische Aufklärungsphilosophie* (O. EWALD, 168 pp. 1924),
Die deutsche Aufklärungsphilosophie (Gay VON BROCKDORFF, 180 pp. 1926),
Kant (R. REININGER, 313 pp. 1923), *Fichte* (Heinz HEIMSOETH, 223 pp. 1923),
Schelling und die romantische Schule (H. KNITTERMEYER, 482 pp. 1929), *Hegel
und die hegelsche Schule* (W. MOOG, 491 pp. 1930), *Schopenhauer* (Heinr.
HASSE, 516 p. 1926), *Herbart und seine Schule* (G. WEISZ, 262 pp. 1928), *Fechner und Lotze* (Max WENTSCHER, 207 pp. 1925), *Nietzsche* (Aug. VETTER, 328 pp.
1926).

Leipzig, Veit, 1922, 1925, 1930, (1ʳᵉ édit. 1898, 1902, 1909). — *Les Penseurs de la Grèce. Histoire de la Philosophie antique.* Ouvrage traduit de la 2ᵉ édition allemande par Aug. REYMOND. 3 vol. Paris, Alcan, 1904, 1905, 1910.

KRANZ, Wilh. *Die Griechische Philosophie.* (Sammlung Dieterick, 88). Un vol. in-8°, 360 pp. Wiesbaden, 1950. 4ᵉ éd. Brême, Schünemann, 1958, XII-353 pp.

MEYER, Hans. *Geschichte der alten Philosophie* (Philosophische Hand-bibliothek, X). In-8°, 510 pp. Munich, J. Kösel et Fr. Pustet, 1925.

NESTLE, Wilhelm. *Griechische Geistesgeschichte. Von Homer bis Lukian. In ihrer Entfaltung vom mythischen zum rationalen Denken dargestellt* (Kröners Taschenausgabe, 192). 2ᵉ éd. Stuttgart, Kröner, 1956. XI-555 pp.

ZELLER, E. *Die Philosophie der Griechen.* 3 parties en 6 volumes. — I, 1. und 2. Abteilung, 6ᵉ édit. préparée par W. NESTLE, 1919 et 1920. — II. 1. Abteilung, 4ᵉ édit. 1889; 2. Abt., 3ᵉ édit. 1879. — III. 1 Abt., 4ᵉ édit. par Eduard WELLMANN, 1909; 2. Abt., 4ᵉ édit. 1903. Les éditions plus récentes sont des réimpressions (1ʳᵉ éd. 1844-1852). — *Grundriss der Geschichte der griechischen Philosophie.* 13ᵉ édit. préparée par Wilh. NESTLE. In-8°, XIV-396 pp. Leipzig, O.R. Reisland, 1928. (1ʳᵉ édit. 1883). Traduction anglaise par L. R. PALMER, 13ᵉ éd. New York, 1955, 349 pp.

ARMSTRONG, A. H. *An Introduction to Ancient Philosophy.* XVI-241 pp. Londres, Methuen, 1947, 3ᵉ éd. 1957, 242 pp.

OWENS, Jos. *A History of ancient western Philosophy.* New York, 1959, XV-434 pp.

Moyen âge occidental:

BRÉHIER, Émile. *La philosophie du moyen âge.* (Bibl. de synthèse historique. L'Évolution de l'Humanité, 45). In-8°, XVIII-458 pp. Paris, Albin Michel, 1937.

DE WULF, Maurice. *Histoire de la philosophie médiévale.* 6ᵉ édit. 3 vol. In-8°, VIII-320, 408 et 296 pp. Louvain, Institut Supérieur de Philosophie; Paris, J. Vrin, 1934, 1936, 1947. (1ʳᵉ édit. 1 vol. 1900). — Trad. angl. des deux vol. de la 5ᵉ édit. par Ernest MESSENGER. Londres, 1935 et 1937. — Trad. italienne des t. I et II de la 6ᵉ édit. par V. MIAMO. Florence, 1944-1945. Nouv. éd. 1957. — Trad. espagnole par Jesus Toral MOREN. 2 vol. Mexico, 1945.

FOREST, Aimé, VAN STEENBERGHEN, Fernand, DE GANDILLAC, Maurice. *Le* *mouvement doctrinal du IXe au XIVe siècle* (Histoire de l'Église depuis les origines jusqu'à nos jours... dirigée par Augustin FLI-CHE et Eugène JARRY, XIII). Un vol. in-8°, 25×16,5, 480 pp. Paris, Bloud et Gay, 1951.

GILSON, Étienne. *La philosophie au moyen âge des origines patristiques à la fin du XIVe siècle* (Bibliothèque historique). 3e édit. Un vol. 23×14,5, 782 pp. Paris, Payot, 1952. (1e édit. 1922). — *History of christian Philosophy in the Middle Ages.* New York, Random House, 1954.

VIGNAUX, Paul. *La pensée au Moyen Age* (Collection Armand Colin, 207). In-16, 208 pp. Paris, Arm. Colin, 1938.

GILSON, Étienne, und BÖHNER, Philotheus. *Geschichte der christlichen Philosophie von ihren Anfängen bis Nikolaus von Cues.* 2e édit. 3 vol. 24,5×16,5, VIII-254, 259-399, XXXII et de p. 401 à 656. Paderborn. Ferd. Schöningh, 1952-1954, (1re édit. 1937).

GRABMANN, Martin. *Die Geschichte der scholastischen Methode.* 2 vol. in-8°, XIII-355 et XIII-586 pp. Fribourg en Br., Herder 1909-1911. Réimprimé à Graz, Akademische Druck- u. Verlagsanstalt, 1957. In-8°, 970 pp. — *Die Philosophie des Mittelalters* (Sammlung Göschen, 826. Geschichte der Philosophie, III). Un vol. 122 pp. Leipzig, de Gruyter, 1921.

MAURER, Armand A. *Medieval Philosophy.* New York, Random House, A. Knopf, Inc. 1963.

Époque moderne:

MARÉCHAL, Joseph, S. J. *Précis d'histoire de la Philosophie moderne* (Museum Lessianum. Section Philosophique, 16). I. *De la Renaissance à Kant,* 2e édit. Un vol. in-8°, 355 pp. Louvain, Museum Lessianum, 1951. (1re édit. 1933).

VERNEAUX, Roger. *Histoire de la Philosophie moderne* (Coll. Cours de Philosophie thomiste). Paris, Beauchesne, 1958, 208 pp.

DE WAELHENS, Alphonse, *Moderne Wijsbegeerte.* I. *XVIe en XVIIe eeuw* (Philosophica, I). Un vol. 18,5×12,5, 194 pp. Louvain, Éditions de l'Institut Supérieur de Philosophie, 1946.

FALCKENBERG, Richard. *Geschichte der neueren Philosophie von Nicolaus von Cues bis zur Gegenwart* (Verbessert und ergänzt von Ernst VON ASTER). 9e édit. In-8°, XI-749 pp. Berlin, de Gruyter, 1927. (1re édit. 1886).

HOEFFDING, Harald. *Geschichte der neueren Philosophie.* Édit. allemande, 2 vol. Leipzig, 1894-1896. Trad. anglaise (Londres, 1900), française (Paris, Alcan, 549 et 620 pp. 1908, plusieurs réimpressions), italienne (1906). La première édition danoise a paru en 1894, la 3ᵉ remaniée en 1921. — *Philosophes contemporains* (¹). Trad. de l'allemand par A. TREMESEYGUES. 2ᵉ édit. Paris, Alcan, 1908. — Nouv. trad. anglaise par B. E. MEYER, New York, 1955, 532 et 600 pp.

HOENIGSWALD, Richard. *Geschichte der Philosophie von die Renaissance bis Kant.* W. de Gruyter, Berlin-Leipzig. Gr. in-8°, 300 pp. 1923.

COLLINS, James. *A History of modern European Philosophy.* Un vol. in-8°, 850 pp. Milwaukee, Bruce Publ. Co., 1954.

Époque contemporaine:

VERNEAUX, Roger. *Histoire de la Philosophie contemporaine* (Cours de Philosophie thomiste). Paris, Beauchesne et ses fils, 1960. 191 pp.

DE VLEESCHAUWER, Herman J. *Stroomingen in de hedendaagse Wijsbegeerte* (Philosophische Bibliotheek). In-8°, 210 pp. Bruxelles, Standaard-Boekhandel, 1934.

WOLF, H. *Hedendaagse Wijsbegeerte. Gestalten en Stroomingen* (Atheneum-bibliotheek). In-8°, VIII-267 pp. Amsterdam, Becht, 1936.

BOCHENSKI, I. M. *Europäische Philosophie der Gegenwart* (Sammlung Dalp. 50). 2ᵉ édit. Un vol. in-8°, 323 pp. Berne, Francke, 1951 (1ʳᵉ édit. 1947). Traduction française par Fr. VAUDOU: *La philosophie contemporaine en Europe* (bibliothèque scientifique). Un vol. in-8°, 252 pp. Paris, Payot, 1951. Trad. anglaise par Donald NICHOLL et Karl ASCHEN-BRENNER, Berkeley et Los Angeles, 1956.

ETTLINGER, Max. *Geschichte der Philosophie von der Romantik bis zur Gegenwart* (Philosophische Handbibliothek, VIII). In-8°, VIII-326 pp. Munich, Kösel et Pustet, 1924.

HEINEMANN, Fritz. *Die Philosophie im XX. Jahrhundert. Eine enzuklopädische Darstellung ihrer Geschichte, Disziplinen und Aufgaben* (Collaborateurs: DUYVENDAK, WILPERT, EPPING, SPÄMANN, FEYS, FRANKEL, etc.). Stuttgart, Ernst Klett Verlag, 1959. XII-600 pp.

(¹) Études sur Wundt, Ardigó, Bradley, Taine, Renan, Fouillée, Renouvier, Boutroux, Maxwell, Mach, Hertz, Ostwald, Avenarius, Guyau, Nietzsche, Eucken, James.

HESSEN, Johannes. *Die Philosophie des 20. Jahrhunderts*. In-8°, 190 pp. Rottenburg, Bader, 1951.

LANDGREBE, Ludwig. *Philosophie der Gegenwart*. In-8°, 187 pp. Bonn, Athenäumverlag, 1952.

LEHMANN, Gerhard. *Die Philosophie des neunzehnten Jahrhunderts*. (Sammlung Göschen, 571 et 709. Geschichte der Philosophie, VIII-IX). 2 vol. 15,5×10, 149 et 166 p. Berlin, Walter de Gruyter, 1953.

—*Die Philosophie im ersten Drittel des zwanzigsten Jahrhunderts*. T. I-II (Geschichte der Philosophie, X-XI) (Sammlung Göschen, 845, 850). Berlin, W. de Gruyter, 1957, 1960. In-8° 126, 114 pp.

STEGMÜLLER, Wolfgang. *Hauptströmungen der Gegenwartsphilosophie* (Kröners Taschenausgabe, 308). 2. Aufl. Stuttgart, Kröner, 1960. XLVIII-532 pp.

GILSON, É. and LANGAN, Thomas. *Modern Philosophy: From Descartes to Kant*. New York, Random House, A. Knopf, Inc. 1963.

HARRIMAN, Philip L. *Twentieth Century Philosophy*. New York, Philosophical Library, 1954.

RUNES, Dagobert D. *Twentieth Century Philosophy. Living Schools of Thought*. Un vol. 572 pp. New York, Philosophical Library, 1944. ID., Ames (Iowa). Littlefield, 1956, 268 pp.

PACI, Enzo. *La Filosofia contemporanea*. Milan, 1957, 268 pp. — ID., Ames (Iowa). Littlefield, 1956, 500 pp.

3. Histoire par pays.

Allemagne.

BRÉHIER, Émile. *Histoire de la philosophie allemande* (Bibliothèque d'Histoire de la Philosophie). 3ᵉ édit. mise à jour par P. RICŒUR. Paris, J. Vrin, 1954.

DEL NEGRO, W. *Die Philosophie der Gegenwart in Deutschland*. Leipzig, 1942.

GURVITCH, Georges. *Les tendances actuelles de la philosophie allemande*. (Bibliothèque d'Histoire de la Philosophie). Paris, 1930.

MESSER, Aug. *Die Philosophie der Gegenwart in Deutschland* (Wissenschaft und Bildung, 138). 8ᵉ édit. Leipzig, 1934.

Belgique.

DE WULF, Maurice. *Histoire de la philosophie en Belgique*. Bruxelles, 1910.

Chine.

Creel, H. G., *La pensée chinoise. De Confucius à Mao Tseu-Tong* (Bibliothèque historique). Paris, 1955, 288 pp.

Chow Yih-Ching, *La filosofia cinese.* Traduit par G. Falco (Serie Saper tutto, 118). Milan, 1958, 113 pp.

Yu-lan Fêng, *Short History of Chinese Philosophy.* New York, 1960, XX-368 pp.

États-Unis d'Amérique.

Deledalle, Gérard. *Histoire de la Philosophie Américaine. De la Guerre de Sécession à la Seconde Guerre Mondiale.* Paris, 1954.

Schneider, Herbert W. *A History of American Philosophy.* New York, 1947. Trad. française par Claude Simonet. Paris, 1955. Trad. allemande par Peter Krausser. Hambourg, 1957.

Werkmeister, W. H. *A History of Philosophical Ideas in America.* New York, 1949.

Adams, G. P., and Montague, W. P. *Contemporary American Philosophy. 34 Personal Statements.* 2 vol. New York, 1930.

France.

Delbos, Victor. *La philosophie française.* Paris, 1re édit. 1921.

Benrubi, J. *Philosophische Strömungen der Gegenwart in Frankreich.* Leipzig, 1928. — *Les sources et les courants de la philosophie contemporaine en France* (Bibliothèque de Philosophie contemporaine). 2 vol. Paris, 1933.

Hess, Gerhard. *Französische Philosophie der Gegenwart* (Philosophische Forschungsberichte der Gegenwart, 16). Berlin, 1933.

Lavelle, Louis. *La philosophie française entre les deux guerres.* 2e édit. Paris, 1947. (1re édit. 1942).

Foucher, Louis. *La philosophie catholique en France au 19e siècle avant la renaissance thomiste et dans son rapport avec elle (1800-1880).* Paris, 1955.

Grande-Bretagne.

Ginestier, Paul, *La pensée Anglo-saxonne depuis 1900.* Paris, 1956.

Hutin, Serge. *La philosophie anglaise et américaine* (coll. Que sais-je, 796). 2e éd. Paris, 1963.

Sorley, W. R. *A History of English Philosophy.* Cambridge, 1920, 2e édit., New York, 1939.

von Aster, *Geschichte der Englischen Philosophie* (Die Handbibliothek der Philologen). Bielefeld et Leipzig, 1927.

METZ, Rudolf. *Die philosophische Strömungen der Gegenwart in Gross-Britannien.* 2 vol. Leipzig, 1935. — *A hundred Years of Britisch Philosophy.* Traduit de l'allemand par J. W. HARVEY. Londres, 1938.

MUIRHEAD, J. H. *Contemporary British Philosophy.* 2 vol. (28 «autoprésentations»). New York, 1924.

India.

CHALLAYE, Félicien. *Les philosophes de l'Inde.* Paris, 1957. 330 pp.

GLASENAPP, Helmuth von. *Die Philosophie der Inder. Einführung in ihre Geschichte und ihre Lehre* (Kröners Taschenausgabe, 195). 2ᵉ éd. Stuttgart, 1958, XI-505 pp.

HIRYANNA, Mysore. *Outlines of Indian Philosophy.* 2ᵉ éd. Londres, 1952.

SINHA, Jadunath. *History of Indian Philosophy.* 2 vol. Calcutta (s.d.), 912 et 762 pp.

TUCCI, Giuseppe. *Storia della Filosofia indiana.* Bari, 1957. 604 pp.

RADHAKRISHNAN, S. and MUIRHEAD, Ed., *Contemporary Indian Philosophy* (Muirhead Library of Philosophy). Londres, 1952.

QUEGUINER, Maurice. *Introduction à l'Hindouisme.* (Coll. Lumière et Nations). Paris, 1959, 312 pp.

FRAUWALLNER, Erich. *Die Philosophie des Buddhismus* (Philosophische Studientexte. Texte der Indischen Philosophie, 2 vol.). Berlin, 1956. XIII-423 pp.

LAMOTTE, Étienne. *Histoire du Bouddhisme indien des origines à l'ère Saka.* (Bibliothèque du Muséon, 43) Louvain, 1958. XII-862 pp et 5 cartes.

SUZUKI, D. T. *Inleiding tot het Zen-Boeddhisme.* Traduit de l'anglais par Willem B. MOENS (Orientserie, een reeks geschriften van oosterse wijsheid). Deventer, 1958, 162 pp.

Italie.

GENTILE, Giovanni. *Storia della Filosofia in Italia.* Milan, 1905. — *Storia della Filosofia italiana dal Genovesi al Galuppi.* 2 vol. 2ᵉ édit. Milan, 1930.

STACKELBERG, Jürgen von. *Italienische Geisteswelt. Von Dante bis Croce* (Geist des Abendlandes). Darmstadt-Genève, 1954.

MEHLIS, Georg. *Italienische Philosophie der Gegenwart* (Philosophische Forschungsberichte, 12). Berlin, 1932.

SCIACCA, Michele F. *Il Secolo XX* (23ᵉ et dernier volume de la collection «Storia della Filosofia Italiana», dirigée par M. F. SCIACCA). 2ᵉ édit. 2 tomes. Milan, 1947. (1ʳᵉ édit. 1941). — *La philosophie italienne contemporaine* (Problèmes et Doctrines, 3). Lyon-Paris, s.d. [1951].

Mexique.

Estudios de Historia de la Filosofía en México (Publicaciones de la Coordinación de Humanidades). Mexico, Universidad Nacional Autónoma de Mexico, 1963.

Pays arabes.

SÉROUYA, Henri. *La pensée arabe* (coll. «Que sais-je ?», 915) 2ᵉ édit. Paris, 1962.

Pays-Bas.

SASSEN, Ferd. *De Wijsbegeerte der Middeleeuwen in de Nederlanden* (Nederlandse Monografieën, 4). Lochem, 1944. — *Wijsgerig leven in Nederland in de twintigste eeuw* (Uit Leven en Wetenschap, 10). Amsterdam, 1941. 2ᵉ édition 1947. — *Wijsgerig Leven in Nederland in de eerste helft van de negentiende eeuw. Een poging tot reconstructie.* Amsterdam, 1954. — *Geschiedenis van de Wijsbegeerte in Nederland tot het einde der negentiende eeuw.* Amsterdam-Bruxelles, Elsevier, 1959, 23×15, 400 pp.

Pays Scandinaves.

SCHMIELE, Wetlar. *Skandinavische Geisteswelt. Von Swedenborg bis Niels Bohr* (Geist des Abendlandes). Darmstadt-Genève, 1954.

Russie.

LOSSKI, N. O. *Histoire de la philosophie russe des origines à 1950* (Bibliothèque Historique). Paris, 1954.

ZENKOVSKY, V. V. *Histoire de la philosophie russe.* Traduit du russe par C. ANDRONIKOF (Bibliothèque des Idées). Paris, 1953.

BOCHENSKI, I. M. *Der Sowjetrussische dialektische Materialismus* (Diamat) (Sammlung Dalp). Berne, 1950. — *Die dogmatischen Grundlagen der Sowjetischen Philosophie.* Fribourg (Suisse), 1958.

WETTER, Gustav Andreas. *Der dialektische Materialismus. Seine Geschichte und sein System in der Sowjetunion.* Fribourg en Br., 1952.

Suisse.

HÄBERLIN u.a. *Philosophie in der Schweiz* (Schriften der Mlle Maria Gretler-Stiftung, Zurich, 3). Erlenbach-Zurich, 1946.

TUMARKIN, Anna. *Wesen und Werden der schweizerischen Philosophie.* Frauenfeld, 1948.

Tchécoslovaquie.

La philosophie tchécoslovaque contemporaine. Prague, 1934.

4. Histoire par branches.

JANET, Paul, et SÉAILLES, Gabriel, *Histoire de la Philosophie. Les problèmes et les écoles.* 1ʳᵉ édit. 1886. 14ᵉ édit. Paris, lib. Delagrave. 1928. IV-1084 pp. *Supplément. Période contemporaine,* par D. PARODI, Pierre TISSERAND, L. DUGAS, DOROLLE, Abel REY, 1929. 240 pp.

Geschichte der Philosophie in Längsschnitten. Berlin, Junker und Dünnhaupt, 1930 et suiv. (¹).

Philosophische Forschungsberichte. Berlin, Junker und Dünnhaupt, 1929 et suiv. Cette collection se compose d'ouvrages indiquant l'état présent des différentes branches philosophiques (²).

Ouvrages plus étendus:

PRANTL, C. *Geschichte der Logik im Abendlande.* 4 vol. Leipzig, 1855-

---

(¹) Cette collection comprend: SURANYI-UNGER, *Geschichte der Wirtschaftsphilosophie,* 70 pp. Max WUNDT, *Geschichte der Metaphysik,* 123 pp. Heinr. SCHOLZ, *Geschichte der Logik,* 78 pp. Max WENTSCHER, *Geschichte der Ethik,* 113 pp. C. A. EMGE, *Geschichte der Rechtsphilosophie,* 73 pp. Emil UTITZ, *Geschichte der Ästhetik,* 76 pp. Hugo DINGLER, *Geschichte der Naturphilosophie,* 174 pp. Willy MOOG, *Das Leben der Philosophen,* 253 pp. Rich. HOENINGSWALD, *Geschichte der Erkenntnistheorie,* 192 pp. Gustav KAFKA, *Geschichtsphilosophie der Philosophiegeschichte,* 66 pp. Joh. THYSSEN, *Geschichte der Geschichtsphilosophie,* 141 pp.

(²) Cette collection comprend: Reinhald KYNAST, *Logik und Erkenntnistheorie der Gegenwart,* 58 pp. Wilh. BURKAMP, *Naturphilosophie der Gegenwart,* 55 pp. Aug. MESSER, *Wertphilosophie der Gegenwart,* 58 pp. Hans LEISEGANG, *Religionsphilosophie der Gegenwart,* 102 pp. Walter PASSARGE, *Die Philosophie der Kunstgeschichte in der Gegenwart,* 101 pp. etc.

1870. 2ᵉ édit. du vol. II, 1885. Edition anastatique, Leipzig, S. Hirgel, 1955.

ADAMSON, Robert. *A short History of Logic.* Edited by W. R. SORLEY. Edinburg and London, 1911. Reprint, 1962.

BETH, E. W. *Geschiedenis der Logica* (Servire's Encyclopaedie. Afd. Logica, n° 37). La Haye, 1944.

STENZEL, Jul. *Metaphysik des Altertums* (Handbuch der Philosophie, Abt. I), Munich et Berlin, 1931. DEMPF, A. *Metaphysik des Mittelalters* (Handb. der Phil., Abt. I), ibid., 1930. HEIMSOETH, H. *Metaphysik der Neuzeit* (Handb. der Phil., Abt. I), ibid., 1929.

JODL, Friedr. *Geschichte der Ethik,* 2 vol. Stuttgart, 1920. DITTRICH, Ottmar. *Geschichte der Ethik,* 4 vol. Leipzig, 1926-1932. HOWALD, Ernst. *Ethik des Altertums* (Handb. d. Phil., Abt. III), Munich et Berlin, 1925. DEMPF, A. *Ethik des Mittelalters,* ibid., 1927, LITT, Theodor, *Ethik der Neuzeit,* ibid. 1927.

BRINTON, Crane. *History of Western Morals.* New York - Toronto, 1959.

ROGERS, Reginald A. P. *A short History of Ethics: Greek and Modern.* Réimpr. Londres, 1952. (1ʳᵉ édit. 1911).

FLÜCKIGER, Felix. *Geschichte des Naturrechtes. Altertum und Frühmittelalter,* Zurich, 1954.

DAMPIER, W. C. *A History of Science in its Relation with Philosophy and Religion.* 3ᵉ édit. Londres, 1942.

DUHEM, Pierre. *Le système du monde. Histoire des doctrines cosmologiques de Platon à Copernic.* Tomes I-V, réimpression, Paris, 1954. (édit antérieure, 1913-1917). T. VI (avertissement de la 2ᵉ édit. par Hélène PIERRE-DUHEM), 1954. T. VII, 1956.

VAN MELSEN, A. G. H. *Van atomos naar atoom. De geschiedenis van het begrip Atoom* (Wetenschappelijk-wijsgerige Bibliotheek, 2). Amsterdam, 1949. — *From Atomos to Atom. The History of the Concept Atom.* Translated by H. J. KOREN (Duquesne Studies. Philosophiscal Series, 1). Pittsburgh Pa., 1952.

ADAMSON, R. *The history of Psychology empirical and rational.* Londres, 1909. DESSOIR, M. *Abriss einer Geschichte der Psychologie.* Heidelberg, 1911. KLEM, O. *Geschichte der Psychologie,* Leipzig, 1911.

ELAUT, L. *Het medisch denken in de Oudheid, de Middeleeuwen en de*

Renaissance (Philosophische Bibliotheek). Anvers-Amsterdam, 1952.

BRUNSCHVICG, Léon. *Les étapes de la philosophie mathématique.* Paris, 1912.

BETH, E. W. *De Wijsbegeerte der Wiskunde van Parmenides tot Bolzano* (Philosophische Bibliotheek). Anvers-Nimègue, 1944.

KÖRNER, Stephan. *The Philosophy of Mathematics. An introductory Essay.* London, 1960.

CHAMBLISS, Rollin. *Social Thought, from Hammurabi to Comte.* New York, 1954.

COOK, Th. F. *History of Political Philosophy from Plato to Burke.* Milwaukee, 1938.

CATLIN, George, *The Story of Political Philosophers.* New York, 1939.

MAXEY, Chester Collins. *Political Philosophies.* Edit. nouv. New York, 1954.

MESNARD, Pierre. *L'essor de la philosophie politique au XVI° siècle.* Paris, 1936.

HIPPEL, Ernst von. *Geschichte der Staatsphilosophie.* 2° éd. 2 vol., Meisenheim am Glan, 1958.

SCHILLING, K. *Geschichte der Staats- und Rechtsphilosophie.* Berlin, 1937.

BEERLING, R. F. *Kratos. Studies over Macht.* (Filosofische Bibliotheek). Amsterdam-Anvers, 1956.

DEL VECCHIO, *Storia della Filosofia del Diritto.* 2° éd. Milan, 1958. — *Lezioni di Filosofia del Diritto.* 10° éd. Milan, 1958.

FRIEDRICH, Carl Joachim. *Die Philosophie des Rechts in historischer Perspektive.* Berlin, 1955.

VILLEY Michel. *Leçons d'Histoire de la Philosophie de Droit.* Paris, 1957.

MARROU, Henri Irénée. *Histoire de l'Éducation dans l'Antiquité.* 4° éd. Paris, 1958. Traduction allemande, Fribourg-Munich, 1957. Traduction anglaise, New York, 1958.

WEIMER, Hermann. *Geschichte der Pädagogik* (Sammlung Göschen, 145). 14° édit., 178 pp. Berlin, W. de Gruyter, 1960.

EBY, Fred., and ARROWOOD, C. F. *The History and Philosophy of Education Ancient and Mediaeval.* New York, 1940.

Cultuurgeschiedenis van het Christendom. Réd. J. WATERING, W. ASSELBERGS, F. SASSEN, etc. 2° éd., 2 vol. Amsterdam, Elsevier, 1957.

De Bruyne, Edgard. *Études d'esthétique médiévale* (de Boèce à la fin du treizième siècle). 3 vol. Bruges, 1946. — *De geschiedenis van de Aesthetica*: de Griekse Oudheid, de Romeinse Oudheid, de Christelijke Oudheid, de Middeleeuwen, de Renaissance. 5 vol. Anvers-Amsterdam, 1950-1955.

Samona-Favara, T. *La filosofia della musica dall' antichità greca al cartesianesimo*. Milan, 1940.

5. Histoire des doctrines, des systèmes et des écoles.

De nombreux ouvrages sont consacrés à l'histoire de l'atomisme et du mécanisme, du panthéisme et du monisme, du matérialisme, de l'évolutionnisme, du spiritualisme, du positivisme, du rationalisme, de l'occultisme, du néocriticisme, du pragmatisme, etc.

D'autres étudient les systèmes et les écoles: platonisme, aristotélisme, stoïcisme, épicurisme, néo-platonisme, scepticisme, gnosticisme, augustinisme, thomisme, scotisme, cartésianisme, kantisme, hégélianisme, etc.

6. Études monographiques sur les philosophes.

Parmi les innombrables ouvrages consacrés à l'étude d'un philosophe, quelques-uns se trouvent groupés dans des collections de monographies, p. ex. *Les Grands Philosophes* ([1]) et *Philosophes* (Paris, Presses Univ. de France) ([2]), *Frommanns Klas-*

([1]) On y trouve des volumes consacrés à Aristote, Avicenne, Bergson, Chrysippe, Descartes, Duns Scot, Épicure, Gazali, Gioberti, Hobbes, Kant, Leibniz, Maimonide, Maine de Biran, Malebranche, Montaigne, Montesquieu, Pascal, Philon, Platon, Rosmini, Saint Anselme, Saint Augustin, Saint Thomas d'Aquin (2 vol.), Schelling, Schopenhauer, Socrate, Spinoza.

([2]) Cette collection: Philosophes (fond. Ém. Bréhier), 1941 et suiv. (vol. 19×12, de 130 à 150 pp.) a pour but de permettre à un large public de connaître l'essentiel des principaux systèmes philosophiques. Chaque volume contient la biographie d'un philosophe, un exposé de sa doctrine et des

siker der Philosophie (Stuttgart, Fr. Frommann) ([1]), un bon nombre de volumes de *Geschichte der Philosophie in Einzeldarstellungen* ([2]). Signalons aussi: *Les philosophes célèbres,* œuvre de collaboration sous la direction de Maurice MERLEAU-PONTY ([3]); *Panorama des idées contemporaines,* sous la direction de Gaëtan PICON (textes choisis et présentés par différents collaborateurs ([4]); W. BURNETT; *This is my Philosophy* (Twenty of the World's outstanding Thinkers reveal the deepest meaning they have found in life) ([5]).

Dans la collection *Die Philosophie der Gegenwart in Selbstdarstellungen* (Dir. R. SCHMIDT. Leipzig, Fel. Meiner, 7 vol. de 1921 à 1929), environ 50 philosophes contemporains fournissent personnellement un exposé succinct de leurs théories et de leur attitude philosophique. Dans la *Library of Living Philosophers* (éd. par Arthur SCHLIPP, Evanston and Chicago, Northwestern University) chaque volume contient des études critiques sur un

---

extraits des œuvres. Ont paru: Platon, Épicure, Aristote, Marc-Aurèle, S. Augustin, S. Thomas d'Aquin, Descartes, Pascal, Spinoza, Malebranche, J.-J. Rousseau, Kant, Auguste Comte, Claude Bernard, Nietzsche, Bergson, etc.

([1]) La collection, fondée par Rich. FALCKENBERG, comprend des volumes sur Fechner, Hobbes, Kierkegaard, Rousseau, Spencer, Nietzsche, Kant, Aristote, Platon, Schopenhauer, Carlyle, Lotze, Wundt, Stuart Mill, Goethe, Die Stoa, Feuerbach, Descartes, Lessing, Ed. von Hartmann, Plotin, Berkeley, Julius Robert Mayer, Malebranche, Kung-tse, Emerson, Fichte, Hume.

([2]) Cfr p. 252.

([3]) *Les philosophes célèbres* (La Galerie des hommes célèbres, X). Un vol. 29×22, 460 pp., édition luxueuse. Nos Éditions d'art Lucien Mazenod, à Paris, 1956. — Cfr KRUSERMAN, W. M. et RISPENS, J. K. *Grote denkers van Hellas tot heden.* Un vol. 24,5×16,5, XVI-374 pp. Delft, W. Grade, 1956.

([4]) Paru dans la collection «Point du Jour» à Paris, Gallimard, 1957. Un vol. 19×14, 800 pp.

([5]) Paru, en 1958, à Londres, G. Allen. Un vol., 378 pp. Cfr *Filosofi italiani contemporanei* (Dir.: M. F. SCIACCA) I: éd. in-8°, 396 pp. Côme, Marzorati. Aussi: *Denkers van deze tijd,* édité au nom de la Christelijk-nationale Bibliotheek. Franeter, T. Wever, vol. I-III, 1954, 1955, 1957. (Traitant de Kierkegaard, Nietzsche, Barth, Bultmann, Niebuhr, Sartre, Heidegger, Dostojevski, Jaspers, Toynbee, Marx, Schumpeter, Sorel, Keynes, Röpke).

philosophe, qui, en guise de conclusion, émet lui-même son avis sur les considérations exposées (¹).

4. *Éditions de textes philosophiques*

Où trouver le texte des œuvres philosophiques parues au cours de ˮl'histoire ? Des ouvrages tels que *Grundriss der Geschichte der Philosophie* de UEBERWEG (²) fournissent, à ce sujet, toutes indications nécessaires. Il est utile, cependant, de connaître certaines entreprises d'éditions de textes:

Philosophische Bibliothek, oder Sammlung der Hauptwerke der Philosophie alter und neuer Zeit. Plus de 220 vol. in-8°, 19 × 13. Editions de Textes et traductions allemandes, 1868 et suiv. Heidelberg, Weiss; ensuite Berlin, Salinger; ensuite Leipzig, Dürr; depuis 1910, Leipzig, Felix Meiner; depuis 1952, F. Meiner, Hambourg.
Hauptwerke der Philosophie in originaltreuen Neudrucken. In-8°. Leipzig, Fel. Meiner, 1913 et suiv.
Collection historique des grands philosophes. Édit. de textes, traductions, études. In-8°, 22×14. Paris, Alcan, 1888 et suiv.

(¹) Vol. I. *The Philosophy of John Dewey.* 1939. XV-708 pp. — Vol. II. *The Philosophy of George Santayana.* 1940. XVI-698 pp. — Vol. III. *The Philosophy of Alfred North Whitehead.* 1941. XX-745 pp. — Vol. IV. *The Philosophy of P. E. More.* 1942. XV-717 pp. — Vol. V. *The Philosophy of Bertrand Russell.* 1944. XV-816 pp. — Vol. VI. *The Philosophy of E. Cassirer.* 1949. — Vol. VII. *The Philosophy of Alb. Einstein.* 1949. Les volumes suivants sont consacrés à *B. Croce, Radhakrishna, K. Jaspers, Jacq. Maritain.* Chaque volume contient un certain nombre d'études critiques sur un auteur, qui répond aux réflexions proposées. Il s'y ajoute des renseignements biographiques et bibliographiques. Signalons aussi: *Living Philosophies. A Symposium. A Book of the Personal Beliefs of Twenty-two Moderns,* New York, Simon and Shuster, 1931, réimpr. 1937. 334 pp. (Albert Einstein, Bertrand Russell, John Dewey, R. S. Millikan, Theodore Dreiser, H. G. Wells, Fridtjof Nansen, Sir James Jeans, Irving Babbitt, Sir Arthur Keith, J. T. Adams, H. L. Mencken, Julia Peterkin, Lewis Mumford, G. J. Nathan, Hu Shih, J. W. Krutch, Irwin Edman, Hilaire Belloc, Beatrice Webb, W. R. Inge).
(²) Cfr p. 248.

Bibliothèque des textes philosophiques (Dir. H. Gouhier). In-12, 19×14. Paris, Vrin, 1929 et suiv.

Bibliothèque philosophique. Œuvres choisies avec une étude. In-8°, 19×12. Paris, Aubier, 1942 et suiv.

Corpus général des Philosophes Français (Dir. Raymond Bayer). 28× 21,5. Paris, Presses Universitaires de France, 1ᵉʳ vol. en 1947.

The Modern Student's Library of Philosophy (Dir. R. B. Perry). Londres, Charles Scribner's Sons.

Everyman's Library (Histoire, littérature et la plupart des grands ouvrages de philosophie de tous les temps). Plus de 700 vol. in-8°, 18×11. Londres, Dent, 1906 et suiv.

Classici della Filosofia. In-8°. Soc. editr. Barese, 1913 et suiv.

Pensiero e Civiltà. Testi e Traduzioni, dans *Testi inediti e rari.* Padoue, Cedam.

Textus et Documenta, in usum exercitationum et praelectionum academicarum. Series theologica et Series philosophica. In-8°, 22× 14. Rome, Université Grégorienne, 1932 et suiv.

Wijsgerige Teksten en Studies (C. De Vogel en K. Kuypers, Utrecht). Assen, van Jorcum, 1956 et sv. (¹).

Pour l'*Antiquité*:

Collection des auteurs grecs. 66 vol. grand in-8°, 27×18. Paris, Firmin Didot, 1837-1902. Texte grec et traduction latine.

Collection des Universités de France. Publiée sous le patronage de l'«Association Guillaume Budé». In-8°, 20×13. Paris, Société d'Édi-

---

(¹) Signalons F. J. Thonnard, A. A. *Extraits des Grands Philosophes.* Un vol. in-8°, 846 pp. Paris-Tournai-Rome, 1946. Il contient des notices biographiques et des extraits, en traduction française, d'une centaine de philosophes. — Cuvillier, Armand. *Textes choisis des auteurs philosophiques.* 1ᵉʳ vol. *Introduction générale. Psychologie.* 2ᵉ vol. *Logique. Morale. Philosophie générale. Philosophie des sciences.* 4ᵉ éd. Paris, A. Colin, 1955. 3320 et 352 pp.

Dagobert D. Runes. *Treasury of Philosophy.* Un vol. in-8°, XXIV-1280 pp. New York, Philosophical Library, 1955. Notices biographiques et de courts extraits, traduits en anglais, d'environ 400 philosophes de tous les temps et de tous pays.

Julian Marlas. *La Filosofia en sus Textos* (trad. espagnole). 2 vol. in-8°, 2196 pp. Madrid, Editorial Labor, 1950.

Grande Antologia Filosofica, diretta da U.A. Padovani, coordinata da A. M. Moschetti. I-II: *Il pensiero classico*; III-IV: *Il pensiero cristiane.* Milan, C. Marzorati, 1954, in-8°, 804, 926, 619, 1133 pp.

tion «Les Belles Lettres», 1920 et suiv. Auteurs grecs et latins. Éditions critiques avec traduction française et notes.

Nouvelle collection de textes et documents (Association Guillaume Budé). In -8°, 25×16. Paris, «Les Belles Lettres», 1922 et suiv.

Collectio auctorum classicorum graecorum et latinorum. Editiones stereotypae. 120 vol. in-16, 14×10. Leipzig, Tauchnitz, 1826 et suiv.; actuellement Leipzig, Otto Holtze.

Bibliotheca scriptorum graecorum et romanorum Teubneriana. Plus de 500 vol. in-16, 17×12. Berlin-Leipzig, Teubner, 1851, et suiv. Éditions critiques.

Textausgaben griechischer und lateinischer Schriftsteller. In-8°, 20×10. Berlin, Weidmann, 1866 et suiv. Éditions critiques.

Scriptorum classicorum Bibliotheca Oxoniensis. In-12, 19×12. Oxford, Clarendon Press; New York, Frowde, 1900 et suiv. Éditions critiques.

The Loeb Classical Library. Plus de 300 vol. in-8°, 17×11. Londres, William Heinemann, 1912 et suiv.

DIELS, Hermann. *Die Fragmente der Vorsokratiker.* Griechisch und Deutsch. Hrsg. von Walther KRANZ. 7e éd. 3 vol. Berlin-Charlottenburg, Weidmann, 1956. In-8°, 516, 428 et 660 pp. (1re éd. 1903).
— *Die Fragmente der Vorsokratiker* mit Einf. und Bibliogr. von Gert PLAMBÖCK nach d. von Walther KRANZ hrsg. 8 Aufl. Hambourg, Rowohlt, 1957. In-8°, 147 pp. ([1]).

DE VOGEL, Cornelia J. *Greek Philosophy. A collection of texts with notes and explanations.* 3 vol. 24,5×16, 1950, 1953, 1959, XII-320, 340 et 670 pp.

Pour l'*Antiquité chrétienne*:

MIGNE, J.-P. *Patrologiae cursus completus.* Series I: *Ecclesiae Graecae,* 161 vol. in-4°, 27×18 (textus graecus cum vers. lat.). Paris, 1857-1866. (Scriptores christianos graecos continet inde ab aetate apostolica usque ad concilium florentinum, 1438-1445). Series II: *Ecclesiae Latinae,* 221 vol. in-4°, 27×18. Paris, 1844-1855. (Scriptores christianos latinos continet inde a Tertulliano ad Innocentium III, † 1216). — Reimpressio: Garnier et Migne, successeurs, 1878-1890. — *Patr. Lat. Indices* in t. 218-221, 1863-1866. *Patr. Gr.*:

([1]) Cfr DE RAEDEMAEKER. *De philosophie der Voorsocratici* (Philosophische Bibliotheek). Anvers-Amsterdam, Standaard-Boekhandel, 1953. In-8°, 424 pp.
— BRUINS, E. M. *Fontes Matheseos. Hoofdpunten van het prae-Griekse en Griekse wiskundig denken.* Leyde, E. J. Brill, 1953. 19×13,5, XII-168 pp.

Ferd. Cavallera, Patrologiae cursus completus accurente J.-P. Migne, Series graeca, *Indices,* Paris, Garnier, 1912.

Corpus scriptorum ecclesiasticorum latinorum. Editum consilio et impensis Academiae Litterarum Vindobonensis. In-8°, 22×15. Vienne, Hoelder-Pichler-Tempsky A. G.; Leipzig, Akademische Verlagsgesellschaft M. B. H., 1866 et suiv.

Corpus Christianorum. Series Latina. Édit. sous la direction de l'abbaye bénédictine Saint-Pierre, Steenbrugge (Belgique). In-8°, 26× 16. Turnhout, Brepols, 1952 et suiv.

Die Griechischen Christlichen Schriftsteller der ersten drei Jahrhunderte. Herausgegeben von der Kirchenväter-Commission der Preussichen Akademie der Wissenschaften. In-8°, 25×17. Leipzig, J. C. Hinrichs Verlag, 1897 et suiv.

Pour le *Moyen âge occidental:*

Migne, J.-P. *Ecclesia latina.* Voir ci-dessus.

Denifle, H., und Ehrle, Fr. *Archiv für Literatur- und Kirchengeschichte des Mittelalters.* Bd. I-VII, Berlin, 1885-1900. Nouv. édition en 1956.

Beiträge zur Geschichte der Philosophie und Theologie des Mittelalters. Texte und Untersuchungen, begründet von Clemens Baeumker, in Verbindung mit Kard. Ehrle, S.J., Matthias Baumgartner, Ludwig Baur, Bernhard Geyer, Joseph Geyser u. Franz Pelster, S.J., herausgegeben von Univ. Prof. Dr. Martin Grabmann-München. Munster en Westphalie, Aschendorff, 1891 et suiv.

Les Philosophes Belges. Textes et Études. Collection publiée par l'Institut supérieur de Philosophie, sous la direction de M. De Wulf. Louvain, Institut supérieur de Philosophie. In-4°, 1901-1947.

Philosophes Médiévaux. Collection de textes et d'études publiée par l'Institut supérieur de Philosophie, sous la direction de Fernand Van Steenberghen. Louvain, Institut supérieur de Philosophie, 1948 et suiv.

Bibliotheca Franciscana Scholastica medii aevi. Editur in Collegio S. Bonaventurae. Quaracchi (Ad claras Aquas, prope Florentiam), 1903 et suiv.

Opuscula et Textus, historiam ecclesiae ejusque vitam atque doctrinam illustrantia. Munster, Aschendorff. I. *Series Scholastica* edita curantibus M. Grabmann et Fr. Pelster, S.J. Fascic. 19×13, 30/50 pp. 1926 et suiv. 25 fasc. avant 1945. Nouvelle série, 1953 et suiv.

Pour la *Philosophie moderne*:

Bibliothek der Philosophen. Munich, Müller, 1913 et suiv. In-8°.
Philosophical Library. *At Home series*. Londres, Sonnenschein. In-8°.
Modern Classical Philosophers. Édit. B. RAND. Boston-New York,
   Houghton Mifflin Company.
Classici della Filosofia moderna. Éd. B. CROCE et G. GENTILE. Bari, La-
   terza, 1907. In-8°.
Filosofi moderni. Collana di classici del pensiero moderno a cura del
   Centro di Studi Filosofici di Gallarate. 22×11,5. Bologna, Zanichel-
   li. 1962 et suiv.
Neudrücke seltener philosophischen Werke. Édit. «Kant-Gesellschaft».
   Berlin, Reuther u. Reichart, 1911 et suiv. Gr. in-8°.
Reclams Universal Bibliothek. Leipzig, Philipp Reclam, 16×10. Con-
   tient également des œuvres philosophiques.

De nos jours, beaucoup d'ouvrages philosophiques paraissent dans des collections, dont le nombre, qui ne fait qu'aug-
menter, est devenu si considérable qu'il serait trop long d'en
dresser la liste.

5. *Cours de philosophie*

Rappelons deux grands cours modernes de philosophie:

Lehrbuch der Philosophie, herausgegeben von Max DESSOIR. 2 vol. 24×
   17. Berlin, Ullstein, 1925.
   T. I. *Die Geschichte der Philosophie*. 645 pp. Dargestellt von Ernst
   CASSIRER und Ernst HOFFMANN (Die Geschichte der antiken Philo-
   sophie), Jos. GEYSER (Die mittelalterliche Philosophie), Ernst VON
   ASTER (Die Geschichte der neueren Philosophie), Max FRISCHEISEN-
   KOEHLER (Die Geschichte der Gegenwart).
   T. II. *Die Philosophie in ihren Einzelgebieten*. 958 pp. Dargestellt
   von J. Baptist RIEFFERT (Logik. Eine Kritik an der Geschichte ihrer
   Idee, pp. 7-294), Erich BECHER (Erkenntnistheorie und Metaphysik,
   pp. 295-392), Moritz SCHLICK (Naturphilosophie, pp. 393-492), Kurt
   KOFFKA (Psychologie, pp. 493-604), Emil UTITZ (Aesthetik und phi-
   losophie der Kunst, pp. 605-712), Paul MENZER (Ethik, pp. 713-764),
   Paul TILLICH (Religionsphilosophie, pp. 765-836), Alfred VIER-
   KANDT (Gesellschafts- und Geschichtsphilosophie, pp. 837-944).

Handbuch der Philosophie, herausgegeben von A. BAEUMLER und M. SCHROETER, 5 vol. 26×18. Munich et Berlin, R. Oldenbourg.

Abteilung I. — *Die Grunddiszipline* (954 S., 1934):
Logik, von Friedr. BRUNSTAEDT-Rostock, 99 S., 1933. *Erkenntnistheorie,* von Friedr. KUNTZE, 112 S., 1927. *Aesthetik,* von Alfred BAEUMLER-Berlin, 104 S., 1934. *Metaphysik des Altertums,* von Julius STENZEL-Kiel, 196 S., 1931. *Metaphysik des Mittelalters,* von A. DEMPF-Bonn, 154 S., 1930. *Metaphysik der Neuzeit,* von H. HEIMSOETH-Koenigsberg, 239 S., 1929.

Abteilung II. — *Natur, Geist, Gott* (748 S., 1927):
Philosophie der Mathematik und Naturwissenschaft, von Herm. WEYL-Goettingen, 162 S., 1927. *Metaphysik der Natur,* von Hans DRIESCH-Leipzig, 95 S., 1927. *Logik und Systematik der Geisteswissenschaften,* von Erich ROTHACKER-Bonn, 171 S., 1927. *Philosophie des Geistes,* von Emil WOLFF-Hamburg, 73 S., 1927. *Religionsphilosophie katholischer Theologie,* von Erich PRZYWARA, S. J.-München, 104 S., 1927. *Religionsphilosophie evangelischer Theologie,* von Emil BRUNNER-Zürich, 100 S., 1927.

Abteilung III. — *Mensch und Charakter* (904 S., 1931):
Philosophische Anthropologie, von Bernh. GROETHUYSEN-Berlin, 207 S., 1931. *Ethik des Altertums,* von Ernst HOWALD-Zürich, 64 S., 1925. *Ethik des Mittelalters,* von A. DEMPF-Bonn, 112 S., 1927. *Ethik der Neuzeit,* von Theodor LITT-Leipzig, 184 S., 1927. *Psychologie. Metaphysik der Seele,* von Friedr. SEIFERT-München, 97 S., 1928. *Charakterologie,* von Fr. SEIFERT-München, 65 S., 1929. *Erziehungsphilosophie,* von Ernst KRIECK-Frankfurt, 123 S., 1930.

Abteilung IV. — *Staat und Geschichte* (1030 S., 1934):
Philosophie der Sprache, von Julius STENZEL-Halle, 116 S., 1934. *Gesellschaftsphilosophie,* von Othmar SPANN-Wien, 188 S., 1928. *Rechtsphilosophie,* von Arth. BAUMGARTEN-Frankfurt, 90 S., 1929. *Staatsphilosophie,* von Günther HOLSTEIN und Karl LARENZ-Kiel, 188 S., 1933. *Geschichtsphilosophie,* von Erich ROTHACKER-Bonn, 156 S., 1934. *Kulturphilosophie,* von A. DEMPF-Bonn, 148 S., 1932. *Philosophie der Technik,* von Manfred SCHROETER-München, 84 S., 1934.

Notons quelques grands cours et manuels de philosophie scolastique:

1. *Grands cours écrits en collaboration.*

Cours de Philosophie (Bibliothèque de l'Institut Supérieur de Philosophie). 11 vol. In-8°, 25×16, Louvain, Institut Supérieur de Philosophie; Paris, Alcan.

I. D. Mercier, *Logique*[8], 1933. 408 pp. (1re édit. 1894).

II. D. Mercier, *Métaphysique générale ou Ontologie*[7], 1923. 620 pp. (1re édit. 1894).

III. D. Mercier, *Psychologie*[11], 1923. 2 tomes de XII-404 et 400 pp. (1re édit. 1892).

IV. D. Mercier, *Critériologie générale ou traité général de la certitude*[8], 1923. IV-488 pp. (1re édit. 1899).

V. (D. Mercier. *Critériologie spéciale*. N'a pas paru).

VI. M. De Wulf. *Histoire de la philosophie médiévale*[6], 1934, 1936 et 1947. 3 vol. de 320, 408 et 296 pp. (1re éd. 1900).

VII. D. Nys. *Cosmologie ou Étude philosophique du monde inorganique*. 4 tomes: I. Le Mécanisme, le Néo-Mécanisme, le Mécanisme dynamique, le Dynamisme, l'Énergétisme[4], 1928. VIII-335 pp. — II. La Théorie Scolastique[4], 1928. 360 pp. (1re édit. 1903). — III. La notion de Temps[3], 1925, 314 pp. (1re édit. 1913). — IV. La notion d'Espace[2], 1930. 388 pp. (1re édit. 1922).

Cours publiés par l'Institut Supérieur de Philosophie. In-8°. 23×15. Louvain, Institut Supérieur de Philosophie ([1]).

I. Louis De Raeymaeker. *Introduction à la Philosophie*. 5e édit. 1964. (1re édit. 1938).

II. Fernand Van Steenberghen. *Épistémologie*. 3e édit. 1956. 272 pp. (1re édit. 1945).

III. Fernand Van Steenberghen. *Ontologie*. 3e édit. 1961. 228 pp. (1re édit. 1946).

IV. Fernand Renoirte. *Éléments de Critique des sciences et de Cosmologie*. 2e édit. 1947. 240 pp.

V. Joseph Dopp. *Leçons de Logique formelle*. 1950. 1. *Logique ancienne*. XI-166 pp. 2. *Logique moderne. Le calcul des propositions inanalysées*. XII-216 pp. 3. *Logique moderne. Logique des propositions à une ou plusieurs mentions d'objets*. XVI-276-16 pp.

Cursus Philosophicus in usum scholarum, auctoribus pluribus philo-

---

([1]) Traduction *anglaise*: New York City, Jos. F. Wagner; Londres, B. Herder. — Traduction *allemande*: Einsiedeln, Zurich, Cologne, Benziger Verlag. — Traduction *italienne*: Turin, Milan, Rome, Società Editrice Internazionale. — Traduction *espagnole*: Madrid, Editorial Gredos. — Une traduction *néerlandaise* de F. Van Steenberghen, *Épistémologie* par Marius Van Loosdrecht, fut éditée à Louvain, Publications Universitaires de Louvain, 1954.

sophiae professoribus S. J. 6 partes. In-8°, 20×13. Fribourg en Brisgau, Herder.

I. Car. FRICK, S. J. *Logica*[7], 1931. XVI-348 pp. (1re édit. 1894).

II. Car. FRICK, S. J. *Ontologia sive Metaphysica generalis*[7], 1929. X-248 pp. (1re édit. 1894).

III. C. FRANCK, S. J. *Philosophia naturalis*, 1926. XVI-366 pp.

IV. Bern. BOEDDER, S. J. *Psychologia rationalis sive Philosophia de anima humana*[3], 1906. XX-476 pp. (1re édit. 1895).

V. Jos. HONTHEIM, S. J. *Theodicaea sive Theologia naturalis*, 1926. VIII-348 pp.

VI. Vict. CATHREIN, S. J. *Philosophia moralis*[21], 1961. XX-528 pp. (1re édit. 1893).

Cursus philosophicus Collegii Maximi Ysletensis S. J. 5 vol. 21×14. Mexico, Buena Prensa, 1947-1951.

MORÁN, J. G. *Psychologia*. 302+332 pp.

MORÁN, J. G. *Cosmologia*. 2e édit. XVI-445 pp.

DÁVILA, J. *Critica*. 306 pp.

MARTÍNEZ DEL CAMPO, R. *Philosophia moralis generalis*. XXV-273 pp.

MARTÍNEZ DEL CAMPO, R. *Philosophia moralis specialis*. XVI-264 pp.

Institutiones philosophiae scolasticae, auctoribus pluribus philosophiae professoribus in Collegio Pullacensi S. J. 7 partes. 20×12,5. Fribourg en Br., Herder.

I. DE VRIES, Jos. *Logica, cui praemittitur Introductio generalis in philosophiam.* 2e édit. X-182 pp. 1952.

II. DE VRIES, Jos. *Critica.* XIV-176 pp. 1937. 2e édit. XII-210 pp. 1954.

III. LOTZ, Joh. B. *Ontologia.* XVI-375 pp. 1963.

IV. FRANCK, Carolus. *Philosophia naturalis.* 2e édit. XII-226 pp. 1949.

V. WILLWOLL, A. *Psychologia metaphysica.* 2e édit. X-198 pp. 1952.

VI. RAST, M. *Theologia naturalis.* 2e édit. XVII-246 pp. 1939.

VII. SCHUSTER, Joh. B. *Philosophia moralis.* 2e édit. XVI-228 pp. 1952.

Mensch, Welt, Gott. Ein Aufbau der Philosophie in Einzeldarstellungen, herausgegeben vom Berchmans-kolleg in Pullach. 23 × 14,5. Fribourg en Br., Herder.

I. (*Einleitung*).

II. DE VRIES, Jos. *Denken und Sein. Ein Aufbau der Erkenntnistheorie.* 1937. 2e édit. X-304 pp. 1953. Trad. française, Louvain, 480 pp. 1962.

III. (Ontologie).
IV. Willwoll, Alexander. *Seele und Geist.* 1938. 2ᵉ édit. 226 pp. 1953.
V. (*Naturphilosophie*).
VI. Rast, Max. *Welt und Gott. Philosophische Gotteslehre.* VIII-212 pp. 1952.
VII. (*Ethik*).
Ergänzungsband: Brugger, Walter. *Philosophisches Wörterbuch.* Kl. in-8°, 1947. 10ᵉ édit. XXXIX-511 pp. 1963.

Philosophia Lacensis sive *Series institutionum Philosophiae scholasticae,* edita a presbyteris Societatis Jesu, in Collegio quondam B. Mariae ad Lacum. 11 vol. In-8°, 23×15. Friburgii Brisgoviae, Herder.
I. T. Pesch, S. J. *Institutiones logicales,* secundum principia S. Thomae Aquinatis ad usum scholasticum.
Pars I: Summa praeceptorum logicae. XXIV-590 pp., 1888. — Pars II: Logica maior, I, complectens logicam criticam et formalem. XXIV-646 pp., 1889. — Pars II: Logica maior, II, continens logicam realem et conclusionem polemicam. XVII-556 pp., 1890. Editio altera a C. Frick, S. J.: *Institutiones logicae et ontologicae.* 2 vol. — I. Introductio in philosophiam. Logica. XXII-684 pp., 1914. — II. Ontologia sive Metaphysica generalis. XVIII-444 pp., 1919.
II. T. Pesch, S. J. *Institutiones Psychologicae,* secundum principia S. Thomae Aquinatis.
Pars I: 1. Psychologiae naturalis liber prior, qui est analyticus. XVI-472 pp., 1896. — Pars I: 2. Psychologiae naturalis liber alter, qui est syntheticus. XIV-422 pp., 1897. — Pars II: Psychologia anthropologica. XVIII-552 pp., 1898.
III. T. Pesch, S. J. *Institutiones Philosophiae naturalis.* 2ᵉ ed. 1897. 2 vol. XLVIII-850 pp. (1ᵃ ed. 1880).
IV. Th. Meyer, S. J. *Institutiones juris naturalis, seu Philosophiae moralis universae,* secundum principia S. Thomae Aquinatis ad usum scholarum. 2 vol. in-8°.
Pars I: Jus naturae generale, continens ethicam generalem et jus sociale in genere. XXXII-550 pp. 2ᵃ ed. 1906 (1ᵃ édit. 1885). — Pars II: Jus naturae speciale. XXVIII-854 pp. 2ᵃ édit. 1906 (1ᵃ édit. 1900).
V. Jos. Hontheim, S. J. *Institutiones theodicaeae,* sive *Theologiae naturalis,* secundum principia S. Thomae Aquinatis ad usum scholasticum. X-832 pp., 1903.

Philosophische Handbibliothek. 10 Bd. 23 × 16. Munich, J. Kösel et Fr. Pustet.

I. J. A. ENDRES. *Einleitung in die Philosophie*[3]. 1923, VII-195 pp. (1re édit. 1920).

II. Fr. SAWICKI. *Geschichtsphilosophie*[3]. 1923, VI-306 pp. (1re édit. 1920).

III-IV. J. SCHWERTSCHLAGER. *Philosophie der Natur.* 2 Bd. I. *Natur und Körper im Allgemeinen*[2]. 1922, X-317 pp. — II. *Die Einzelnen Klassen der Körper im Besonderen.* 1921, VII-276 pp. (1re édit. 1921).

V. J. LINDWORSKY, S. J. *Experimentelle Psychologie*[5]. 1931, XVI-293 pp. (1re édit. 1922).

VI. L. BAUR. *Metaphysik*[3]. 1935, XII-530 pp. (1re édit. 1922).

VII. M. WITTMANN. *Ethik.* 1922, X-398 pp.

VIII. M. ETTLINGER. *Geschichte der Philosophie von der Romantik bis zur Gegenwart.* 1924, VIII-326 pp.

IX. J. P. STEFFES. *Religionsphilosophie.* 1925, X-280 pp.

X. H. MEYER. *Geschichte der alten Philosophie.* 1925, IX-510 pp.

Stonyhurst Philosophical Series. 10 vol. In-8°, 19×13. Londres, Longmans, Green, 1888 et suiv.

I. Richard F. CLARKE, S. J. *Logic*[2]. (1re édit. 1889).

II. John RICKABY, S. J. *First Principles of Knowledge*[4]. (1re édit. 1888).

III. Joseph RICKABY, S. J. *Moral Philosophy (Ethics, Deontology and Natural Law)*[4]. (1re édit. 1888).

IV. Bernard BOEDDER, S. J. *Natural Theology*[2]. (1re édit. 1891).

V. Michael MAHER, S. J. *Psychology: Empirical and Rational*[9]. (1re édit. 1890).

VI. John RICKABY, S. J., *General Metaphysics*[2]. (1re édit. 1890).

VII. Charles Stanton DEVAS, *Political Economy*[3].

VIII. Leslie J. WALKER, S. J. *Theories of Knowledge: Absolutism, Pragmatism, Realism*[2]. 1re édit. 1910).

IX. Georges Hayward JOYCE, S. J. *Principles of Logic*[3].

X. Georges Hayward JOYCE, S. J. *Principles of Natural Theology.*

Summa Philosophica Argentinensis Collegii Maximi Sancti Joseph Societatis Jesu, cursus completus Philosophiae Scolasticae ad Angelici Doctoris principia complectens ab ejusdem Collegii Professoribus edita. Buenos Aires, Espasa Calpe Argentina.

2. *Traités de philosophie rédigés en latin.*

Par des PP. Dominicains:

Hugon, Ed. *Cursus Philosophiae thomisticae, ad Theologiam Doctoris Angelici propaedeuticus.* 3 vol. in-8°, 23×14. Paris, Lethielleux. (1ʳᵉ édition, 1907). T. I⁴: *Logica minor et maior.* VIII-508 pp. 1933. T. II⁴: *Philosophia naturalis* (cosmologia, biologia, psychologia). VIII-672 pp. 1927. T. III⁵: *Metaphysica* (metaphys. psychologica, metaph. ontologica). 852 pp. 1928.

Lottini, Joannes. *Compendium philosophiae scholasticae ad mentem S. Thomae Aquinatis.* 3 vol. in-12, 19×13. T. I: *Logica et Ontologia.* T. II: *Cosmologia et Anthropologia.* T. III: *Theologia naturalis et Philosophia moralis.* 606, 646 et 556 pp. Ratisbonne-Rome, Fr. Pustet, 1911.

Mancini, H. M. *Elementa philosophiae ad mentem D. Thomae Aquinatis.* 3 vol. in-8°, 24×16. XII-412, 454, 322 pp. Rome, Typogr. polyglotte de la S. Congr. de la Propagande, 1898.

Zigliara, Th. M. *Summa philosophica.* (1ʳᵉ édit., 1876). 17ᵉ édit. 3 vol. in-8°, 20×13, XVIII-568, 627 et 433 pp. Paris, Beauchesne, 1926.

Par des PP. Franciscains:

Bernardus a S. Joanne Rotundo, O. M. Cap. *Institutiones philosophiae perennis.* 3 vol. VII-308, 384 et 224 pp. Naples, Ph. Cafieri, 1937. T. I. *Logica et Ontologia.* T. II. *Cosmologia, Psychologia et Theologia naturalis.* T. III. *Philosophia moralis.*

Georgius a Villafranca, O. M. Cap. *Compendium philosophiae, juxta dogmata D. Thomae, D. Bonaventurae et Scoti.* 3 vol. in-12, 19× 12, IX-618, 564 et 651 pp. Toulouse, Typogr. S. Cyprien, 1889, 1900 et 1901. T. I. *Dialectica et Critica.* T. II. *Ontologia et Cosmologia.* T. III. *Psychologia, Theologia naturalis et Ethica.*

Van de Woestijne, Zach., O. F. M. *Scholae franciscanae aptatus Cursus Philosophicus in breve collectus.* 2 vol. gr. in-8°, 25×17. Malines, Typogr. S. Francisci. T. I: *Logica minor. Logica maior. Ontologia.* 600 pp., 1921. T. II. *Cosmologia. Psychologia. Theologia.* 820 pp., 1925. — Editio altera. In-8°, 20×13. T. I: *Logica minor. Logica maior.* XXIV-336 pp., 1932. T. II: *Ontologia.* XXIV-334 pp., 1933.

Par des PP. de la Compagnie de Jésus (¹):

Boyer, Charles. *Cursus philosophiae, ad usum seminariorum.* 2 vol. in-8°, 22×15, 560 et 600 pp. Paris, Desclée de Brouwer. T. I. *Introductio generalis, Logica, Introductio metaphysica, Cos-*

(¹) Tous ces auteurs, sauf le P. Donat, de Innsbruck, ont enseigné à Rome, à l'Université Grégorienne.

mologia, Psychologia vitae vegetativae, 1935. — T. II. *Psychologia vitae sensitivae et intellectivae, Metaphysica cum Theologia naturali, Ethica.* 1936. Nouv. éd. 1957.

CALCAGNO, Franc. Xav. *Philosophia scholastica secundum «rationem, doctrinam et principia»* S. *Thomae Aquinatis, ad usum seminariorum.* 3 vol. in-8°, 20×14. Naples, M. d'Auria.
Γ. I. *Dialectica, Critica, Ontologia, Cosmologia*[3]. 1937. 468 pp. — T. II. *Psychologia, Theologia Naturalis*[3]. 1937. 530 pp. — T. III. *Ethica.* 1938. 367 pp. — Nouv. éd. des tomes I et II, 1946.

DONAT, Jos. *Summa Philosophiae Christianae.* 9 vol. in-8°, 22×14. Innsbruck, Felic. Rauch. (1re édit. 1910).
T. I. *Logica*[8-9], 227 pp. 1935. — T. II. *Critica*[8], 288 pp. 1937. — T. III. *Ontologia*[8], 292 pp. 1935. — T. IV. *Cosmologia*[9], 412 pp. 1936. — T. V. *Psychologi*a[8], 482 pp. 1936. — T. VI. *Theodicea*[7], 280 pp. 1936. — T. VII. *Ethica generalis*[6], 299 pp. 1934. — T. VIII. *Ethica specialis*[5], 367 pp. 1934. — T. IX. *Vocabularium philosophicum* (Index rerum et Index nominum), 70 pp. 1937. — Nouvelle édit., Barcelone, éd. Herder, 1945.

DE MANDATO, Pio. *Institutiones philosophicae, ad normam doctrinae Aristotelis et S. Thomae Aquinatis.* Editio nova (quinta), accurate expolita a P. Car. BOYER, S. J. 2 vol. in-8°, 23×15, 514 et 560 pp. Rome, Université Grégorienne, 1929 et 1930. (1re édit. 1894).

DE MARIA, Mich. *Philosophia peripatetico-scholastica ex fontibus Aristotelis et S. Thomae Aquinatis expressa.* 4e édit. 3 vol. in-8°, 25× 18, XII-648, 536 et 474 pp. Rome, Université Grégorienne. 1913. (1re édit. 1892).

MONACO, Nic. I. *Praelectiones Logicae. Pars I, Dialectica. Accedit Introductio historica in universam Philosophiam*[3], 1928, IV-244 pp. — II. *Praelectiones Logicae.* Pars Altera, *Critica*[3], 1928, XV-306 pp. — III. *Praelectiones Metaphysicae generalis*[3], 1928, XVI-344 pp. — IV. *Praelectiones Metaphysicae specialis.* Pars I, *De Corporibus seu Cosmologia*[3], 1929, XII-350 pp. — V. *De Viventibus seu Psychologia*[3], 1929, XVI-591 pp. — VI. Pars II. *Theologia Naturalis*[3], 1929, XII-468 pp. 22×15. Rome, Univ. Grégorienne. (1re édit. 1910-1917.

REMER, Vinc. *Summa Philosophiae Scholasticae.* (1re édit. 2 tomes. Prati, 1895). Nova editio juxta ed[m] 6[am] a Paulo GÉNY, S. J. emendatam et auctam. 6 vol. in-8°, 23×15, Rome, Univ. Grégorienne.
T. I. *Logica minor*[7], VIII-140 pp. 1947. — T. II. *Logica maior*[7], VIII-160 pp. 1934. — T. III. *Ontologia*[9], VIII-252 pp. 1947. — T. IV. *Cosmologia*[8], VIII-236 pp. 1949. — T. V. *Psychologia*[7], XVI-322 pp. 1948. — T. VI. *Theologia naturalis*[9], VIII-232 pp. 1947.

Urraburu, J. J. *Institutiones philosophicae.* 8 vol. gr. in-8°, 24×16. Valladolid, J. E. a Cuesta, 1890-1908. 2ᵉ édit. du t. IV, 1915.

Par d'autres auteurs:

Farges, A. et Barbedette, D. *Philosophia scholastica ad mentem S. Thomae Aquinatis exposita.* 2 vol. In-16, 20×13. Paris, Berche et Pagis (1ʳᵉ éd. par M. M. Brin, 1874; 4ᵉ éd. par A. Farges et D. Bar-bedette, 1895). 57ᵉ éd. Vol. I. *Logica, Cosmologia et Psychologia.* — Vol. II. *Critica, Ontologia, Theodicea, Ethica, Indices.* 544 et 517 pp., 1933.
Édition française: *Cours de Philosophie scolastique.* 16ᵉ éd., 1934.

Di Napoli, I. *Manuale philosophiae ad usum seminariorum.* 4 vol. 21× 15. Turin, Marietti, 1950-1951.
I. *Introductio generalis. Logica. Cosmologia.* 347 pp. — II. *Psychologia. Gnoseologia. Ontologia.* 581 pp. — III. *Theologia naturalis. Ethica. Paedagogia. Aesthetica. Histeriologia.* 564 pp.

Filion, E. P. S. S. *Elementa philosophiae thomisticae.* T. I et II. In-8°, X-550 et X-606 pp. Montréal, Beauchemin, 1937 et 1938.

Gredt, Jos., O. S. B. *Elementa Philosophiae aristotelico-thomisticae.* 2 vol. in-8°, 25×16. Herder, Fribourg en Br. (1ʳᵉ édit. 1901-1902). 13ᵉ édit. T. I. *Logica et Philosophia naturalis.* — T. II. *Metaphysica et Ethica.* XXIV-544 et XX-536 pp. 1961.

Grenier, Henr. *Cursus Philosophiae.* Quebec, L'action sociale, 388 pp. 1937.

Lortie, Stanislas A. *Elementa philosophiae christianae ad mentem S. Thomae Aquinatis exposita.* 3 vol. 22 × 14. Rennes, L. Bahon-Rault.
T. I. *Logica. Ontologia.* VIII-446 pp. 1931. — T. II. *Cosmologia. Psychologia. Theologia.* 432 pp. 1931. — T. III. *Ethica.* 444 pp. 1932.

Maquart, F.-X. *Elementa philosophiae seu Brevis philosophiae speculativae synthesis ad studium theologiae manuducens.* 3 vol. in-8°, 24 × 15. Paris, A. Blot.
T. I. *Introductio. Logica.* 264 pp. 1937. — T. II. *Philosophia naturalis.* 566 pp. 1937. — T. III. *Metaphysica. (Critica. Ontologia et theologia naturalis).* 346 et 486 pp. 1938.

Mariani, Bern. M., Ord. Serv. B. M. V. *Philosophiae christianae Institutiones in usum adolescentium.* 3 vol. in-8°, 22×14. Turin-Rome, Marietti.
T. I. *Logica et Metaphysica generalis.* 336 pp. 1932. — T. II. *Philosophia naturalis, Psychologia et Metaphysica specialis.* 748 pp. 1933. — T. III. *Ethica.* 710 pp. 1936.

REINSTADLER, Seb. *Elementa Philosophiae scholasticae.* 2 vol. in-16, 18×12. Fribourg en Br., Herder. (1re édit. 1901). 16e édition. T. I. *Logica, Critica, Ontologia et Cosmologia.* — T. II. *Psychologia, Theologia naturalis, Ethica.* 1937. XXVIII-552 et XX-566 pp. — Réimpression, Fribourg (Suisse), Paulusbuchhandlung, 1945.

UCCELLO, P. Seb., Congr. SS. Sacr. *Philosophia Scholastica ad mentem S. Thomae,* 2 vol. in-8°. T. I. *Logica. Ontologia. Cosmologia.* — T. II. *Psychologia. Theodicea. Ethica. Philosophiae epitome historica cum Lexico schol. verborum I. Zabae Mellinii.* XX-412 et 464 pp. Turin, Marietti, 1921 et 1922.

UYTTENBROECK, Thomas. *Cursus philosophicus.* 4 vol. 19×13. Hongkong, Catholic Truth Society. 2e édit. 1949-1950. I. *Logica.* 162 pp. — II. *Critica.* XIX-194 pp. — III. *Ontologia.* 252 pp. — IV. *Cosmologia et biologia philosophica.* XXII-290 pp.

WILLEMS, C. *Institutiones philosophicae.* 3e édit. 3 vol. in-8°, 23×15. T. I. *Logica. Critica. Ontologia.* XXVIII-578 pp. — T. II. *Psychologia. Cosmologia. Theologia naturalis.* XVIII-708 pp. — T. III. *Philosophia moralis.* Trèves, Paulinus, 1919. (1re édit. 1906).

CARBONE, C. *Circulus philosophicus seu Objectionum cumulata collectio juxta methodum scholasticam.* 6 vol. in-8°, 20×12. Turin, Marietti. T. I. *Logica.* VIII-532 pp. 1934. — T. II. *Ontologia.* VIII-600 pp. 1935. — T. III. *Cosmologia.* XIII-624 pp. 1936. — T. IV. *Psychologia.* VIII-890 pp. 1938. — T. V. *Theodicea.* — T. VI. *Ethica.*

3. Traités de philosophie néoscolastique en langue *française*.

GARDEIL, H.-D. *Initiation à la Philosophie de saint Thomas d'Aquin.* 4 vol. 20×13. Paris, Éditions du Cerf. I. *Introduction. Logique.* 256 pp. 1952. — II. *Cosmologie.* 164 pp. 1953. — III. *Psychologie.* 256 pp. 1953. — IV. *Métaphysique.* 240 pp. 1952.

THONNARD, F.-J., A.A. *Précis de philosophie en harmonie avec les sciences modernes.* 19×13, 1791 pp. Paris, Desclée, 1950.

Plusieurs ouvrages à l'usage des candidats au Baccalauréat, tels que les «Cours de Philosophie» de Henri COLLIN (Paris, Téqui), M.M. GORCE (Paris, Payot), Régis JOLIVET (Lyon-Paris, Vitte) (^{1}), Ch.

(^{1}) JOLIVET, Régis. *Cours de Philosophie.* 1re édit. Lyon-Paris, Emmanuel Vitte, 1942. In-8°, 19×13, 432 pp. 5e éd., 1954, 450 pp.

ID. *Traité de Philosophie.* 4 vol. in-8°, 21×13,5. Lyon-Paris, E. Vitte, 1941

LAHR, S. J. (Paris, Beauchesne). O. LEMARIÉ (Paris, Alcan), André
MUNIER (Paris, Desclée), Gaston SORTAIS, S. J. (Paris, Lethielleux),
etc.

4. Traités de philosophie néoscolastique en langue *allemande*.

CAVELTI, Sigisbert, O.S.B. *Grundriss der Philosophie.* 2ᵉ édit. par B.
BAUR, O.S.B. 4 vol. 22,5×15. Grossau, Cavelti, 1919-1920. (1ʳᵉ édit.
1914-1917).
I. *Logik.* 68 pp. — II. *Naturphilosophie.* 182 pp. — III. *Kriteriologie und Metaphysik.* 199 pp. — IV. *Ethik.* 151 pp. (Le 4ᵉ vol. a
paru au Verlag der Stiftsschule Engelberg. 4ᵉ édit.: *Grundriss der
Ethik,* 248 pp.).
COMMER, Ernst. *System der Philosophie.* 23×16. Munster, Hasse'sche
Verlagsbuchhandlung.
I. 1. *Allgemeine Metaphysik.* VIII-186 pp. 1883. 2. et 3. *Naturphilosophie und Psychologie.* VI-258 pp. 1884. — II. 4 et 5. *Philosophische Theologie und Logik.* 207 pp. 1885. 6. *Ethik.* Munster et Paderborn, F. Schöningh, 1886.
GREDT, Joh., O. S. B. *Die Aristotelisch-Thomistische Philosophie.* 2 vol.,
23×15, XI-434 et VIII-373 pp. T. I. *Logik und Naturphilosophie.*
— T. II. *Metaphysik und Ethik.* Fribourg en Brisgau, Herder, 1935.
GUTBERLET, G. *Lehrbuch der Philosophie.* 6 vol. in-8°. Munster, Theissing. (1ʳᵉ édit. 1878-1884).
I. *Die Theodicee*⁴, 1909, XVI-317 pp. — II. *Allgemeine Metaphysik*⁴, 1906, XVI-328 pp. — III. *Die Psychologie*⁴, 1909, XIV-557 pp.
— IV. *Naturphilosophie*², 1894, VIII-316 pp. — V. *Ethik und Naturrecht*², 1893, XII-214 pp. — VI. *Logik und Erkenntnistheorie*⁴,
1909, XIV-335 pp.
HAGEMANN, G. *Elemente der Philosophie.* 3 vol. in-8°, 23×15. Herausg.
von A. DYROFF. Fribourg en Br., Herder.

---

et suiv. 4 vol. in-8°, 21×13,5: I. *Logique. Cosmologie,* 2ᵉ édit., 476 pp. 1945.
— II. *Psychologie,* 3ᵉ édit., 746 pp. 1947. — III. *Métaphysique,* 5ᵉ édit., 520 pp.
1955. — IV. *Morale,* 2ᵉ édit., 538 pp. 1945.
ID. *Vocabulaire de la Philosophie. Suivi d'un Tableau historique des Écoles
de Philosophie.* 2ᵉ édit. Lyon-Paris, E. Vitte, 1946. In-8°, 21 × 13,5, 218 pp. (1ʳᵉ
édit. 1942).
JOLIVET, R., et MAXENCE, Jean-Pierre. *Manuel de Philosophie.* 2 vol. 21,5×
13,5. Lyon-Paris, E. Vitte. I. *Psychologie,* 484 pp. 1953. — II. *Logique. Morale.
Métaphysique.* Nouv. éd. en collaboration avec Jeanne VIAL et Henri LAGARDE,
dans les années suiv.

I. *Logik und Noetik*[8], XI-256 pp., 1909. (1e édit. 1868). — II. *Metaphysik*[6], VIII-230 pp., 1901. Neue Aufl. durchsehen von Dr. ENDRES, gr. in-8°, 1922. (1e édit. 1869). — III. *Psychologie*[8], XV-401 pp., 1911. (1e édit. 1869).

KAELIN, P. Bernhard. *Lehrbuch der Philosophie. Logik und Metaphysik zum Gebrauch für die Schule.* Un vol. 22×16, XII-455 pp. Sarnen, Benediktiner-Kollegium, 1933.

LEHMEN, A., S. J. *Lehrbuch der Philosophie, auf aristotelischer und scholastischer Grundlage.* 4 vol. in-8°, 23×15. Herausgegeben von P. BECK. Fribourg en Br., Herder.
I. *Logik, Kritik und Ontologie*[5-6], 1923, XVI-458 pp. (1re édit. 1899). — *Kosmologie und Psychologie*[4-5]. II, 1 ,1920, VIII-232 pp. II, 2, 1921, XVI-484 pp. (1e édit. 1901). — III. *Theodicee*[4-5], 1923, XII-256 pp. (1re édit. 1901). — IV. *Moralphilosophie*[3], 1919, XX-370 pp. (1re édit. 1904).
Ce manuel sera remplacé par: *Mensch, Welt, Gott. Ein Aufbau der Philosophie in Einzeldarstellungen.* Publié par le Collège Saint-Jean Berchmans à Pullach (Munich). Cfr p. 273.

STEUER, A. *Lehrbuch der Philosophie.* 2 vol. in-8°. T. I. Logik und Noetik. T. II. *Metaphysik: Ontologie und Naturphilosophie.* XI-386, IX-542 pp. Paderborn, Ferd. Schöningh, 1907 et 1909.

STOECKL, Alb. *Lehrbuch der Philosophie* (1re édit. 1869), 8e édit. Herausgegeben von Georg. WOHLMUTH. T. I. *Lehrbuch der Logik.* — T. II. *Lehrbuch der allgemeine Metaphysik.* In-8°, XV-479 et XI-457 pp. Mayence, Kirchheim, 1905 et 1912. — *Grundzüge der Philosophie* (1re édit. 1892). 2e édit. préparée par Matthias EHRENFRIED. Erste Abteilung: *Theoretische Philosophie.* Zweite Abteilung: *Praktische Philosophie.* In-8°, XIII-618 et XII-311 pp. Mayence, Kirchheim, 1910.

5. Traités de philosophie néoscolastique en langue *anglaise*.

BITTLE, Celestine N., O.F.M.Cap. 5 vol. 21×21. Milwaukee, Bruce.
I. *The Science of Correct Thinking. Logic.* 2e édit. X-386 pp. 1937. (1re édit. 1935). — II. *The domain of Being. Ontology.* X-401 pp. 1939. — III. *From Aether to Cosmos. Cosmology.* XI-498 pp. 1941. — IV. *Reality and the Mind. Epistemology.* X-390 pp. 1943. — V. *The Whole Man. Psychology.* X-687 pp. 1945.

COFFEY, P. *Scholasticum, Old and New* (trad. de l'*Introduction à la Philosophie* de M. DE WULF). Dublin, 1907. — *Science of Logic.* 2 vol. Londres 1912. — *Ontology.* 1914. — *Epistemology.* 2 vol. 1917.

GLENN, Paul J. 10 vol. 19×13. St. Louis, Herder.
I. *Introduction to Philosophy*. VIII-408 pp. 1944. — II. *Dialectics*.
XXII-187 pp. 1929. — III. *Criteriology*. XI-261 pp. — IV. *Ontology*. X-340 pp. 1937. — V. *Psychology*. VIII-391 pp. — VI. *Cosmology*. X-338 pp. 1939. — VII. *Ethics*. XIV-302 pp. 1930. — VIII. *Theodicy*. X-300 pp. 1938. — IX. *Sociology*. X-408 pp. 1934. — X. *History of Philosophy*. XIII-383 pp. 1939. Nombreuses réimpressions.

GRENIER, H. *Thomistic Philosophy*. Translated from the Latin by J. P. E. O'HANLEY. 4 vol. in-8°. Charlottetown (Canada), St. Dunstan's Univers. Press, 1949. 267, 320, 388, 498 pp.

PHILLIPS, R. P. *Modern Thomistic Philosophy*. 2 vol. in-8°, 22×13. Londres, Burns Oates et Washbourne. T. I. *The philosophy of nature*. 1934. XIV-346 pp. — T. II. *Metaphysics*. 1935. XII-400 pp. — Nouv. éd., 1939-1940.

6. Traités de philosophie néoscolastique en langue *italienne*.

BERGHIN-ROSÉ, G., C. M. *Elementi di Filosofia*. 6 vol. 22×15. Turin, Marietti, 1949-1950.
I. *Logica*. 180 pp. — *Ontologia*. 254 pp. — *Cosmologia*. XII-246 pp. — *Psychologia*. 469 pp. — *Critica*. VI-128 pp. — *Teologia naturalis*. 231 pp.

CARRETTI, Ettore. *Lezioni di Filosofia, tratte sostanzialmente dalle opere di S. Tommaso*. 4 vol. Bologne, Librer. editrice Bononia.
I. *L'Antropologia. La Criteriologica*. 285 pp. 1929. — II. *Metafisica Generale e Teologia Naturale*. 275 pp. 1930. — III. *La logica e L'Etica*. 309 pp. 1931. — IV. *Lezioni di Storia della Filosofia*. 361 pp. 1933.

DEZZA, Paolo. *Filosofia. Schemi di lezioni*. 4ᵉ édit. In-12, 180 pp. 1949.

OLGIATI, Francesco. *I fondamenti della Filosofia classica*. 2ᵉ édit. In-8°, XX-310 pp. Milan, Vita e Pensiero, 1953.

RIDOLFI, Ambrogio, O.F.M., *Corso completo di Filosofia cristiana*, 3 vol. Florence, Libreria Editrice Fiorentina, 1956, 513, 527 et 613 pp.

VANNI-ROVIGHI, S. *Elementi di Filosofia* (Coll. Filos.). 4 vol. 21×15. Milan, Marzorati, 1947-1950.
I. *Introduzione e Logica*. 3ᵉ édit. 207 pp. — II. *Metafisica*. 3ᵉ édit. 247 pp. — III. *Filosofia della natura*. 128 pp. — IV. *Metafisica dell' uomo. Psicologia razionale ed Etica generale*. 228 pp.

VARVELLO, Francesco. *Instituzioni di Filosofia*. Recate in Italiano e compendiate dal Dott. Matteo OTTONELLO. 3ᵉ édit. Turin, Società Editrice Internazionale, 1943-1946. (1ʳᵉ édit. 1927-1931).
I. *Logica*. 175 pp. — II. *Metafisica*. 323 pp. — III. *Etica*. 447 pp.

6. Revues de philosophie

Beaucoup de revues sont consacrées à la philosophie ([1]). Il ne semble pas inutile d'en signaler un certain nombre, pour donner une idée de la diffusion et de l'intensité de la vie philosophique actuelle.

On a groupé, d'abord, des revues de tendance néoscolastique, ensuite d'autres revues philosophiques. On indique, pour finir, quelques périodiques qui s'occupent de domaines voisins de la philosophie et que le philosophe ne peut négliger.

1. Revues de tendance néoscolastique.

1. en langue allemande.

Franziskanische Studien. Münster (Westf.) 1914.

Freiburger Zeitschrift für Philosophie und Theologie. Nouveau titre, depuis 1954, du *Jahrbuch für Philosophie und spekulative Theologie,* fondé par Ernst Commer: 1re série, Paderborn, 1886-1913; 2e série, Vienne, ensuite Berlin, 1914-1922. 3e série, sous le titre *Divus Thomas. Jahrbuch für Philosophie und spekulative Theologie,* Fribourg (Suisse), 1923-1953.

Philosophisches Jahrbuch der Görres-Gesellschaft. München, 1888.

Salzburger Jahrbuch für Philosophie und Psychologie. Philosophisches Institut. Salzbourg, 1957.

Scholastik. Vierteljahresschrift für Theologie und Philosophie. Dir.: Professoren der Facult. S. J. St. Georgen in Frankfurt a. Main und im Berchmanskolleg zu Pullach bei München. Freiburg i. Br., 1926.

Wissenschaft und Weisheit. Zeitschrift für Augustinisch-Franziskanische Theologie und Philosophie in der Gegenwart. München-Gladbach, 1934.

2. en langue anglaise.

Dominican Studies. London. 1948.

Franciscan Studies. St. Bonaventure (New York). 1941.

([1]) Près de 200 revues s'occupent ex professo, en partie ou de façon exclusive, de recherches dans le domaine de la philosophie ou de la théologie *médiévales.*

International Philosophical Quarterly. Publ. by Fordham University (New York) and Berchmans-Philosophicum (Heverlee-Louvain), 1961.
Mediaeval Studies. Publ. by Pontifical Institute of Mediaeval Studies. Toronto, Canada. 1939.
The Modern Schoolman. Saint Louis (Missouri), U.S.A. 1923.
The New Scholasticism. Journal of the American Catholic Philosophical Association. Washington, D.C. 1927.
Philosophical Studies. Maynooth, Ireland. 1951.
Philosophy Today. S. Joseph's College. Collegeville (Indiana, U.S.A.). 1957.
The Thomist. Edit. by the Dominican Fathers. New York. 1939.

3. en langue espagnole.

Augustinus, P.P. Augustins Récollets. Madrid. 1956.
Analecta Sacra Tarraconensia. Barcelona. 1925.
Ciencia y Fe. Publicación trimestral de las Facultades de Filosofía y Teología del Colegio Máximo de San José. San Miguel, F.C.P. (Prov. de Buenos Aires), Argentina. 1944.
La Ciudad de Dios. Publiée par les PP. Augustins du Monastère «El Escorial». Madrid. 1881 ([1]).
Espíritu. Conocimiento-Actualidad. Quadernos trimestrales del Instituto filosófico de Balmesiana. Barcelona. 1952.
Estudios Filosoficos. Revista publicada bajo la dirección de los Dominicanos del Estudio General de Filosofía de Las Caldas de Besaya. Santander. 1951.
Estudios Franciscanos. Revista cuatrimestral de ciencias eclesiasticas publ. por los PP. Capuchinos de España y America. Barcelona. 1907 ([2]).
Estudios Teológicos y Filosóficos. Dir.: Padres Dominicos Argentinos. 1959.
Naturaleza y Gracia. Publicación de los profesores de la provincia ca-

---

([1]) Cette revue a paru d'abord sous le titre de *Revista Agustiniana*: 1ʳᵉ série, de 1881 à 1887 (vol. I-XIII); 2ᵉ série, de 1887 à 1889 (vol. XIV-XX); 3ᵉ série, de 1889 à 1925 (vol. XXI-CXXXIX); 4ᵉ série, de 1925 à 1927 (vol. CXL-CLI). De 1928 à 1935, elle forme avec *«España y America»* la revue *Religion y cultura*. Suspendue en 1936, elle reparaît en 1941.

([2]) De 1907 à 1911, cette revue s'appelle *Revista de Estudios Franciscanos*; de 1912 à 1922, *Estudios Franciscanos*; de 1923 à 1936, *Estudis Franciscans*. Elle cesse de paraître en 1936 et reprend son activité en 1948.

puchina de Castilla. Dir.: Colegio Mayor de la Inmaculada. PP.
Capuchinos, Santa Marta (Salamanca). 1954.

Pensamiento. Revista publ. por las Facultades de Filosofía de la Cam-
pañia de Jesus en España. Madrid. 1945.

Sapientia. Revista Tomista de Filosofía. Dir.: Octavio Nicola Derisi.
La Plata (Eva Peron), Argentina. 1946.

Verda y Vida. Revista publ. por los PP. Franciscanos. Madrid. 1942.

4. en langue française.

Archives d'Histoire doctrinale et littéraire du Moyen âge. Dir.: Ét. Gilson, G. Théry, O. P. Paris. 1926.

Archives de Philosophie. Dir.: les PP. Jésuites de Vals-près-Le Puy
(Haute Loire). Paris, 1923 (^{1}).

Bulletin Thomiste. Dir.: les PP. Dominicains du «Saulchoir», Étiolles
(près de Soisy-sur-Seine). Paris. 1924.

Études Franciscaines. Dir.: Bibliothèque du Couvent des Capucins.
Paris. 1905.

Etudes et Recherches. Cahiers de Théologie et de Philosophie. Dir.:
les PP. Dominicains du Canada. Ottawa. 1936.

Laval Théologique et Philosophique. Publ. par les Facultés de Théologie et de Philosophie de l'Université Laval. Québec, Canada.
1945 (^{2}).

Mélanges de Science religieuse. Publ. par les Facultés catholiques de
Lille. 1944.

Recherches de Science religieuse. Publ. par les PP. Jésuites. Paris.
1911.

Recherches de Théologie ancienne et médiévale. Publ. par l'Abbaye
bénédictine du Mont-César. Louvain. 1929. — *Bulletin de Théologie ancienne et médiévale*. Abbaye bénédictine du Mont-César.
Louvain. 1929.

Revue de Philosophie. Fondée par É. Peillaube, Institut Catholique.
Paris. 1900-1939 (^{3}).

Revue philosophique de Louvain, nouveau titre, depuis 1946, de la

---

(^{1}) Le 2e cahier du vol. XVIII a paru en 1952. Une nouvelle série commen-
ce en octobre 1955.

(^{2}) Depuis 1928, avait paru le *Bulletin Laval des Sciences philosophiques et
théologiques* (périod. irrég., 2 par an).

(^{3}) La revue a été remplacée, en 1955, par *Recherches de Philosophie*,
collection d'études philosophiques publiée sous la direction de l'*Association
des Professeurs de Philosophie des Facultés et Instituts Catholiques de France*
(au moins un vol. par an). Paris, Desclée de Brouwer.

Revue Néo-Scolastique fondée par D. Mercier, en 1894. — *Répertoire bibliographique de la Philosophie.* Louvain. 1934.

Revue des Sciences philosophiques et théologiques. Publ. par les Facultés de Philosophie et de Théologie des PP. Dominicains du «Saulchoir», Étiolles (près de Soisy-sur-Seine). Paris. 1907.

Revue des Sciences religieuses. Publ. sous la direction des professeurs de la Faculté de Théologie catholique de l'Université de Strasbourg. 1921.

Revue des Études Augustiniennes. Paris. 1955 (¹).

Revue Thomiste. Publ. par les PP. Dominicains de Saint-Maximin (Var). Paris. 1893.

Revue de l'Université d'Ottawa. Dir.: PP. Oblats de Marie Immaculée. Ottawa. 1931.

Sciences Ecclésiastiques. Dir.: Facultés de Théologie et de Philosophie des PP. Jésuites. Montréal. 1948.

Studia Montis Regii, revue consacrée à l'avancement des sciences ecclésiastiques. Dir.: Faculté de Théologie de l'Université de Montréal, 1958.

5. en langue italienne.

Aquinas, Dir.: Fac. di Filosofia del Athenaeo Pontif. di Laterane. Rome, 1958.

Divus Thomas. 3ᵉ série. Dir.: Collegio Alberoni. Piacenza. 1924. (1ʳᵉ série, 1880-1900; 2ᵉ série, 1900-1905).

Petrus Lombardus, rivista di filosofia e teologia. Seminario di Novare. 1957.

Rivista di Filosofia neo-scolastica. Fond.: A. Gemelli. Dir.: Fac. di Filosofia dell' Univ. di Sacro Cuore. Milano. 1909.

Salesianum. Rivista di teologia, pedagogia, filosofia e diritto canonico. Dir.: Pontif. Ateneo Salesiano. Torino. 1939. Rome, depuis 1959.

Filosofia e vita. Quaderni Trimestrali di Orientamento formativo. Roma. 1954.

Sapienza. Rivista di filosofia e teologia dei Dominicani d'Italia. Roma. 1948.

La Scuola cattolica. Rivista di scienze religiose. Dir.: Pont. Facoltà Teologica del Seminario Arcivescovile Milanese. Milano. 1871.

Studia Patavina. Rivista di Filosofia e teologia. Padova. 1954.

(¹) Cette revue est la continuation de l'*Année Théologique* (fondée en 1940 par le R.P. Cayré, A. A.), dont le titre fut modifié en *Année théologique Augustinienne,* en 1952.

6. en langue latine.

Angelicum. Dir.: Pontif. Athenaeum «Angelicum». Roma. 1924.
Antonianum. Dir.: Pontif. Athenaeum Antonianum de Urbe. Roma. 1926.
Augustinianum. Dir.: Collegium Internationale Augustinianum. Roma. 1961.
Doctor Communis. Acta et commentationes Pontificiae Academiae Romanae S. Thomae Aquinatis. Roma. 1948.
Gregorianum. Dir.: Pontif. Universitas Gregoriana. Roma. 1920 (^{1}).

7. en langue néerlandaise.

Bijdragen. Tijdschrift voor Filosofie en Theologie. Dir.: de Filosofische en Theologische Faculteiten der Noord- en Zuid-Nederlandse Jezuïeten. Maastricht-Leuven. 1938 (^{2}).
Studia Catholica. Dir.: Universiteit te Nijmegen. 1924.
Tijdschrift voor Philosophie. Secret. D. M. De Petter, O. P. Leuven. 1939.

8. en langue portugaise.

Revista portuguesa de Filosofia. Dir.: Faculté Pontificale de Philosophie de Braga. 1945. — *Suplemento bibliografico da Revista portuguesa de Filosofia*. Braga. 1950.

2. En outre, pour l'*histoire de la Scolastique*:

Analecta Ordinis Carmelitarum discalceatorum. Rome. 1926.
Archivum Franciscanum Historicum (trimestriel). Quaracchi (Florence). 1909.
Archivum Fratrum Praedicatorum (annuel). Rome. 1931.
Archivum Historicum Societatis Jesu (semestriel). Rome. 1932.
Augustiniana. Revue trimestrielle pour l'étude de saint Augustin et de l'Ordre des Augustins, publiée par l'Institut Historique Augustinien d'Héverlé-Louvain. 1951.
Bulletin de la Société Internationale pour l'Étude de la Philosophie Médiévale (S.I.E.P.M.) Louvain, 1959.
Collectanea Franciscana, revue trimestrielle, 1931 et suiv., et *Bibliogra-*

(^{1}) Il a paru un *Index generalis 1920-1950* (Vol. I-XXX).
(^{2}) Tables générales des volumes I-XX (1938-1959), 1963.

*phia Franciscana principaliora complectens opera (recenter)
edita*, publiés à Rome par l'Institut Historique des Frères Mineurs
Capucins ([1]).
*Studien und Mitteilungen zur Geschichte des Benediktinerordens und
seiner Zweige.* Munich. 1888.

On peut y ajouter les nombreuses revues diocésaines et in-
terdiocésaines, telles que:

Collectanea Mechliniensia (La Vie diocésaine, 1906-1926; *Collect.
Mechlin.*, 1927); *Collationes Brugenses et Gandavenses* (1955) (auparavant: *Collationes Brugenses*, 1896; *Collationes Gandavenses,*
1909); *Collationes dioecesis Tornacensis* (1857) (depuis 1946: *Revue diocésaine de Tournai*); *Collationes Namurcenses* (1907) (depuis 1946: *Revue diocésaine de Namur*); *Revue ecclésiastique de
Liège* (1910); *Nederlandse katholieke Stemmen*, Zwolle (1900);
L'Ami du clergé, Langres (1884); *Revue du clergé français*, Paris
(1895); *American Ecclesiastical Review*, Philadelphie (1889); *Pas-
tor Bonus. Zeitschrift für kirchliche Wissenschaft und Praxis,*
Trèves (1890); *Theologie und Glaube*, Padernborn (1909); *Theologische praktische Quartalschrift*, Linz (1848); *Bonner Zeitschrift
für Theologie und Seelsorge*, Dusseldorf-Bonn (1924); *Illustración
del Clero*, Madrid (1907); *The Clergy Review*, Londres (1931); etc.,
etc.

3. *Revues philosophiques de diverses tendances.*

1. en langue allemande:

Archiv für Begriffsgeschichte. Bausteine zu e. histor. Wörterbuch der
    Philosophie. Ed.: Erich Rothacker, Bonn, 1956.
Archiv für Geschichte der Philosophie. Begründet von Ludwig Stein,
    1888-1933. Réédité, en collaboration avec Glenn Morrow (Phila-
    delphie), par Paul Wilpert (Cologne). Berlin, 1960.
Archiv für mathematische Logik und Grundlagenforschung. Stutt-
    gart. 1950.
Archiv für Philosophie. Organ der Internationalen Gesellschaft für
    Philosophie und Sozialwissenschaft (Societas Hobbesiana). Hrsg.:
    Jürgen von Kempski. Stuttgart. 1947.

([1]) De 1931 à 1941, cette revue parut à Assise; depuis lors, à Rome.

Archiv für Rechts- und Sozialphilosophie. Berlin. 1907. Depuis 1956, Hermann Luchterhand Verlag, Neuwied am Rhein.

Deutsche Zeitschrift für Philosophie. Hrsg. Arthur Baumgarten, Ernst Bloch, Wolfgang Harich, Karl Schröter. Berlin (Est). 1953.

Kant-Studien. Begr.: Hans Vaihinger, Berlin. 1896. Hrsg. Paul Menzer, Gottlieb Martin, Köln. 1953.

Hegel-Studien. Hrsg. Friedrich Nicolai und Otto Pöggelen, 1961.

Lexis. Studien zur Sprachphilosophie, Sprachgeschichte und Begriffs-forschung. Dir.: J. Lohmann. Lahr i. B. 1948.

Mitteilungen und Forschungsbeiträge der Cusanus-Gesellschaft. Mainz, Matthias Grünewald-Verlag. 1961.

Philosophia Naturalis. Dir.: Eduard May. Meisenheim/Glan. 1950.

Philosophischer Literaturanzeiger. Hrsg.: G. Schischkoff, Fromanns Verlag, Stuttgart, 1949.

Philosophische Rundschau. Eine Vierteljahresschrift für philosophische Kritik. Hrsg.: H.-G. Gadamer, Helmut Kuhn. Tübingen. 1953.

Ratio. Porte-parole d'un nouveau rationalisme crit., continuation des *Abhandlungen der Fries'schen Schule* (1904-1937). Éditions alle-mande et anglaise, Francfort-s.-Main, Oxford, 1957.

Studia Philosophica. Jahrbuch der Schweizerischen philosophischen Gesellschaft. — Annuaire de la Société Suisse de Philosophie. Basel. 1941 ([1]).

Symposion. Jahrbuch für Philosophie. Dir.: Max Müller. Freiburg i.Br. 1948.

Wiener Zeitschrift für die Kunde Süd- und Ostasiens und Archiv für Indische Philosophie. Ed.: E. Frauwallner, Indologisches Institut. der Universität Wien. Vienne, 1958.

Wiener Zeitschrift für Philosophie, Psychologie, Pädagogik. Wien. 1947.

Zeitschrift für philosophische Forschung. Hrsg.: G. Schischkoff. Munich, 1946.

2. en langue anglaise.

Analysis. Edit. Margaret Macdonald, A. J. Ayer a.o. Oxford. 1933.

The Australasian Journal of Philosophy. Organ of the Australasian Association of Psychology and Philosophy. Australia. 1923 ([2]).

([1]) En 1941: *Jahrbuch der Schweizerischen Philosophischen Gesellschaft.* En 1946: *Studia Philosophica.*

([2]) Au début, cette revue s'appelait: *Australasian Journal of Psychology and Philosophy.*

The British Journal for the Philosophy of Science. Organ of the Philosophy of Science Group of the British Society for the History of Science. Edit.: J. O. Wisdom. Edinburgh. 1950.

Dialogue. Canadian philosophical Review. Revue canadienne de Philosophie. Edit.: Martyn Estall, (Queen's University Vermont) et Cauchy (Université de Montréal). 1962.

Ethics. An international Journal of social, political and legal Philosophy. Chicago. 1890.

The Graduate Review of Philosophy. Succède à *Ideas* (1955-1958), périodique publié par des étudiants en philosophie d'expression anglaise. Yale University. New Haven (Connecticut, U.S.A.) (1958).

The Hibbert Journal. London. 1902.

Journal of History of Ideas. New York. 1940.

Journal of the History of Philosophy. University of California, Claremont University College, Stanford University. Edit.: Richard H. Popkin. Berkeley and Los Angeles. October 1963.

The Journal of Philosophy. New York. 1904.

The Journal of Symbolic Logic. Menasha, Wisconsin. 1936.

Mind. Edit.: Gilbert Ryle. London. 1876.

The Personalist. A quarterly journal of philosophy, theology and religion. Los Angeles. 1920.

The Philosopher. The quarterly journal of the Philosophical Society of England. London. 1923.

Philosophic Abstracts. Edit.: R. F. Moore. New York. 1939.

Philosophical Quarterly. Edit.: Indian Institute of Philosophy and Indian Philosophical Congress. Amalner (India). 1925.

The philosophical Quarterly. University of St. Andrews, Scotland. 1950.

The philosophical Review. Edit.: The Faculty of the Sage School of Philosophy in Cornell University. Ithaca, N. Y. 1892.

Philosophy. The Journal of the Royal Institute of Philosophy. Edit.: Sydney S. Hooper. London. 1906 ([1]).

Philosophy East and West. Honolulu, Hawaii, U.S.A. 1951.

Philosophy and phenomenological Research. Organ of the International Phenomenological Society. Edit.: Marvin Farber. Buffalo. N. Y. 1940.

Philosophy of Science. Baltimore, Maryland. 1934.

Phronesis. A Journal for Ancient Philosophy. Edit.: D. J. Allan (Edinburgh), J. B. Skemp (Durham). Assen (Pays-Bas), novembre 1955.

Proceedings of the Aristotelian Society. London, 1888.

The Review of Metaphysics. Dr. Paul Weiss, Yale University. New Haven, Conn. 1947.

Synthese. An international journal for the logical and the psycholo-

---

([1]) Avant 1930: *The Journal of philosophical Studies*.

gical study of the foundations of Science. Amsterdam-Bussum, 1936.

Tulane Studies in Philosophy. Edit.: Tulane University of Louisiana. New Orleans, U.S.A. 1952.

Vivarium. A Journal for Mediaeval Philosophy and the Intellectual Life of the Middle Ages. Edit.: C. J. de Vogel (Utrecht). Assen (Pays-Bas). 1963.

3. en langue espagnole.

Anuario de Filosofía del Derecho. Madrid. 1953.

Arqué. Revista de metafísica. Instituto de metafísica, Fac. de Filosofía, Universidad de Cordoba, Argentina. 1952 (Avant 1955: *Arkhé.*)

Convivium. Estudios Filosóficos. Dir.: Jaime Bofill. Barcelone, 1956.

Crisis. Revista española de filosofía. Dir.: Adolfo Muñoz Alonso. Madrid-Murcia. 1954.

Cuadernos de Filosofía. Publ.: Instituto de filosofía, Univers. de Buenos Aires. 1948.

Dianoia. Anuario de Filosofía. Univers. de Buenos Aires, 1948.

Dianoia. Annuario de Filosofía. Dir.: Eduardo García Máynez. Mexico. 1955.

Episteme. Anuario de Filosofía. Publ.: Instituto de Filosofía. Universidad de Venezuela. Caracas. 1957.

Estudios Lulianos. Publ.: Escuela Lullista de Mallorca (Espagne). 1956.

Humanitas. Revista de la Facultad de Filosofía y Letras. San Miguel de Tucumán, Argentina. 1953.

Ideas y Valores. Revista de la Facultad de Filosofía y Letras de la Universidad Nacional de Colombia. Bogota. 1951.

La Palabra y el Hombre. Publ.: Universidad de Veracruz. Mexico. 1957.

Notas y Estudios de Filosofía. Dir.: J. A. Vazquez. San Miguel de Tucumán, Argentina. 1949-1954.

Philosophia. Instituto de Filosofía, Universidad Nacional de Cuyo. Dir.: Angel Gonzales Alvarez. Mendoza, Argentina. 1944.

Revista cubana de Filosofía. Dir.: Rafael Garcia Barcena. La Havana. 1949.

Revista de Filosofía. Instituto de Filosofía «Luis Vives». Madrid. 1942.

Revista de Filosofía. Instituto de Filosofía, Universidad Nacional de La Plata (Eva Peron). Dir.: O.N. Derisi. 1950.

Revista de Filosofía. Universidad de Conception. Santiago de Chile. 1949.

Revista de Filosofía de la Universidad de Costa Rica. 1957.

Revista Dominicana de Filosofía. Publ.: Faculté de Philosophie de l'Université de Santo Domingo. Ciudad Trujillo. République Dominicaine. 1956.

Revista Mexicana de Filosofía. Publ.: Sociedad Mexicana de Filosofía. Mexico. 1958.

Revista de Historia de las Ideas. Instituto de Historia. Universidad Nacional de Tucumán, Argentina. Dir.: Roger Labrousse. 1950.

Theoria. Revista de teoría, historia y fondamentos de la ciencia. Madrid. 1952.

Xenium. Publ.: Universidad de Córdoba. Argentine. 1957.

4. en langue française.

Archives de Philosophie du Droit et de Sociologie juridique. Paris. 1931.

Bulletin de la Société française de Philosophie. Paris. 1901.

Critique. Revue générale des publications françaises et étrangères. Paris, 1946.

Deucalion. Cahiers de Philosophie (Supplément de la revue *Fontaine*). Paris. 1946.

Dialectica. Revue internationale de philosophie de la connaissance. Comité dir.: F. Gonseth, P. Bernays. Neuchâtel. 1947.

Diogène. Revue internationale des sciences humaines. Paris. 1953.

Études Blondéliennes. Dir.: P. Archambault. Paris. 1951.

Les Études philosophiques. Publ. avec le concours des Universités d'Aix-Marseille, Alger, Bordeaux, Montpellier et Toulouse. Dir.: Gaston Berger. 1926.

La Pensée. Revue du rationalisme moderne. Paris. 1939.

La Revue libérale. Revue trimestrielle scientifique, philosophique, économique. Paris. 1953.

Les Cahiers Internationaux de Symbolisme. Genève, Liège, Paris, 1962. 3 num. par an.

Logique et Analyse. Dir.: Centre National Belge de Recherches de Logique. Bruxelles-Louvain, 1958.

Revue d'Esthétique. Dir.: Étienne Souriau et Raymond Bayer. Paris. 1948.

Revue d'Histoire et de Philosophie religieuse. Strasbourg. 1921.

Revue internationale de Philosophie. Dir.: Jean Lameere. Bruxelles, 1938.

Revue de Métaphysique et de Morale. Dir.: D. Parodi, Jean Wahl. Paris. 1893.

Revue philosophique de la France et de l'étranger. Fond.: Th. Ribot. Dir.: Paul Masson-Oursel, P.-M. Schuhl. Paris. 1876.

Revue des Sciences humaines. Paris. 1927 ([1]).

([1]) Avant 1947, le titre était *Revue d'Histoire de la Philosophie et d'Histoire générale de la Civilisation.*

Revue de Théologie et de Philosophie. Lausanne. 1868.

5. en langue italienne ([1]).

Annali della Facoltà di Lettere e Filosofia. Università di Bari. 1955.

Archivio di Filosofia. Organo dell'Istituto di Studi Filosofici. Dir.: Enrico Castelli. Roma. 1931.

Aut-Aut. Rivista bimestrale di filosofia e di cultura. Dir.: Enzo Paci. Milano. 1951.

Ethica. Rassegna di Filosofia Morale: Dir.: Gianfranco Mora. Forlì. 1962.

Filosofia. Dir.: Augusto Guzzo. Torino. 1950.

Giornale critico della Filosofia italiana. Fond.: Giovanni Gentile. Dir.: Ugo Spirito. Firenze. 1920.

Giornale di Metafisica. Dir.: Michele Federico Sciacca. 1946.

Humanitas. Rivista mensile di cultura. Dir.: M. F. Sciacca e.a. Brescia. 1946.

Il Dialogo. Dir.: Aldo Testa. Bologne, 1957.

Il Pensiero. Fondateur: G. E. Barié. Milan, 1956.

La Nuova Critica. Studi e Rivista di Filosofia delle Scienze. Dir.: Valerio Tonini (Rome), Florence, 1955.

Methodos. Linguaggio e cibernetica. Rivista trimestrale a cura della Scuola Operativa Italiana. Milano. 1949.

Rassegna di Filosofia. Istituto di Filosofia dell'Università di Roma. Dir.: Carlo Antoni, Guido Calogero, Bruno Nardi, Ugo Spirito. Roma. 1952.

Rassegna di Scienze filosofiche. Dir.: Nicola Petruzzellis. Roma. 1946 ([2]).

Rivista critica di Storia della Filosofia. Dir.: Mario dal Pra. Milano. 1946.

Rivista di Filosofia. Dir.: Norb. Bobbio, Nicola Abbagnano. Milano. 1909.

Rivista internazionale di Filosofia del Diritto. Roma, 1921.

Rivista Rosminiana di Filosofia e di Cultura. Pallanza. 1906.

Sophia. Dir.: Carmelo Ottaviano. Padova. 1933.

([1]) Cfr Enrico ZAMPETTI, *Bibliografia ragionata delle reviste filosofiche italiane dal 1900 al 1955* (Tiré du quatrième volume de *Biografia filosofica italiana* 1900-1955, publié par l'*Istituto di Studi Filosofici*, à Rome) 1956, 137 pp.

([2]) Cette publication veut poursuivre l'œuvre de la revue *Noesis. Rassegna Internazionale di Scienze Filosofiche e Morali*, qui venait d'être fondée à Rome.

Studi Urbani di storia, filosofia e letteratura. Facoltà di Magistero dell' Università degli Studi di Urbino. 1927.
Teoresi. Rivista di cultura filosofica. Dir.: Vincenzo La Via. Messina. 1946.
Σωρεῖν. Dir.: Nunzio Incardona. Palerme. 1960.

6. en langue néerlandaise ([1])

Algemeen Nederlands Tijdschrift voor Wijsbegeerte en Psychologie, waarin opgenomen Annalen van het Genootschap voor wetenschappelijke Philosophie, opgericht door Dr. J.D. Bierens de Haan. Assen. 1934. Jusqu'en 1932, parut le *Tijdschrift voor Wijsbegeerte,* fondé en 1907 par J. D. Bierens de Haan. Les *Annalen der critische Philosophie,* fondées en 1930, ont été insérées, dès leur quatrième année, dans le *Alg. Nederl. Tijdschrift voor Wijsbegeerte.*
De Idee. Orgaan van het Bolland-Genootschap. Haarlem. 1923.
Philosophia Reformata. Orgaan van de Vereeniging voor Calvinistische Wijsbegeerte. Red.: H. Dooyeweerd, H. Th. Vollenhoven e.a. Kampen. 1936.
Wijsgerig Perspectief op Maatschappij en Wetenschap (gepubliceerd in opdracht van «Stichting Onderwijs Oriëntatie»). Dir.: C. A. van Peursen, Bern. Delfgaauw e.a. Amsterdam, 1961.
Dialoog. Dir.: L. Flam. Brussel, 1961.
Philosophica Gandensia. Dir.: Afdeling Wijsbegeerte van de Faculteit der Letteren en Wijsbegeerte van de Rijksuniversiteit te Gent. 1963.

7. en langue portugaise

Convivium. Revista de Investigação e Cultura. Dir.: Domingos Crippa. São Paulo (Brasil). 1962.
Filosofia. Revista do Gabineta de Estudos Filosóficos. Dir.: Ant. Alb. de Andrade. Lisboa. 1954.
Kriterion. Revista da Faculdade de Filosofia da Univ. de Minas Gerais. Belo Horizonte, M. G. (Brasil). 1948.
Revista brasileira de Filosofia. Orgâo oficial de Instituto Brasileiro de Filosofia. Dir.: Miguel Reale. S. Paulo (Brasil). 1951.
Revista Filosofica, Coimbra. 1951.

([1]) Cfr la liste des périodiques culturels néerlandais du dix-neuvième et vingtième siècle dans J. J. POORTMAN, *Repertorium der Nederlandse Wijsbegeerte.* Amsterdam-Anvers, Wereldbibliotheek, 1948, pp. 11-16.

8. revues suédoises et polonaise en langues occidentales

Inquiry. Journal of Philosophy and Social Sciences. Dir.: Arne Naess. Oslo. 1958.

Theoria. A Swedish Journal of Philosophy and Psychology. Fondateur: Ake Petzäll. Lund. 1935.

Mediaevalia Philosophica Polonorum. Dir.: Wladyslaw Senko. Varsovie. 1958.

En outre, il faut tenir compte des périodiques qui appartiennent à d'autres domaines, notamment: les annales et revues des universités (¹), les bulletins des académies (²), les revues religieuses et théologiques (outre celles de tendance néoscolastique qui ont déjà été indiquées) (³), les revues de psychologie (⁴), les revues consacrées aux études orientales (⁵), à l'antiquité classi-

---

(¹) Par exemple, les *Annales de l'Université de Paris, la Revue de l'Université de Bruxelles.*

(²) Cfr p. 213.

(³) *Études théologiques et religieuses* (Montpellier). *Revue des Études Juives* (Paris). *Revue de l'Histoire des Religions* (Paris). *Archiv für Religionswissenschaft* (Berlin). *Theologische Blätter* (Leipzig). *Luthertum* (Leipzig). *Internationale Kirkliche Zeitschrift* (Berne). *Theology* (Londres). *The Church Quarterly Review* (Londres). *The Journal of Theological Studies* (Londres). *The Journal of Religion* (Chicago). *The Harvard Theological Review* (Cambridge, Mass.). *The Jewish Quarterly Review* (Philadelphie). *International Bibliography of the History of Religions* (Leyde). *Numen. International Review for the History of Religions* (Leyde). Etc.

(⁴) Notamment, *Psychological Abstracts* (Washington). *Année Psychologique* (Paris). *Nederlands Tijdschrift voor Psychologie en haar Grensgebieden* (Amsterdam). *Acta Psychologica* (Amsterdam). *Archives de Psychologie* (Genève). *Revue de Psychologie normale et pathologique* (Paris). *Zeitschrift für experimentelle und angewandte Psychologie* (Goettingue). *Jahrbuch für Psychologie und Psychotherapie* (Wurtzbourg). *British Journal of Psychology* (Londres). *Psychological Review* (Washington). *American Journal of Psychology* (Austin, U.S.A.). *Archivio de Psicologia, Neurologia e Psichiatra* (Milan). Etc.

(⁵) *Annales du Service des Antiquités de l'Égypte* (Le Caire). *Chronique d'Égypte* (Bruxelles). *Le Muséon* (Louvain). *Revue d'Assyriologie et d'Archéologie orientale* (Paris). *Revue Biblique* (Paris). *Revue Hittite et Asianique* (Paris). *Bibliotheca Orientalis* (Leyde). *Jaarbericht van het Vooraziatisch-Egyptisch Gezelschap Ex Oriente Lux* (Leyde). *Zeitschrift für die Alttestamen-*

que (^{1}), au moyen âge et aux temps modernes (^{2}), à l'ensemble des sciences et à l'histoire des sciences (^{3}), à l'histoire générale et, en particulier, à l'histoire religieuse (^{4}), etc.

_____

tische Wissenschaft (Berlin). *American Journal of Semitic Languages* (Chicago). *Bulletin of the American Schools of Oriental Research* (New Haven). *Journal of the American Oriental Society* (New York). *Journal of Biblical Literature* (New York). *Journal of Near Eastern Studies* (Chicago). *Journal of the Palestine Oriental Society* (Jérusalem). *Journal of the Royal Asiatic Society* (Londres). *The Palestine Exploration Quarterly* (Londres). *Biblica* (Rome). *Orientalia* (Rome). *Revista degli Studi Orientali* (Rome). *Berytus* (Copenhague). *Sefarad* (Madrid). *Tarbiz* (Jérusalem). Etc.

(^{1}) Sigalons: *American Journal of Philology* (Baltimore). *L'Antiquité Classique* (Louvain). *Gnomon* (Berlin). *Hermes. Zeitschrift für klassische Philologie* (Leipzig). *Historia. Zeitschrift für alte Geschichte* (Baden-Baden). *The Journal of Hellenic Studies* (Londres). *The Journal of Roman Studies* (Londres). *Mnemosyne* (Leyde). *Revue des Études grecques* (Paris). *Revue des Études latines* (Paris). *Rivista di Filologia e d'Istruzione classica* (Rome). Etc.

(^{2}) *Le Moyen âge* (Paris). *Revue du Moyen âge latin* (Lyon). *Deutsches Archiv für Erforschung des Mittelalters* (Munster et Cologne). *Traditio. Studies in Ancient and Mediaeval History, Thought and Religion* (New York). *Mediaeval and Renaissance Studies* (Londres). *Progress of Mediaeval Studies in the United States of America* (Cambridge, Mass.). *Speculum. A Journal of Mediaeval Studies* (Cambridge, Mass.). *Scriptorium* (Bruxelles). Etc.

Humanisme et Renaissance (Paris). *Rinascita* (Florence). Etc.

(^{3}) *Revue des questions scientifiques* (Louvain). *Scientia. Revue internationale de synthèse scientifique* (Milan et Bologne). *Revue de Synthèse* (Paris).

Bulletin de la Société française d'Histoire de la Médecine (Paris). *Mitteilungen zur Geschichte der Medizin, der Naturwissenschaften und der Technik* (Leipzig). *Quellen und Studien zur Geschichte der Naturwissenschaften und der Medizin* (Berlin). *Journal of the History of Medicine and Allied Sciences* (New York). *Quellen und Studien zur Geschichte der Mathematik, Astronomie und Physik* (Berlin). *Isis. Quarterly Journal of the History of Science Society* (Cambridge, Mass.). *Osiris. Commentationes de Scientiarum... Historia* (Bruges). *Centaurus. International Magazine of the History of Science and Medicine* (Copenhague). *Rivista di Storia delle scienze mediche e naturali* (Sienne). Etc.

(^{4}) Signalons encore pour l'histoire universelle: *Revue Historique* (Paris), *Historische Zeitschrift* (Munich), *American Historical Review* (Washington), *English Historical Review* (Londres), *Revue Belge de Philologie et d'Histoire*

7. Bibliographies récentes et bibliographies courantes de philosophie (¹)

Répertoire bibliographique de la Philosophie. Publié par la Société philosophique de Louvain. Trimestriel. 1934 et suiv. Louvain, Éditions de l'Institut Supérieur de Philosophie, 2 Place Cardinal Mercier.

Ce *Répertoire* fournit une bibliograpie signalétique qui vise à être complète. Il présente, dans un ordre systématique, la liste des livres et des articles de revue ayant pour objet la philosophie et l'histoire de la philosophie et publiés dans une des langues suivantes: l'allemand, l'anglais, l'espagnol et le catalan, le français, l'italien, le latin, le néerlandais et le portugais. Le même répertoire paraît dans *Tijdschrift voor Philosophie* (Louvain-Utrecht) (²).

(Bruxelles), *Historisches Jahrbuch* (Cologne), *Bibliothèque de l'École des Chartes* (Paris); de plus: *Mitteilungen des Instituts für Österreichische Geschichtsforschung* (Graz), *Rivista storica Italiana* (Naples), *Schweizerische Zeitschrift für Geschichte* (Zurich), *Tijdschrift voor Geschiedenis* (Groningue). *Pour* l'histoire générale de l'Église, *Revue d'Histoire Ecclésiastique* (Louvain). Pour l'histoire de Byzance et les études byzantinisques, *Byzantinische Zeitschrift* (Munich). Pour l'histoire du Droit, *Zeitschrift der Savigny-Stiftung für Rechtsgeschichte: Germanistische Abteilung, Kanonische Abteilung, Romanistische Abteilung* (Weimar). Pour l'hagiographie, *Analecta Bollandiana* (Bruxelles).

(¹) Wilhelm Toток et Rudolf Weitzel, *Handbuch der bibliographischen Nachschlagewerke.* (1ʳᵉ éd. 1954). 2ᵉ éd. In-8°, XVI-336 pp. Francfort-s.-Main, Vittorio Klostermann, 1959. Cfr pp. 174-177: Philosophie.

(²) De mai 1934 à 1949, le *Répertoire* a paru trimestriellement en supplément à la *Revue néoscolastique de Philosophie,* devenue *Revue philosophique de Louvain* en 1946. Depuis 1949, il forme une publication autonome; cependant il continue à être distribué aux abonnés de la *Revue.*

De 1895 à 1914, la *Revue néoscolastique* a publié régulièrement un *Sommaire idéologique des ouvrages et des revues de philosophie,* disposé d'après la méthode de classement décimal de Dewey.

Les *Ephemerides Theologicae Lovanienses,* publiées par les Facultés de Théologie et de Droit canonique (1924 et suiv.), contiennent un *Elenchus bibliographicus* trimestriel, fournissant la bibliographie courante de l'histoire des religions, de la philosophie religieuse et des différentes branches de la Théologie catholique et du Droit canonique.

Le plan du *Répertoire* comprend: 1. l'*histoire de la philosophie* par branches, problèmes, pays et périodes. 2. la *philosophie*: publications d'ordre général, introduction à la philosophie, épistémologie et logique, philosophie des sciences mathématiques (critique et méthodologique), métaphysique, philosophie de la nature, psychologie, morale générale, morale spéciale de la vie personnelle, morale spéciale de la vie sociale, philosophie du droit, philosophie du langage, philosophie de l'art et du beau, philosophie de la religion, philosophie de la culture, philosophie de l'histoire, philosophie de l'éducation.

Bibliographie de la Philosophie. Bulletin trimestriel. Publié par l'Institut International de Philosophie (Paris) pour la Fédération Internationale des Sociétés de Philosophie. Dir.: R. Klibansky. Paris, J. Vrin. 1954 et suiv. ([1]).

Cette bibliographie est analytique. Elle fournit un bref résumé, aussi objectif que possible, des *livres* (non pas des articles de revues) et en indique l'importance dans leur domaine particulier.

Division des matières: 1. Théorie générale de la philosophie. Métaphysique. Phénoménologie, Anthropologie philosophique. Ontologie et Philosophie «existentielle». 2. Logique. Sémantique. Philosophie

---

La *Revue d'Histoire Ecclésiastique,* publiée à l'Université de Louvain (1900 et suiv.), fournit, tous les trois mois, une *Bibliographie* complète de l'histoire de l'Église, considérée de la façon la plus large, y compris les branches auxiliaires et l'histoire spéciale. *Tables générales des tomes I (1900)-XXII (1926),* par A. Versteylen, O. Praem., de l'Abbaye du Parc. Louvain (1928, 389 pp.). *Tables générales des tomes XXIII (1927) — XXXVI (1940),* par S. Hanssens, Louvain (1946, 492 pp.).

Ces trois répertoires, — de la *Revue Philosophique de Louvain,* des *Ephemerides Theologicae Lovanienses* et de la *Revue d'Histoire Ecclésiastique,* — se complètent mutuellement et, ensemble, ils constituent, dans ce domaine de la bibliographie, un instrument de travail des plus précieux.

A consulter aussi, le *Répertoire général des Sciences religieuses,* bibliographie publiée pour le Centre d'Études Saint-Louis-de-France et imprimée par «L'Airone», à Rome. Le volume consacré à l'année 1950 a paru: 27×21,5, 494 pp. s.d. (fini d'imprimer, mai 1953).

([1]) Ce *Bulletin* a remplacé une *Bibliographie de la Philosophie,* à la fois signalétique et analytique, qui parut de 1937 à 1953: semestrielle jusqu'en 1949 (sauf 1939, qui ne comprend qu'un volume), elle fut annuelle en 1950 et 1951 et publia en un seul volume (paru en 1955) la matière des années 1952 et 1953.

des sciences. Philosophie du langage. Épistémologie. Méthodologie.
3. Psychologie philosophique. 4. Philosophie des valeurs. Morale. Esthétique. 5. Philosophie sociale. Philosophie politique. Philosophie du droit. 6. Philosophie de l'histoire. Philosophie de la culture. Philosophie de l'éducation. 7. Philosophie de la religion. 8. Histoire de la philosophie: Études générales. Histoire par branches et problèmes. Études spéciales (philosophie de l'Occident et du Proche-Orient, philosophie de l'Inde, philosophie de l'Extrême-Orient). 9. Philosophie comparée.

Bulletin analytique: Philosophie. (3ᵉ partie du *Bulletin analytique* du Centre National Français de la Recherche Scientifique). Trimestriel. 1947 et suiv.

De 1947 à 1956 on dépouilla, signala et résuma brièvement dans ce *Bulletin* les *articles* parus, en France et à l'étranger, dans le domaine de la philosophie et dans ceux de la morale, de l'esthétique, de l'histoire des sciences, de la linguistique, de la psychologie et de la sociologie. Depuis 1956 (vol. X) le *Bulletin* cessa d'être «analytique» pour devenir «signalétique»: il s'intitule maintenant *Bulletin signalétique.*

Les *Chroniques philosophiques,* publiées par l'Institut International de Philosophie (Paris), ont pour but de relever les grandes lignes du développement des problèmes philosophiques dans les publications parues entre deux congrès internationaux de philosophie (¹).

Hoffmans, Jean. *La Philosophie et les Philosophes. Ouvrages généraux (Répertoires des ouvrages à consulter).* Un vol. 25 × 16, XVIII-596 pp. Bruxelles, Librairie Nationale d'Art et d'Histoire, 1920.

(¹) Cette publication fait suite à *Philosophie,* chroniques annuelles, qui parut en 1939-1940, et aux *Chroniques internationales,* qui parurent deux fois dans la suite: *1939-1945,* 2 vol. in-8° donnant le panorama de la philosophie pendant la guerre, et *1946-1948,* 3 vol. in-8°, fournissant le tableau de la philosophie d'après guerre. Paris, Hermann.

VARET, Gilbert. *Manuel de Bibliographie philosophique* (Logos, Introduction aux études philosophiques). 2 vol. 19×13. I. *Les sciences classiques;* 2. *Les sciences philosophiques.* 1060 pp. Paris, Presses Universitaires de France, 1956. — *Histoire et Savoir, Introduction théorique à la Bibliographie. Les champs articulés de la Bibliographie philosophique.* (Annales littéraires de l'Université de Besançon, 12). In-8°, 226 pp. Paris, Les Belles Lettres, 1956.

DE BRIE, G. A. *Bibliographia Philosophica 1934-1945. 2* vol. 25×17. Utrecht-Bruxelles, Het Spectrum.
I. *Bibliographia Historiae Philosophiae.* LXXVI-664 pp. 1950. —
II. *Bibliographia Philosophiae* (avec la table onomastique des deux volumes). XXXII-798 pp. 1954.

Bibliografische Einführungen in das Studium der Philosophie, herausgegeben von I. M. BOCHENSKI. 21,5×16. Berne, A. Francke Ag. Verlag. 1948 et suiv.

> 1. BOCHENSKI, I. M., und MONTELEONE, F. *Allgemeine Philosophische Bibliographie,* 42 pp. 1948. — 2. WINN, R. B. *Amerikanische Philosophie,* 33 pp. 1948. — BETH, E. W. *Symbolische Logik und Grundlegung der exacten Wissenschaften,* 28 pp. 1948. — 4. JOLIVET, Régis. *Kierkegaard,* 32 pp. 1948. — 5. GIGON, Olof. *Antike Philosophie,* 52 pp. 1948. — 6. DE MENASCE, P. J., O.P. *Arabische Philosophie,* 49 pp. 1948. — SCIACCA, M. F. *Italienische Philosophie der Gegenwart,* 36 pp. 1948. — 8. PHILIPPE, M.-D., O.P. *Aristoteles,* 48 pp. 1948. — 9. JOLIVET, Régis. *Französische Existenzphilosophie,* 36 pp. 1948. — 10. SCIACCA, Michele Federico. *Augustinus,* 32 pp. 1948. — 11. DÜRR, Karl. *Der logische Positivismus,* 24 pp. 1948. — 12. GIGON, Olof. *Platon,* 32 pp. 1950. — 13/14. WYSER, Paul, O. P. *Der Thomas von Aquin,* 80 pp. 1950. — 15/16. WYSER, Paul, O. P. *Der Thomismus,* 120 pp. 1951. — 17. VAN STEENBERGHEN, Fernand. *Philosophie des Mittelalters,* 52 pp. 1950. — 18. PERLER, O. *Patristische Philosophie,* 44 pp. 1950. — 19. VAJDA, Georges. *Jüdische Philosophie,* 36 pp. 1950. — 20/21. REGAMEY, C. *Buddhistische Philosophie.* 86 pp. 1950. — 22. SCHÄFER, Odulf, O. F. M. *Johannes Duns Scotus.* 34 pp. 1953. — BOLLNOW, Otto Friedrich. *Deutsche Existenzphilosophie,* 40 pp. 1953.

Totok, Wilhelm. *Handbuch der Geschichte der Philosophie.* *
I. *Altertum. Indische, Chinesische, Griechisch-Römische Philosophie.* Unter Mitarbeit von Helmut Scröer. Frankfurt am Main, Vittorio Klostermann, 1964. XXIV-400 pp. Manuel bibliographique qui fournit la bibliographie à partir de 1920 et qui complète, dans ce domaine l'ouvrage de Fr. Ueberweg, *Grundriss der Geschichte der Philosophie.*

Bibliografia argentina de filosofia. Obras y articulos. Instituto bibliografico, Provincia de Buenos Aires, Ministerio de Educacion, La Plata (Argentina), 1960 et suiv.

Castelli, E. *Bibliografia filosofica italiana dal 1900 al 1950.* 4 vol. 26×18,5.
Rome, Édit. Delfino, 1950, 1952, 1953, 1956. 400, 416, 380, 500 pp.

Bibliographia Filosofica Italiana, in cura di A. Padovani e M. F. Sciacca. Bibliographie courante annuelle. Les années 1949-1951 ont paru chez Marzorati à Milan; les années 1952 et suivantes, chez Morcelliana, à Brescia. La bibliographie de 1961, parue en 1962, compte 128 pp.

Heus, E., Kamm, P., Kunz H., Landmann, M. *Bibliographie der philosophischen psychologischen und pädagogischen Literatur in der deutschsprachigen Schweiz. 1900-1940* (Beihefte zum Jahrbuch der Schweizerischen Philosophischen Gesellschaft-Publications de l'Annuaire de la Société Suisse de Philosophie, 2). Un vol. XII-208 pp. Bâle, Verlag für Recht und Gesellschaft. 1944.

Jahrbuch der Schweizerischen Philosophischen Gesellschaft - Annuaire de la Société Suisse de Philosophie, t. V, 1945, Bâle, pp. 218-278, contient la *Bibliographie der philosophischen, psychologischen und pädagogischen Literatur in der Schweiz 1941-1944 - Bibliographie de la littérature de philosophie, de psychologie et de pédagogie en Suisse 1941-1944.* Le travail a été régulièrement poursuivi les années suivantes.

Poortman, J. J. *Repertorium der Nederlandse Wijsbegeerte*. Un vol. 24×16, 404 pp. Amsterdam-Anvers, Wereldbiblioteek, 1948. *Supplement I, 1947-1957*, 1958, 168 pp.

Moore, Russell Franklin. *Bibliography for Oriental Philosophy*. New York, Russell F. Moore Co., 1951.

Inagaki, Bernard R. *Scolastic Bibliography in Japan* (en anglais et japonais, 505 publications parues avant mars 1957). In-8°, 24×25 pp. Nanzan, Catholic University of Nagoya.

Bulletin Thomiste. Rédaction, Le Saulchoir, Étiolles, par Soisy-sur-Seine; Administration, Les Éditions du Cerf, Paris. 1924 et suiv. ([1]).

Donne tous les trois mois une bibliographie critique qui groupe, selon un plan logique, toutes les publications concernant, à quelque titre que ce soit, le thomisme. Outre leur signalement bibliographique, le *Bulletin* fournit, selon l'importance du cas et selon les possibilités, un résumé ou une analyse critique du contenu.

Le cycle bibliographique, parcouru en trois années, comprend les parties suivantes: 1. histoire de saint Thomas; 2. œuvres de saint Thomas; 3. sources littéraires et doctrinales; 4. doctrines philosophiques; 5. doctrines théologiques; 6. histoire du thomisme; 7. l'étude de saint Thomas (méthode et procédés; autorité de saint Thomas).

Le *Bulletin*, qui paraît depuis 1924, complète au jour le jour la *Bibliographie thomiste*, éditée en 1921 par P. Mandonnet, O. P. et J. Destrez. (Bibliothèque thomiste, 1). Un vol. in-8°, 25×16, de XXII-116 pp. Paris, J. Vrin. Les auteurs de cet ouvrage se sont efforcés de dresser la liste, numérotée (2219 num.) et disposée selon un plan logique, des publications concernant saint Thomas parues depuis le commencement du dix-neuvième siècle jusqu'à l'année 1920, ainsi que des ouvrages antérieurs importants au point de vue historique et critique, et des vies de saint Thomas.

([1]) La consultation du *Bulletin Thomiste* a été facilitée par l'édition d'un volume de *Tables* pour les années 1924-1933 (*Bulletin Thomiste*, X⁰ année (1933), Supplément, *Tables 1924-1933*, 88 pp.), ainsi que pour les années 1934-1946 (*Bulletin Thomiste*, XI⁰-XXIII⁰ années, Supplément, *Tables 1934-1946*, 118 pp.).

Mugica, Pl. *Bibliografia Suareciana*. Intr. por E. Elorduy («Francisco Suarez», Fasc. 3). 103 pp. Grenade, 1948 ([1]).

Jessop, T. E. *A bibliography of David Hume and of Scottish Philosophy from Francis Hutcheson to Lord Balfour*. In-4°, XIV-201 pp. Londres, Brown, Hull, 1938.

Journal of Symbolic Logic (Menasha, Wisconsin, 1936 et suiv.) a publié dans son premier numéro, mars 1936, la bibliographie des travaux de la logique symbolique de 1666 à 1935 inclusivement (ce travail a été fait par Alonzo Church). Cette bibliographie est régulièrement tenue à jour.

L'Année psychologique (publication semestrielle). Dir.: Henri Piéron, Alfred Fessard, Paul Fraisse (Fondateurs: Henry Beaunis et Alfred Binet), Paris, Presses Universitaires de France. 1894 et suiv. Elle contient régulièrement une partie, intitulée *Analyses bibliographiques,* qui constitue une bibliographie courante de la psychologie. La liste numérotée des livres et articles de revues, parus l'année précédente, est dressée d'après un plan logique et comprend, à chaque numéro, une brève analyse de l'écrit signalé. *L'année psychologique* est publiée dans la *Bibliothèque de philosophie contemporaine* (in-8°, 22×14) par les Presses Universitaires de France, Paris.

Psychological Abstracts. Publ. for the American Psychological Association, Inc. Lancaster. Publication mensuelle. 1927 et suiv. Fournit la liste des écrits avec l'indication objective de leur contenu. Chaque année paraît un 13ᵉ fascicule avec les tables ([2]).

Bibliographie générale des sciences juridiques, politiques, économiques et sociales de 1800 à 1925-1926. Par A. Grandin, T. I.

([1]) Signalons la *Bibliographie scotiste de langue française 1900-1914,* parue dans *Congrès des lecteurs franciscains,* Lyon, 1934, pp. 190-259, ainsi que dans *La France Franciscaine,* t. XVIII (1935), pp. 292 [44]-361 [113].

([2]) On trouvera la bibliographie de 1895 à 1927 dans les listes des écrits psychologiques publiées annuellement par *Psychological Index, An annual Bibliography of the Literature of Psychology and cognate Subjects*. Princeton, New Jersey.

et II, 794 et 854 pp. 1926. T. III (Tables), 692 pp. 1926-1927, Paris, Librairie du Recueil Sirey.—Devenue bibliographie courante depuis 1926; suppléments annuels de 200 à 220 pp. Signale les ouvrages périodiques et documents administratifs publiés en langue française.

Jahrbuch für Sozialwissenschaft. Public. annuelle. 1950 et suiv. Auparavant, de 1937 à 1943, *Bibliographie des Staats- und Wirtschaftswissenschaften. Internationale Monatshefte der Buch- und Zeitschriftenliteratur über Volk, Wirtschaft, Kultur und Politik* (mensuel), herausgegeben vom Reichsamt; de 1925 à 1936, *Bibliographie der Sozialwissenschaften* et, de 1921 à 1924, *Sozialwissenschaftliches Literaturblatt,* Berlin, Verlag Paul Schmidt; 1894 et suiv., *Bibliographie der Sozialwissenschaften* (mensuel), Berlin, Springer.

L'année philologique. Bibliographie critique et analytique de l'antiquité gréco-latine (Collection de Bibliographie classique), publiée par J. MAROUZEAU, Paris, Société d'édition «Les Belles Lettres», 1928 et suiv. Cette publication fait suite aux *Dix années de bibliographie classique (1914-1924),* 2 vol., Paris, 1927 et 1928, et reprend la bibliographie à partir de 1924.

Bulletin de Théologie ancienne et médiévale, annexé aux *Recherches de Théologie ancienne et médiévale,* revue trimestrielle (1929 et suiv.). Louvain, Abbaye du Mont-César, 1935 et suiv. Bulletin très complet fournissant la bibliographie avec notes critiques.

Isis. An International Review devoted to the History of Science and its Cultural Influences. Official Quarterly Journal of the History of Science Society. Founded by George SARTON (Cambridge, Mass., U. S.). The Saint Catherine Press Ltd. Bruges (Belgique). 1913 et suivants.

Cette revue publie régulièrement une bibliographie critique: *Bibliography of the History and Philosophy of Science and of the History of Civilization.*

TABLE ONOMASTIQUE

TABLE DES MATIÈRES

CHAPITRE III

INITIATION A LA VIE PHILOSOPHIQUE

ARTICLE PREMIER

LA PREMIÈRE FORMATION PHILOSOPHIQUE

ARTICLE II

LE TRAVAIL PHILOSOPHIQUE

Imprimé en Belgique   (448)
par l'Imprimerie Nauwelaerts, Louvain